メディア理論の脱西欧化

J. カラン+朴明珍 編

杉山光信+大畑裕嗣 訳

勁草書房

De-Westernizing Media Studies

Edited by James Curran and Myung-Jin Park

勁草書房

De-Westernizing Media Studies

by James Curran and Myung-Jin Park

Japanese translation published by arrangement
with Taylor & Francis Books Ltd.
through The English Agency (Japan) Ltd.

メディア理論の脱西欧化

目次

Ⅳ　民主主義的規制社会

序　章　グローバル化理論をこえて

ジェームズ・カラン
パク・ミョンジン（朴明珍）

この書物は西欧の多くのメディア理論が自分だけの世界や地方的な孤立に閉じこもっていることにたいし、いまそれに対抗して増大しつつある動向の一部をなしている。英語圏のなかで発展させられているメディアについての普遍的な考察は、十指にもみたない国の事例から引き出されたことを基礎にして展開されるのがこれまでの通例であった。たとえば、報道にたいするニュース源の影響というような中範囲の理論であれ、メディアのポスト・モダン性との関係というグランド理論であれ、同じわずかな国々が、あたかもこれらの国々が世界の残りの国々にとって都合のよい代表であるかのように準拠の位置を保っている。これら諸国はほとんどすべて豊かな西欧社会であり、ときにはオーストラリアのような名誉「西欧」国である。

しかし世界は変化しつつあり、その変化のなかでこの視野の狭さはばかげたものであることが明らかにされている。グローバル化、冷戦の終焉、アジア経済の台頭、ハリウッドに代わるメディア的中心の出現、そして世界的規模でのメディア研究の成長は従来のものとはことなるアプローチへと誘うように思われる。

もちろん、合衆国やイギリスのメディア研究者たちの世界は、この残余の世界が忘れられ未研究のままの対象であることに気づき、当惑しているのを示す兆しはみられる。最近のこの風向きをよく示すのはマイケル・シャドソンがニュース制作についての文献の辛辣な批判的概観の終わりに書き込んだ不吉な警告である。「ここで概観した三つの立場はすべて比較研究に対して無関心なままでいる」し、このことは「社会科学としての長期的な価値を低める」ものであるという（Schudson 1996: 156）。同じようにジョン・ダウニングは豊かで安定的な民主主義体制でプロテスタントの歴史と帝国主義的なしがらみをもつ国があたかも世界の代表であるかのように、イギリスとアメリカの経験を普遍化しようとする試みにたいして軽蔑を示している。スパークス（Sparks 1998）と同じように「それじしん比較的な仕方で発展し理論化していくコミュニケーション」を求めている（Downing 1996: xi）。

しかし、西欧的パロキアリズムについての不安の主要な感じられ方は最近のグローバル化論のブームのなかで表明されている。これもまた過去に根ざしている点で問題なしではないとはいえ、歓迎すべき展開である。大部分の英語圏のメディア理論は地理的に閉じこめられてきたものの、これまでもかなり前からグローバルな指向をもつ少数派の伝統は存在していたのである。そこからなにが学べるであろうか。

地政学的パースペクティブ

一九五〇年代に世界のメディア・システムについてきわめて大きな影響力のある地政学的な見方が『プレスにかんする四理論』（Siebert et al, 1956）という書物のなかで示された。この見方は世界を三つの陣営に分割した。

リベラル民主主義の自由世界（ここでは自由主義モデル、社会的責任モデルの二つが競合する）、ソヴィエト的全体主義圏、そして権威主義的な諸社会（大部分の発展途上国、ファシスト諸国の事例、そして前民主主義期の西欧社会などを寄せ集めたカテゴリー）である。

おそらくこの書物についてもっとも注目される点は今日から振り返ってみると、この書物の才能ある著者たちが、かれらがもっと多くを知る必要があるということにいかに自覚していなかったか、ということである。彼らはアメリカとロシアのメディア、植民地期アメリカと初期のイギリスの新聞についてはいささかの知識を有しているが、(1) それ以外のメディア・システムについてはほとんど知っていない。かれらはよく知っている理想主義的な議論を展開しているが比較を必要とする知識の不足については回避していた。メディア・システムは、そのなかでそれが作動している社会で支配的な哲学や政治システムを反映していると彼らは主張した。国際的なメディア・システムを理解するためには、今日の世界で私たちがもっているさまざまに異なる種類のプレスの背後に存在する哲学的および政治的な原理ないし理論を同定することが必要である（Siebert et al, 1956）。彼らの説明では、これらの原理はほとんどが完全に西欧の理論家たちにより書かれている。つまり意味するところは、世界のコミュニケーション・システムは彼らの思想を研究することで明らかになる、ということである。

この分析はその後の四〇年間の研究にとって里程標となる研究と見なされてきた。この期間中、国際的に採用された主要な教科書で要約され議論されてきた（McQuail 1983, 1987 and 1994, Wright 1959 and 1975）。この書物がこれほど重要視された理由は今日ではいささか謎である。その説明は西側で世界的な広がりで承認されていた冷戦の世界観を基礎として記述され、それゆえに権威をもつようになったと思われる。その成功の理由がどのようであるにせよ、それは私たちのもとに存続している一つの共通理解をうち立てたのである。ほかのメディア・システムについての知識の不足は信頼のおけるグローバルな一般化の道へと進むことを必要とさせなかったのである。

近代化パースペクティブ

一九五〇年代の『プレスにかんする四理論』の伝統が世界を西欧の目で眺めさせただけであったとするならば、一九六〇年代には発展途上にある世界は西欧を模倣すべきであると主張する理論がその後に続くことになる。優れたコミュニケーションは今日のもっとも挑戦的な問題にとって、すなわち世界の大部分の地域を近代化する問題にとっての鍵である（Lerner 1963: 350)。このことは、ペルーの農民たちに水を一度煮沸さるように説得すること（Rogers and Shoemaker 1971）から、トルコ人とイラン人にもっと野心的であれと元気づけること（McClelland 1961)、進歩のために集団的な犠牲もいとわないような凝集と社会的目的意識をもって国民を創出すること（Schramm 1963）まで、すべてのことにとっての要諦であった。しかし、これらの目的が達成されるべきであるならば、発展途上諸国では近代的なメディア・システムを発展させることに援助資金は用いられなければならないし、このメディア・システムの看過こそ、コミュニスト側の担当者とは対照的なアメリカの外交計画者の認識の誤りとして声高に批判されたものだったのである（Pool 1963)。

ダニエル・ラーナーはどのようにして近代的なコミュニケーション・システムが「伝統社会」から近代社会への移行に貢献すると考えられるかについて、もっとも一貫した見方を提供した。かれは近代的コミュニケーションは人々の地平を拡大することによって、人々が日常生活からもっと外にでようと欲するように人々を社会化するように主張した。「新しいアイデアと情報の普及は農民たちをしてフリーホールディング農民（自作農）になろうとするように刺激するし、農民の妻たちに子供を背負うのをやめようと考えさせ、その娘たちにドレスを着て髪の手入れをしようと望ませる」とラーナーは書いている（Lerner 1963: 348）。このことはまた変化に応え、変化に適応できるように政治システムを成熟させる。メディアは人々に彼らの村落外のものごとについて情報を与え、公共的なことについて意見をもつように啓発し、人々を参加する公衆へと回心させる、と彼は説明する。この理由から「マス・メディアと政治的民主主義のあいだの関係は特別に近い」と彼は結論していた（Lerner 1963: 349）。

このことは「近代化」が多くの非西欧的な発展途上国でじっさいにどのように生じたかを示したのではない。国民的な発展モデルは抑圧的な政治体制や政治権力の恣意的行使を正当化するために呼び出されている。メディア・システムは民主主義を教育するためよりもコントロールを維持するために向けられていた。いいかえると近代化理論は表現の自由を抑圧し、政治的教化を正当化するために用いられている。

この理論が容易に人を惹きつけることができた理由は、それが多元的メディア・システムの発展にわずかな関心しか払わなかったことにある。もちろん「伝統」は近代化論のなかで打破すべき何ものかとして描かれ、市民社会の正統的とされる要素ではなかった。コミュニケーションは指導者と被指導者とのあいだでの信頼関係をうち立てるための訓練とみられており、諸勢力間での対話のオープンエンドなシステムとしてみられたのではなかった。ウィルバート・シュラムは近代化論の指導的な人物の一人であるが、今から振り返ってみるときわめて啓発的なコメントと思われるものを残している。「私たちがおそらく誤っていたのは、その諸資源を取り集めようと努力し、その移行のために住民を動員しようとしている国に、自由で競争的で、ときとしては混乱をもたらすコミュニケーションを期待したことである。この国において、私たちはこのようなコミュニケーションに慣れ親しませようとしたのである」（Schramm 1963: 55）。このような「混乱をもたらす」コミュニケーションが、ある種の状況下では縮小されるべきであることについて考えたのは、彼一人ではない。もう一人のすぐれた近代化論者であるイシエル・デ・ソラ・プールはむしろがっかりした様子で「国を分裂させるのに役立ち、また国を指導する自由な選挙で選ばれた政府に批判の洪水をもたらすのに役立つようなプレスの自由にたいして、無制限に自由でいる国民などいないであろう」(Pool 1973 cited in McQuail 1994: 129) という。

世界各地の知識の欠如はメディア・アクセスや多元主義がたいした問題ではないというもう一つの理由をなしている。シュラムやプールのような人々の専門知識はコミュニケーションにあり、「地域研究」に適しているわけではない。もしかれらが地域研究をよく知っていたら、発展途上国における西欧化的エリートの見方をこれほど無批判的に採用することはなかったであろう。

メディア帝国主義

一九六〇年代以後、ある断固としたそして広く成功を収めた試みが近代化論を支配の座から引き下ろした。この立場は発展途上国にたいするアメリカの援助プログラム、またアメリカ国家により推進された「情報の自由な流通」政策は、アメリカのメディア産業に対して国際的支配に向けて動かすのを支援している、と主張した(Schiller 1969, 1976 and 1998)。自給を推進するどころか、発展途上国の近代化はグローバルな経済関係の搾取システムのなかで従属関係を強化したにすぎない。それはアメリカの資本主義的価値と利益を推進し、グローバルな均質化の過程のなかでローカルな文化を腐食させた。「今日、アメリカ合衆国はグローバルなコミュニケーションと文化で支配を行使している」とハーバート・シラーは書いている(Schiller 1998: 17)。

近代化理論と同様に、これも最近になって工業化を進めている諸社会での権威主義的体制に利用された。もちろん西欧帝国主義に対する「アジア的諸価値」と東洋本質主義は今日でさえも、自国民に対立して正統的ではあるが非リベラルな保守的および共産主義政権により用いられる通常の口実である（「中国の事例」、「マレーシアのメディア」を参照）。ハリンが論じているように西欧理論のこのような転覆は部分的にはそれが低開発状態にあったために生じたのである（Hallin 1998）。そしてときとしては素朴にも、もし西欧の影響が後退するならその空白は民衆的コミュニケーションによって満たされてしまう、と主張されたのである。

一九八〇年代と一九九〇年代にこれと入れ替わりにメディア帝国主義テーゼが確証をふまえた攻撃として登場する。その理由は部分的には、コミュニケーションの一方向的流れと西欧からの影響という観念とが、グローバルな諸々の流れは複数の方向をもつものなのだという対抗的議論により挑戦を受けたことによる。スレベルニ＝モハマディは、西欧の支配という素朴なイメージは数世紀にわたる相互に異なっているとともに次第に雑種化の程度を増大させている諸文化間での複雑で相互方向的性格の影響をあいまいにさせてしまう、と指摘している（Sreberny-Mohammadi 1996）。同様にギデンスは、とりわけ、ブラジルのテレビ番組がポルトガルに輸出されていることや、南部カリフォルニアでみられるメキシコ化の例にみられる「逆植民地化」を指摘している（Giddens 1999）。もっと一般的にいうと、グローバルなメディア企業は世界各地の文化に適応するように強いられてきたし、それら企業の拡大を進めるためには世界各地の提携者と手を結ぶことを余儀なくされてきた、と論じている（Croteau and Hoynes 1997）。しかし、おそらくこの「マルチ方向性」をもっとも雄弁に語る議論はシンクレアほか（Sinclair et al 1996）からきているのであり、彼らは国際的なテレビ番組市場はハリウッドに支配されているグローバルな存在であると考えるのは単純すぎることを示している。地域的あるいは地政＝言語的市場の急速な拡大は、メキシコ、ブラジル、インド、台湾、香港に重要なテレビ番組制作の中心を台頭させ、それぞれの中心はそれぞれ異なる言語グループの諸国に番組を供給している。

メディア帝国主義にたいして開かれている第二の攻撃線は、この議論のうちのもう一つの弱点、すなわちアメリカの支配に対するローカルな抵抗の過小評価に、集中されている。批判者たちはアメリカのテレビ番組にたいする消費者の抵抗を指摘する。たとえば比較研究は、世界各地の国民にあった仕方で制作された番組に対する選好を示している（Silj 1988）。政治的抵抗では一連の諸国は助成金や投資限度枠、輸入と所有についての制限などを通じて各国のメディアによる番組制作を支援している（Humphrey1996, Raboy 1997）。そしてまた、根強い各国の伝統や社会ネットワークに根ざしている文化的抵抗がある。それゆえ『ダラス』は世界中に広められたかもしれないが、日本からイスラエルまでの異なる視聴者にたいしては異なるものを意味している。これら視聴者はこの番組を自分なりに意味あるものにするために、自分たちの異なる信念システムや文化的準拠に引きつけみているのである（Liebes and Katz 1990）。

さらにまた批判者たちはメディア帝国主義の議論のなかでは、アメリカ的、西欧的、資本主義的という三つの異なるカテゴリーがほとんど相互に置換可能な仕方で用いられていることがあり、そこから曖昧さが生じていると指摘する。これらの指摘に対して擁護者たちは、複雑さは西欧の文化的優位という今日も続いている現実をはっきりとは見えなくしてしまうために持ち出されているのだ、と応えている。この見方ではメディアの活動はマルチ方向的であるかもしれないが、いまのところは各方向の強さは対等とはほど遠い。ボイド・バレットはアメリカないし西欧の企業は一部のキーとなるセクターで、とくに映画、ニュース配信、コンピュータのＯＳなどで支配的なのだ、と論じている（Boyd-Barrett 1998）。同じようにハーマンとマックシェネは、その大部分は合衆国で所有されているかそこに本拠をおくのであるが、かなり少数の多国間にまたがるメディア企業は大きく拡大したメディア輸出市場において支配的なものとして最近になって出現したのだと論じている（Herman and McChesney 1997）。

第二の対抗的な議論は、なるほどグローバルな文化的多様性は存在しているけれども、それはあるヘゲモニー的な力学に支えられていて、再構造化されているというものである。スチュアート・ホールによると「グローバル・マス・カルチュアの支配的な牽引力は、西欧にその中心を位置させたままであり、そこではいつでも英語で話す」のである。文化的差異にはこたえているものの、アメリカ的世界観ともいうべきもののより大きな蒼穹をなす枠組みのなかで、これらの差異も認知され吸収されているのである（Hall 1997: 33）。

文化的グローバリゼーション

しかしながら、これらの再公式化の企ても嵐のふく大地の上に落ちてしまったようである。一九八〇年代と一九九〇年代になると、一つの新しい正統的な流れが出現し、時代のネオ・リベラルな雰囲気に調子をあわせている。じじつ、この新しい正統的な流れはメディア帝国主義批判を総合しており、それら批判を首尾一貫した代替的パースペクティブとして再提示している。

この新しい正統派の中心テーマはアンソニー・ギデンスの表現によると、「今日のグローバリゼーションは部分的な西欧化にすぎない。グローバリゼーションはしだいに脱中心化しているのであって、いくつかの国民グループのコントロールのもとにあるのではなく、いまのところ巨大コーポレーションをもたない。その影響はほかのすべての国と同様に西欧諸国でも感じられている」（Giddens 1999: 31）というものである。いいかえると、このパースペクティブの焦点は発展途上国の近代化あるいは搾取から、世界全体を変形しつつある普遍的な現象としてのグローバル化の見方に、移ったのである。

この見方のもう一つのキーとなる主張は、グローバル化はコミュニケーションと文化交流の基礎を拡大するというものである。この議論はマクルーハンにより最初に示され単純な形のなかに表現されている（McLuhan

1964)。時間と空間とを圧縮し国境を越える新しいコミュニケーション技術は、世界をついに「地球村（グローバル・ヴィレッジ）」へともたらしつつある。これは国民ごとの分割の意味を小さくし、インターナショナルな理解と感情移入を強めるが、その理由は人々がインターナショナルなコミュニケーションのチャンネルを通じて相互によりよく接触するからである。

しかしこの見方よりも洗練された第二の見方が確立されつつある。第二の立場は異なるグループ間での新しいコミュニケーション回路を開きつつあり、相互性をうち立てるための新しい諸空間を構築しつつあるのであり、世界が単一の調和的な村落（ヴィレッジ）に縮小すると示唆するのではない。イアン・アングは用心深く次のように書いている。「国民間でのコミュニケーション・システムは、結びつきと連帯との新しい形態、諸言語的コミュニティを鍛える新しい方法のための機会を提供する」(Ang 1990: 252)。

国民的国境を越えるニュー・メディアは人々に情報やさまざまな思想へのアクセスを与えるが、国民社会において権威をもつ人々はそれらの情報や思想を抑圧しようとする。たとえばパリ居住のイスラム原理主義者により語られた講話を録音したカセットテープはイランの諸モスクの拡声器により大きな音響で再生され、シャーをついには打倒した反抗のなかで重要な役割を果たした (Sreberny-Mohammadi and Mohammadi 1994)。同じように国境を越える放送は旧ソヴィエト圏での共産主義政権の腐食のなかである役割を果たした（コーリン・スパークスおよびマクネアの論文)。

ナショナルなものを腐食させつつある新しいグローバル＝ローカル複合体のなかで超ナショナル (supra-national) なものは、ナショナル内部なもの (sub-national) を支えている。グローバリゼーションは諸国民国家内での人種的、文化的、宗教的、言語的な多様化を推進する (Robins et al, 1997)。それゆえ韓国系アメリカ人はカリフォルニアでCATVを通じて韓国のテレビを見ているし、このことはインド系イギリス人がロンドンのケーブルテレビでインドの映画を見ているのと同じである。ディアスポラ（離散の異邦人）のコミュニティのアイデンティティは今日では、宝物とされた絵はがきや祖父母たちのもとでの薄れつつある記憶を通じて支えられているのではなく、日常的な文化的供給物を通じて人種的マイノリティの危うくされたアイデンティティは支えられているのである（Dayan 1998）。

もっと一般的にいうとロビンズほかが「ペリフェラル・ヴィジョン」と呼ぶものがコミュニケーションのグローバル化を通じて中央舞台にもたらされるようになる。グリンピースは太平洋での核実験に反対する国際的抗議をひろげるために衛星を通じて長いビデオテープを送るし、また大西洋における石油採掘リグの投棄にも同じような仕方で反対する。メキシコにおける抵抗運動サパティストとその支援者たちは彼らの大義にたいする国際的な共感を集めるためにサイバースペースを利用する（Cleaver 1998）。この一般的議論のとくによく記録された例はソニア・セラにより提供されているが、彼女はブラジルでのストリート・チルドレン殺害に抗議する現地でのキャンペーンが、はじめはわずかな効果しかなかったことを示している。アムネスティ・インターナショナルのような国際的エージェンシーの援助リストにこのローカル・キャンペーンが取り上げられたときだけ、そしてアメリカやヨーロッパでメディアから共感を持って聞き入れられたときだけ、運動は前進したのであり、法律改正を勝ち取ることができた（Serra 1996 and 1999）。

一部の文化理論家たちはまた「文化的ニッチやローカル・アビリティの認知によって、グローバル化は世界を多元化する」と主張している（Water 1995: 136）。ナショナルなコンテクストにまで押し出されるにはあまりにも小さい少数者集団は効果的に機能するグローバルな諸市場に集合させられる。グローバル化はこぎれいに区分された国民文化のなかから諸要素を選び出し、インターナショナルな公衆のためにそれら要素を新しい仕方で組換える。ケヴィン・ロビンが主張しているように「このようにして視聴覚メディアにかかわる地理は国民文化のシンボル空間から切り離され、インターナショナルな消費文化のより普遍的な諸原則」の基礎のうえで再配列される（Robins 1995: 172）。このグローバル・マーケット・システムはインパーソナルな効率性に従って才能ある人物をシステムに組み入れ、その口座に書き入れる。フリスによると、音楽ビジネスでは「グローバルに成功する曲は、今日では世界のどこからでもやってくる」（Frith 1996: 172）。

これらの議論が現在議論のタームをなしているものである。もちろん、教科書的説明はときとしては単線的発展を語っていて、そのなかで人々はメディア帝国主義の誤りに足を取られているのだが、文化的グローバル化の賢人たちによりそれも修正されたというのである。しかしながら、舞台の袖に隠れて待つのは別のものであり、より批判的な説明がパニチとレイにより有益な仕方で集約され発展させられている(2)（Panitch and Leys 1999）。この説明は、文化的グローバル論のなかでは欠けがちな経済権力と歴史についての理解を提供する。

再建されたグローバル資本主義

文化的ポストモダニズムによると、諸々の開放の可能性であってエキサイティングで豊かであるとされるものは、ラディカル政治経済学の見方からすると、人類にとっての重大な逆転を示すのである。ラディカル政治経済学の伝統は、グローバル化は何ら新しいものではないと主張する。何ら制約のないグローバルな資本主義は失地の回復を達成しただけであり、その行き過ぎを押さえようとする民衆の力はこれまでずっと縮小させられてきた。経済のグローバル化が世界を作り替えるにあたっての決定的な時期は一九世紀と二〇世紀前半なのであった（Hobsbawm 1989 and 1975）。もちろん、経済のグローバル化が保護主義の成長する以前の二〇世紀前半と今日とでどちらが進んでいたか、また世界経済が今日においてさえもグローバル化されたものとしてよりも地域化され国民化されたものとみるべきでないかどうかについては、政治経済学者のあいだで白熱した論争が存在している（Hirst and Thompson 1996, Radice 1999, Weiss 1998）。じっさい、世界全体の生産物のうち国際的に取り引きされる部分（アウトプット）の比率は、第一次大戦直前よりも一九九〇年代初めのほうが低いのである（Hirst and Thompson 1996）。

しかし、この歴史的連続性の外見は重要な変化を隠してしまう。もっとも重大な移行はデモクラシーと資本主義との関係のなかにある。社会的リベラリズムの高揚の時期には（およそ一八七〇年代から一九一四年まで）、先進工業国においてビジネス企業は次第に規制され、課税され、より社会的責任のあるものにさせられていた。このことは選挙に基づく民主主義の台頭に促されており、また「無責任な」資本主義に対する民衆の反作用に促されていた（Rubinstein 1998）。しかし、さらにまたビジネス企業が現実には場所を変えることができず、実効性のある国民的な法体系にまだ服していたことにより可能であったのである。

資本主義を文明化する第二の決定的な企ては社会民主主義の絶頂期（およそ一九三〇年から一九七〇年代）に生じた。この野心的な企ては、揺りかごから墓場まで、社会的な福祉サービスを通じて民衆を経済システムの不安定さから切り離し保護しようとつとめた。それはまた個人化し、断片化し、道徳的に無感覚な市場の影響に反対し、社会的正義に基礎をおく諸政策を通じて、相互支援とコミュニティの価値を支えようと試みるものであった（Hirsch 1999, Mckibbin 1998）。この伝統は工業労働者階級からの支援のうえにしっかりと腰を据えておりまた一九三〇年代の世界恐慌が引き起こした不安を基礎としていた。ガバナンスのグローバル・システムが発展させられていて、そのことが各国政府を効果的な経済管理の手段にしているのである。

一九四四年に始まるブレトン・ウッズ体制の時期を通じて、グローバルな成長を支えることを目的とする国際的な経済規制のシステムは、国境を越える資本の移動の規制、固定為替レート、漸次的な関税引き下げ、経済困難にある諸国への援助などを基礎として定着されてきた。このことは発展した経済をもつ国の政府に完全雇用政策の採用を可能にし（これがこれら諸国の社会的統合と福祉プログラムの礎石である）、さまざまな限度内であるが独自な社会的かつ経済的目標を追求することを可能にした。

このグローバル・ガバナンスのシステムは一九六〇年代以後になるとしだいに基礎を掘り崩され歪められていった（Helleiner 1994, Hobsbawm 1994）。多国籍企業はしだいに彼らが欲するどこの土地にでも自由に投資し生産し利潤を本国に送金するようになった。多国籍企業はまた、技術変化とグローバルな分業の再編の結果として、グローバル経済のなかでより支配力を強めるとともに、より「自由に動きまわる」ものになった。その結果、相互に対立する諸政府から漁夫の利を得、税金を逃れ、公共政策に対して影響力を行使する能力を持つに至った（Coates 1999, Mahnkopf 1999, Picciotto 1992）。

グローバルな規制緩和はまた国際金融市場をめざましく成長させ、予想もされなかった規模で国家間での資本の運動を活発にしている。これらの運動は短期間での収益性にかかわる一国政府の意思決定の効果にきわめて敏感であり、各国政府からかつては可能であった権限を奪い取った。逆方向の市場動向の判断は資本の急速で過大な流れを生じさせ、それに引き続き平価切り下げ、利子率の引き上げ、デフレーションが続くことになった。市場の信頼性が根本的に失われたことの結果は経済危機となり、ＩＭＦからの緊急資金援助は「構造調整」という婉曲な形での外からの経済政策の強制となった（Bernard 1999, Boron 1999）。

この新しいグローバルなコンテクストにおいて、各国政府は彼らの主権の一部を失うことになった。今日では左翼の人々のもとで、政府の「ケインズ的能力」の腐食がどのようにして生じたのか、それにたいしてなにをなすべきか、また民主主義的な政府がどの程度弱められたか、などについて活発な議論が行われている。このこたえはグローバルなコントロールの解体は、部分的には回避可能であるというものであるし、また右派政権はその失墜を慎重にきりぬけているということであるようだ。しかしながらグローバルな規制緩和は現在では技術的な理由からよりもイデオロギー的理由で、逆転させることはきわめて困難である（Heilleiner 1994 and 1996, Weiss 1998）。グローバルな資本主義秩序はエリートと公衆の同意を享受しており、他方それに対する組織化された批判は経済変化の結果としてかなり影響力を失っている。このことは社会民主主義の内部で四つの解決策を出現させている。クリントン主義（諸個人をしてグローバル市場によりよく適応できる能力をもたせる）、ドイツないし北欧モデル（社会正義とグローバル市場での競争力をともにささえるような集団に基礎をおくアプローチ）、地域的基礎の上に政府を再建する試み（ラディカルなヨーロッパ連邦主義）、グローバル・ガバナンスの修復（たとえば「トービン税」）（Hutton 1997, Mahnkopf 1999, Weiss 1998）である。

政府の弱体化は社会民主主義にとってとくに問題であるが、その理由は社会民主主義が国家を中心とする政治哲学だからである。しかしグローバル化はほかの政治的伝統に対しても同様に問題を提起する。一九九〇年代後半にみられたアジアの経済危機は、たとえそれが強力な保護主義によって補強されているときでも、国家主導の資本主義モデルの弱点がどこにあるかを示した。工業化を成功裏に達成するために働いた長い年月も、以前は貧困や経済的独立と結びつけられていた外的な「政治的」コントロールによってでは、中規模の経済でさえも救えなかったことを示している。グローバルに規制緩和された世界では、すべての国の経済が市場の規範と行動の圧力に従わされるのである。それに対抗するはずの力、民主主義システムを通じて民衆の意思を反映させる諸価値や社会的アレンジメントを支えるはずの力は、どこでも後退させられている。経済に対するデモクラティックなコントロールの喪失の説明はコミュニケーションの歴史のなかでも対応物をもっている。経済と同じようにコミュニケーションのグローバル化は新しい現象ではないし、連続的でなかったわけでもない。グローバル化は一九世紀における新しい国際的通信社の台頭とともに弾みを増し、一九二〇年代にハリウッドのグローバルな台頭とともに加速し、ラジオついでテレビが国民的な鋳型に成型されるときに方向を逆転させたのである。

混合的なものであったとはいえこの国民的コントロールの拡大の諸動機は、多くの民主主義国においては顕著な利他主義的な要素を含んでいた。人々に十分な情報を与える民主主義を実現するためには、放送の公的所有や規制が必要であると主張された。そしてその放送には政府と同じように野党にもアクセスの権利を認められるべきであるとされた。集団的な自己表現や国民的アイデンティティが可能にされまた高度な基準と計画的な番組の多様性が保障されるべきである、と主張されていた。このアプローチの根底にあるものは、社会のニーズというものは市場のそれに自動的に等置することはできないという信念であり、そして人々は選挙制度を通じてかれらが望むような放送システムへの選好を表明できるようにすべきである、という信念であった。

このアプローチは現在攻撃されており、コミュニケーションのグローバル化に向かう動因が再び始動している。ケーブルテレビ、デジタル化、衛星などの技術は、視聴者、収入、公共的放送サービスの正統性をむしばむような新しい商業チャンネルの開始を容易にした。政治的ロビーやネオリベラル思想の拡大と同様にコミュニケーション大企業の台頭はまた放送についても規制緩和に導いている。これらは放送サービス組織の一部のものを市場化させるのに役立ち、企業的センスのなかで目的を衰退させている。この議論によるなら、商業的グローバル化の諸力は、公共的に所有され規制されている放送メディアを腐食し掘り崩すことになる（Aldridge and Hewitt 1994, Avery 1993, Tracey 1998）。もちろん、この議論が一般には大げさに語られていると考える流行に逆らう見方がある（Curran 1998）。

新しい紋切り型知識

こうして私たちは鋭く対照をなす二つの見方のあいだで選択するところに導かれる。文化理論家たちは、伝染性の熱狂とともに、グローバル化をインターナショナルな対話を増大させ、マイノリティ・グループにさまざまな能力を備えさせ、連帯を次第に増大させていくプロセスとして描いている。他方政治経済学者はグローバル化を、民主主義を後退させ立ち退かせ、均質化の政策を押しつけ、労働者階級と民衆的政治組織に根ざす進歩的運動を弱体化させるものとして描いている。

この衝突はしばしば議論に取り上げられない理解のちがいを知らせてくれる。文化的アプローチからのグローバル化にかんする文献では、国家と国民は、ヒエラルヒー、一枚岩的構造、歴史的な条件下で形成されたアイデンティティ、抑圧的文化、空間的競争、そして戦争と結びつけられる傾向がある。もちろん、文化のグローバル化はそれが国民を弱めると考えられているゆえに、まさしく肯定的なものとみられている。これとは対照的に、政治経済学の文献は、こちらは学派の形をなすことは少ないが、一方でナショナリズムの腐朽した遺産を社会民主主義というリンゴの内部にいる虫として攻撃し、リベラル国家という観念は幻想にすぎないと論じている。これらの多様性のうちにあるとはいえ、この伝統はなお、国家を潜在的には民衆の側での対抗力の手段であり、進歩的な再配分の手段としてみる傾向があり、国家を民主主義が主としてそこで組織される場としてみている。発展した代替案をほかにもたないため、ナショナルで民主主義的な国家の腐食が一つの問題としてみられている。

しかし、たとえこれら二つのアプローチの方向が違っているとしても、両者は一つの点で一致している。「国民」は重大な困難のうちにある、というのである。政治経済学を落胆させることに、国民はそれ自身の運命を切り開く能力を失ってしまった。エリック・ホブスボームがそれに付け加えているように、国民経済はたんなる「国境を越える諸企業の絡み合い」(Hobsbawm 1994: 15) になってしまった。文化の理論においては、国民は想像力のうちに自らを制御する手がかりを見いだせないコミュニティと見なされている。アンソニー・ギデンスの言葉によると「国民国家の時代は終わった」(Gidens 1999: 31) のである。このように異なる知的伝統が相互に認めあうようになるとき新しい紋切り型の知識が生まれたのだ。まさしくこの地点で、非常ベルが鳴らされるべきなのである。この書物に集められた諸論文は、非常ベルのスイッチが切られてはならないことを告げている。

目的

この書物の目的はアングロ・アメリカ圏の外にある諸国の経験を説明するという仕方でメディア理論と理解を拡大するのに貢献することである。また競争相手である諸々のグローバル化理論への十分な情報をふまえた回答としても役立つであろうことを望んでいる。

もちろんこの書物は、はじめはグローバル化の書物として構想されていた。私たちにスイッチを切り替えさせることになったのは、グローバル化についてのほかの多数の書物が諸々の出版社からあふれ出していること (Braman and Sreberny-Mohammadi 1997, Golding and Harris 1996, Hoskins et al, 1997, King 1997, Mohammadi 1997, Panitch and Leys 1999, Sreberny-Mohammadi et al, 1997, Taylor 1997, Thussu 1998, Tomlinson 1999, Van Ginneken 1998, Waters 1995) ないしパイプラインを通過中であることだけではなかった。(3) 私たちの立場の変更は、おそらく国民は今もって重要で中心的位置を保っているし、それが持続させている重要性はグローバル化理論によって過小評価されているのではないかという疑念によってもたらされたのである。

映画、ミュージック、ニュースの「卸し」などの国際化にかかわらず、国境を越えるコミュニケーション企業の台頭やメディアの輸出市場の成長にもかかわらず、コミュニケーション・システムはいまなおその重要な側面を国民的な市場においている。もっとも重要なコミュニケーションのメディアはテレビである。詳細な比較番組表分析は、マス・チャンネルで流される大部分のテレビ番組は輸入されたものでなく、国民内で制作されたものである（Bens et al, 1992, Sepstrup and Goonasekera 1994）。大部分の人々がアメリカのテレビ番組を見ているという広く広まっている観念は、ほとんどの場合十分な根拠によって反論される（Sinclair et al, 1996）。新聞もまた主要な国民的メディアであり、多くの国で、その国のエリートたちのあいだで重要性を保ち続けている。

第二に、国民国家はメディア・システムを形成するにあたって影響力をもっている。それらは国内のテレビやラジオのチャンネルの認可を与える権威（当局）であり、インターナショナルな法により支持されている装置である。これら国内でのチャンネルがなお支配的であるのだから、テレビやラジオへのコントロールを握っている存在を、国民国家はなお大きく左右するのである。さらにまた国民国家はその内部で国民的メディアが活動する法律や規制の枠組みをつくる。さらに付け加えると、国民国家は情報管理から融資の提供まで広い範囲にわたるやり方でメディアに影響を与えている。

第三に国民は今でも差異を作り出すにあたって非常に重要な存在である。異なる諸国民は異なる言語、政治システム、権力構造、文化的伝統、経済、インターナショナルな結びつき、歴史をもっている。もちろん、国境を越えるトランスナショナルなテレビ・チャンネルの多くが成功できなかった理由の一つは、その視聴者が本当にトランスナショナルになっていなかったためではあるが、視聴者はもともと国民文化的な差異により、また言語的差異により分割されているのである（Collins 1994, Sinclair et al, 1996）。しかし、おそらく強調しておくべきポイントは、メディア・システムは国民的（国内的）規制体制と国民的視聴者の選好によって形作られているだけでなく、国内的なさまざまな文脈のなかで形をとる社会関係の複雑な集合によっても形作られるということである。単純なグローバル論者の説明から排除されがちであるのは、これらの諸関係の歴史的に根拠をもつ濃密さなのである。グローバル理論では論者たちは国際空港から遠く離れてみることがないのに、その社会を調査したといっているのである。

メディアのグローバル化の特殊な側面の跡をたどるよりも、私たちは国民的（国内的）なメディア・システムをめぐってこの書物を構成することに決めたのである。しかしながら私たちはこれまで示してきたような仕方の紋切り型の知識をたどることはしなかった。アメリカの諸々の教科書によくみられる方式では、各国ごとの基本的情報の要約とその国のメディア・システムの簡明な説明を提供する（Gross 1995, Hillard and Keith 1996）。さらにまた、公共放送サービスの危機を追いかけるためのナショナル・アプローチを採用したもっと興味深い伝統もある（Aldridge and Hewitt 1994, Roboy 1997）。あるいは比較社会政策と行政的パースペクティブから国内的メディアを検討する伝統もある（Hunphrey 1996, Ostergaard 1997）。これらの教科書はそれなりの使い道はあるが、私たちの主たる関心はコミュニケーション理論を拡張することであるから、より説明的な方向を選んだのである。

それゆえ、私たちはグローバルな試験的論文を討論する場を初めに用意し、そこに世界中から指導的なメディア研究者を招待した。彼らに参加を説得するために私たちは、これらメディア研究者側の望みに応じて、多くあるいは少なく応えてよいということに同意し、どのような仕方でそれに応えるかも彼らの選択に任せることも認めた。それぞれの国ないし地域との関係で私たちがたずねた四つの質問は次のようである。

1 メディアはどのように社会の権力構造に関係しているか。

2 メディアはどのような影響をもち、またメディアに対するコントロールはどこに存在するか。

3　メディアはどのように社会に影響を与えているか。

4　メディアのグローバル化とニュー・メディアは、メディア・システムと社会にどのような影響を与えているか。

「メディアと社会」の理論に対して向けられたコアをなす質問は以上である。本書に収められている諸論文は、標準的なメディア文献のなかでよりも、もっと広い情報をそなえ、よりアングロ・アメリカ中心的でない仕方で、これら質問に答えるための基礎を提供している。

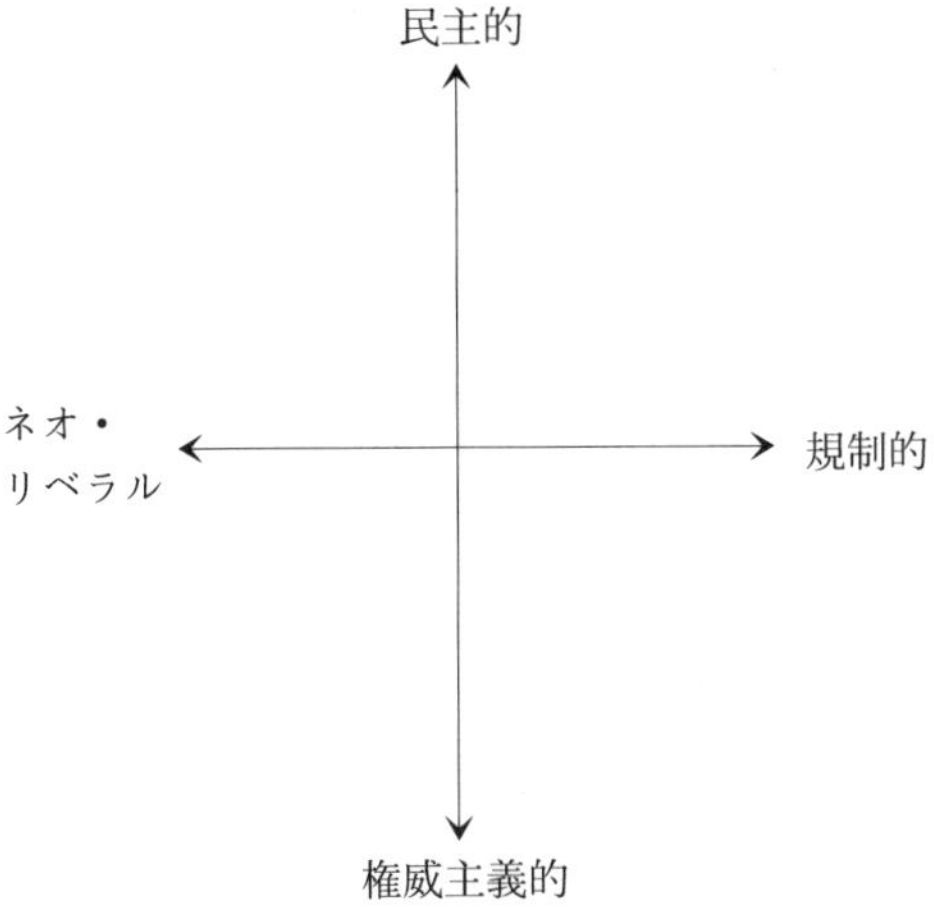

グローバル・システムの分類

さまざまな国を位置づける分類のために異なるいくつかの方法が存在する。メディア研究での慣例的なやり方は、各国の地理的位置による分類（Gross 1995）、あるいはほとんど役に立たないがアルファベット順の方法（Ostergaard 1997）などが試みられている。シンクレアは比較社会学のなかでの世界を分類する五つの「標準的」な方法をあげている（Sinclair 1997）。これらすべては役にたつけれども、私たちはこれらに代わる図式を選んだ（図を参照）。この図式は世界を権威主義と民主主義の政治システムに区分し、そのそれぞれはネオリベラル経済システムと規制的経済システムに区分される。さらにこれにくわえ、私たちは移行的社会ないし混合社会というカテゴリーを設けているが、これは変化の途上にある国々や混合体制をもつ地域にかんするものである。私たちはこの移行的ないし混合社会のカテゴリーから始めるが、社会におけるメディアと権力関係で十分に注目すべきパースペクティブをこのカテゴリーが提供するからである。

比較のパースペクティブ

この書物は絵の具のパレットのようなものであり、読者はそこで自分の色を混ぜ合わせてつくることができる。異なる色合い、異なるパターンが読者に異なる人々について示唆をあたえることになろう。しかしながら、そのうちのいくつかの方法は、本書の諸論文は私たちがメディアについての議論を拡大するのに役立つことを示しておくのがよいかもしれない。

第一に、比較研究のなかで証拠という光のもとでみると、競争相手であるグローバル化の諸パースペクティブはどのようになるであろうか。文化帝国主義テーゼを支持するためにこの書物から引き出せるデータもあるが、多くの論文は明らかに文化帝国主義論に挑戦している。たとえば、ラジャゴパルはインドのメディアの産出物を形作ることにおいてローカルな文化的伝統が依然として重要性をもっていることに照明をあてている（「メディアが伝えるモダニティ」）。同じようにワイスボードは、南アメリカとの関係では、アメリカ合衆国の文化的支配という観念は、メディア・システムの形成にあたって、国民国家の形成的な影響力を適切に説明するものではないと論じている（「南アメリカのメディア」）。さらにまたかれは、これらの諸国はたんにアメリカの支配の延長としてだけでみられるべきでないことも論じている。それらはいつでも統一されたエージェンシーをなしているわけでもないし、それら諸国は部分的には、ある範囲のローカルな圧力と闘争に対応していたのである。このような留保は本書の多くの論文のうちで暗黙裡ではあるが、こだましている。

これと関連する、グローバル市場は民衆的主権を腐食しつつあると主張する説明についてはどうであろうか。この立場はむしろ本書のなかに支援を見いだすことになる。とくにダーグレンは、スウェーデンでは権力は選挙で選ばれた議員から経済エリートに移行したし、また部分的にはグローバル市場の影響の結果として市民文化が蝕まれてしまったと論じている（「スウェーデンのメディアと政権交代」）。同じように韓国の事例の研究は、IMFにより押しつけられた外からの「改革」は民衆的影響力の働きを狭めたと論じている。それらの短期的な効果（影響）は国家のなかに位置している政治権力を強化したのであるし、メディア・システムを腐敗させる恩顧主義（クライアンテリズム）的社会関係を強化するものであった。世界のさまざまに異なる部分で巨大な多国籍のコミュニケーション・コングロマリットにより行使される影響力は、同じようにこの書物の論文のなかにみることができる。

このことはこの書物の一般的基調は、グローバル市場は各国政府から権限を奪い取るというテーゼとは反対なものであることを意味する。この書物は豊富な具体例でもって国民的な政治権力（政府）が直接・間接の手段を通じてメディア・システムをひき続き規制し続けていることを明らかにしている。国民＝国家のマクロ経済的な政策選択はグローバル金融市場のインパクトにより縮小させられているとはいえ、このことは国内的なコミュニケーション政策には適用できない。IMFが韓国に対して与えた信用供与の条件は、そのなかには主要新聞を現所有者であるコングロマリット（財閥）に放棄を強いることも含まれているが、それは本書での一般化にとってわずかな例外であるにすぎない。金融市場はメディア政策にかんしてグローバルな規範を押しつけるどころか、さまざまに異なる諸国のコミュニケーション政策のなかでは非常に大きな相違が依然として存在しているのである。

グローバル化は自由、メディアの多様化、そして社会的解放のエンジンであるとするこれとは反対の主張についてはどうであろうか。ここでもまた、ある支持がみられよう。外国による投資は、ジンバブエでは多元主義のひとつの源泉であると描かれている（「民主主義の遺産と権威主義」）。ハリウッド映画のフェミニズムは中東では女性解放の働きをするものとしてみられている（「中東におけるテレビ、ジェンダー、民主化」）。またグローバル化の諸影響は中国と台湾での効果は進歩的とみられている（本書の中国と台湾についての論文）。他方、他の国では外国による投資は既存の経済エリートのコントロールを支え、メディア寡占体制をより強固にするとも論じられている（「コミュニズム以後の東欧」、「ロシアのメディア」）。

国により変化を見せ多様な顔をもつ真理、グローバルな一般化のためには面食らうものや矛盾したものをたくさん含み、根強く執拗に国民的パティキュラリズムが存続しているということである。この印象に対する一つの例外は、メディアの自由化への歩みがみられるようだ、ということである。国民国家はいまなおメディア規制において重要ではあるが、多くの章で論じられている一般的傾向は、国家にたいして市場コントロールにゆだねる方向で、コントロールが放棄されるというものである。古典的なリベラル理論に従うなら、このことは自由の新しい時代の夜明けを意味するはずである。次第にメディア・システムは主権者たる消費者にこたえうるものとなりつつあり、国家の移行を批判的に詮索することから自由になっている。市場自由化は多党制民主主義の台頭と両立することができるらしいという事実は、世界が「現代化」されつつあるという印象を強めているにすぎない。

この書物はこの主張に対しては限度付きの支持を与えているにすぎない。メキシコ、中国、台湾では、市場は全体としてみれば、より独立した批判的なメディア・システムの出現に役立つような重要なエージェンシーであるとみられている（中国、メキシコ、台湾についての各論文）。どこの国でも、ある特殊な時期には、市場は積極的な役割を果たすものとみられている。しかし、ひとつひとつの国をみていくと、自由と批判的公開の回路をショートさせるメカニズムとしての市場が出現するにつれ、これとは正反対の主張が現れてくる。このことの理由は、多くの国において私的メディアの所有者は権力システムの一部をなしていて、彼らはその権威を国家への批判の口実をふさぐのに用いているからである。ラテン・アメリカでは商業メディアは軍事体制の支持に重要な形で引き込まれ、一般には、次々に交代するこの体制と密接な関係を発展させている（「南アメリカのメディア」）。商業メディアをコントロールするものは、ロシア、東欧、韓国、マレーシア、日本、エジプトその他の諸国で、公的な言説を形成する「メディア＝政治複合体」の一部をなしている。このプロセスを動かす力学はさまざまである。ロシアでは諸々の流れは、主要なメディア企業をコントロールする巨大な経済利益体をうみだしているようであるし、国家の方向に影響を与えている（ロシアについてのマクネアの論文）。マレーシア、韓国、エジプト、ジンバブエ、そして以前の韓国と台湾において、メディアへの影響力を行使する国家を支配しメディア市場を構造化するために国家権力を用いる政治集団の出現とともに、この影響の流れは逆転させられている（韓国、台湾、マレーシア、エジプトの各事例）。日本、韓国、東欧などのそのほかの諸国においてはむしろメディア・システムを形づくる経済エリートと政治エリートのあいだで、インフォーマルな同盟関係が存在している（「コミュニズム以後の東欧」、「日本のメディアと権力」）。中国からラテン・アメリカまで、世界中の多くの国々で、商業メディアとコントロールする人々は飼いならされたジャーナリズムを利益のあがる娯楽と混ぜ合わせることにより、しっかり定着させ、政治的報復をさけるというよく見られるパターンが存在している（日本と韓国の事例、また本論文）。

この書物から浮かび上がることは、社会におけるメディアの位置が事情次第で変わる多様なものであるという理解である。メディア権力の性格はアメリカとイスラエルとを扱う章でとくに関心が向けられている（アメリカとイスラエルについての論文）。しかしメディアの役割を概念化するさまざまに異なる方法はまたこの書物全体からも立ち現れてこよう。一部の社会では、メキシコや台湾でのように支配的ブロック内部での亀裂が発展しているゆえに、あるいはイギリスやイタリアでのように階級に基礎をもつ紛争が存在するがゆえに、メディアは権力をめぐる闘争の場となっている（メキシコ、台湾、イギリス、イタリアについての各論文）。これとは別な社会ではメディアは社会的一体化と統合のエージェンシーである。しかしながらスウェーデンのようにコーポラティズム的権力分有と妥協を通じてコンセンサスが達成されている諸社会と、ジンバブエのように上から押しつけられる権威的なコントロールの形態がみられる社会のあいだでは区別を設けることが重要である（ジンバブエとスウェーデンについての論文）。さらにコントロールのブロックの構築にも、階級を基礎とする同盟から、エスニシティ、ジェンダー、地域を軸にうち立てられる社会的構成まで、かなりちがいがみられる。

要するに、この書物は、通常、メディア理論のなかで期待されているよりもずっと広い差異や形態の多様さのセンスを提供するものである。メディア研究の脱西欧化のための事例を設けるにあたって、規範的価値のみが地域ごとに適用できるとは考えていない。むしろ反対に、自由、平等、連帯などの価値は、私たちには普遍的な妥当性を持つものに思われる。私たちの主張はメディア研究は広い比較のパースペクティブを発展させることから利益を受けることができるであろうというものである。現時点で、世界のメディア・システムを理解する諸方法はごくわずかなまた典型とはほど遠い諸国の経験によって、不適切にも影響されている。このことは非西欧諸国についてだけでなく、西の多くの国についても理解を歪めさせている。

この議論は本書のなかではシルビオ・ヴァイスボードとパオロ・マンシーニにより、とくに力強い仕方で整然と論じられている（南アメリカとイタリアについての論文）。ヴァイスボードは、南アフリカの一部の人々は、メディアは第四階級であるとするアングロ・アメリカ的なメディア概念を無批判に採用することで、メディアが権威主義的体制と結託している現実を自分たちにも見えなくしている、と論じている。同じようにマンシーニは選挙民である各個人に情報を届ける公平なジャーナリズムという前提をもつこの同じメディア概念が、まさしくイタリアのジャーナリストたちに自分たちが民主的システムのなかにいると思いこませることになっている、と論じている。彼らは組織された諸集団からなる民主的な公共圏のなかにいる代表（表象）のエージェントであるが、アメリカのそれとは異なる文学的かつ政治化された伝統のうえで、それを描いているのである。要するに、説明的（解釈的）パラダイムは、無批判的に輸入され誤った仕方で適用されるのではなく、世界各国の状況にあわせ手直しされる必要があるのである。

この方向再設定は、またグローバル化理論に対して、いっそう問題を突きつけるアプローチを要求するものである。この理論は世界を再成型しつつある諸傾向の考察に豊かなものを提供する。しかし、それはまた相互にクロスさせ準拠させることで弾みを集め、またときとしては単純化する淡いパースペクティブを基礎とするというように、気むずかしいものでもある。とくに、国民が依然として重要性をもっていることを控えめに語る傾向がある。もしこれまで述べたことにくわえ、本書から浮かび上がることが一つあるとするなら、その歴史、文化的伝統、経済発展、権力の国民的形象化、そして国家的政策をもつところの国民が、いまなおメディアのグローバル・システムを形づくる上ではなお重要であり続けている、ということである。マーク・トゥェーンにならっていわれる国民国家の死のうわさは、誇張されすぎているのである。

（1）　ソヴィエトのメディアとその背後にある思考法についてのシュラムたちの知識はかなり単純化されたものである。ソヴィエトのコミュニケーション理論のなかにみられる疑似リベラル要素についての興味深い洞察としてマクネアを参照(McNair, 1991)。

（2）　次のセクションはコーリン・レイが見せてくれた現在進行中の研究に多くを負っている。この書物の比較論的構成については、かれの支援と示唆に感謝している。

（3）　ピーター・ゴールディングには、かれがフィル・ハリスと共同で編集している出版前の書物を見せてくれたことで感謝している。その書物は私たちを新しい方向に向けるように刺激をあたえてくれる。

文　献

Aldridge, A. and Hewitt, N. (1994) (eds.) *Controlling Broadcasting,* Manchester: Manchester University Press.

Ang, I. (1990) "Culture and communication: towards an ethnographic critique of media con-sumption in the transnational media system," *European Journal of Communication,* 5(2-3).

Avery, R. (1993) (ed.) *Public Service Broadcasting in a Multichannel Environment,* White Plains, NJ: Longman.

Bens, E., Kelly, M. and Bakke, M. (1992) "Television content: Dallasification of culture?" in K. Siune and W. Truetzscher (eds.) *Dynamics of Media Politics,* London: Sage.

Bernard, M. (1999) "East Asia's tumbling dominoes: financial crises and the myth of the re-gional model," in L. Panitch and C. Leys (eds.) *Global Capitalism Versus Democracy,* Rendlesham: Merlin.

Boron, A. (1999) "State decay and democratic decadence in Latin America," in L. Panitch and C. Leys (eds.) *Global Capitalism Versus Democracy,* Rendlesham: Merlin.

Boyd-Barrett, O. (1998) "Media imperialism reformulated," in D. Thussu (ed.) *Electronic Empires,* London: Arnold. Braman, S. and Sreberny-Mohammadi, A. (1996) (eds.) *Globalization. Communication and Transnational Civil Society,* Cresskill, NJ: Hampton Press.

Cleaver, H. (1998) "The Zapatistas and the electronic fabric of struggle," in J. Holloway and E. Pelaez (eds.) *Zapatista,* London: Pluto.

Coates, D. (1999) "Labour power and international competitiveness: a critique of ruling ortho-doxies," in L. Panitch and C. Leys (eds.) *Global Capitalism Versus Democracy*: Rendlesham: Merlin.

Collins, R. (1994) *Broadcasting and Audio-Visual Policy in the European Single Market,* Lon-don: Libbey.

Croteau, D. and Hoynes, W. (1997) *Media/Society,* Thousand Oaks, CA: Pine Forge Press.

Curran, J. (1998) "Crisis of public communication: a reappraisal," in T. Liebes and J. Curran (eds.) *Media. Ritual and Identity,* London: Routledge.

Dayan, D. (1998) "Particularistic media and diasporic communication," in T. Liebes and J. Curran (eds.) *Media. Ritual and Identity,* London: Routledge.

Downing, J. (1996) *Internationalizing Media Theory,* London: Sage.

Frith, S. (1996) "Entertainment" in J. Curran and M. Gurevitch (eds.) *Mass Media and Society,* 2nd edn, London: Arnold.

Giddens, A. (1999) "Comment: the 1999 Reith lecture. New world without end," *Observer,* April 1 1 .

Golding, P. and Harris, P. (eds.) (1996) *Beyond Cultural Imperialism,* London: Sage.

Gross, L. (1995) (ed.) *The International World of Electronic Media,* New York: McGraw-Hill.

Hall, S. (1997) "The local and the global," in A. King (ed.) *Culture、Globalization and the World-System,* London: Macmillan.

Hallin, D. (1998) "Broadcasting in the third world: from national development to civil society," in T. Liebes and J. Curran (eds.) *Media. Ritual and Identity,* London, Routledge.

Helleiner, E. (1994) *States and tbe Reemergence of Global Finance,* Ithaca: Cornell University Press.

Helleiner, E. (1996) "Post-globalisation: is the financial liberalisation trend likely to be reversed?" in R. Boyer and D. Drache (eds.) (1996) *States Against Markets: The Limits of Globalisation,* London: Routledge.

Herman, E. and R. McChesney (1997) *The Global Media,* London: Cassell.

Hilliard, R. and Keith, M. (1996) *Global Broadcasting Systems,* Boston: Focal Press.

Hirsch, J. (1999) "Globalisation, class and the question of democracy," in L. Panitch and C. Leys (eds.) *Global Capitalism Versus Democracy,* Rendlesham: Merlin.

Hirst, P. and Thompson, G. (1996) *Globalisation in Question,* Cambridge: PolityL

Hobsbawm, E. (1975) *The Age of Capital,* London: Weidenfeld and Nicholson.

Hobsbawm, E. (1989) *The Age of Empire,* London: Sphere.

Hobsbawm, E. (1994) *Age of Extremes,* London: Michael Joseph.

Hoskins, C., McFadyen, S. and Finn, A. (1997) *Global Television and Film,* Oxford: Clarendon. Humphreys, P. (1996) *Mass Media and Media Policy in Western Europe,* Manchester: Man-chester University Press.

Hutton, W. (1997) *The State to Come,* London: Vintage.

King, A. (1997) (ed.) *Culture. Globalisation and the World System,* London: Macmillan.

Lerner, D. (1963) “Toward a communication theory of modernization” in L. Pye (ed.) *Communications and Political Development,* Princeton, NJ: Princeton University Press.

Liebes, T. and Katz, E. (1990) *The Export of Meaning,* New York: Oxford Univesity Press.

McChesney, R. (1998) “Media convergence and globalisation,” in D. Thussu (ed.) *Electronic Empires,* London: Arnold.

McClelland, D. (1961) *The Achieving Society,* Princeton, NJ: Van Nostrand.

McKibbin, R. (1998) *Classes and Culture,* Oxford: Oxford University Press.

McLuhan, M. (1964) *Understanding Media,* London: Routledge and Kegan Paul.

McNair, B. (1991) *Glasnost, Perestroika and the Soviet Union,* London: Routledge.

McQuail, D. (1983) *Mass Communication Theory,* 1st edn, London: Sage.

McQuail, D. (1987) *Mass Communication Theory,* 2nd edn, London: Sage.

McQuail, D. (1994) *Mass Communication Theory,* 3rd edn, London: Sage.

Mahnkopf, B. (1999) “Between the devil and the deep blue sea: the German model under pres-sure of globalisation,” in L. Panitch and C. Leys (eds.) *Global Capitalism Versus Democracy,* Rendlesham: Merlin.

Mohammadi, A. (1997) (ed.) *International Communication and Globalization,* London: Sage.

Ostergaard, B. (1997) (ed.) *The Media in Western Europe* [The Euromedia Handbook], 2nd edn, London: Sage.

Panitch, L. and Leys, C. (1999) (eds.) *Global Capitalism Versus Democracy* [Socialist Register 1999], Rendlesham: Merlin.

Picciotto, S. (1992) *International Business Taxation,* Oxford: Clarendon.

Pool, I. de Sola (1963) “The mass media and politics in the development process,” in L. Pye (ed.) *Communications and Political Development,* Princeton, NJ: Princeton University Press.

Raboy M. (1997) (ed.) *Public Broadcasting for the 2lst Century,* Luton: University of Luton Press.

Radice (1999) “Taking globalisation seriously,” in L. Panitch and C. Leys (eds.) *Global Capitalism Versus Democracy,* Rendlesham: Merlin.

Robins, K. (1995) “The new spaces of global media,” in R. J. Johnston, P. Taylor and M. Watts (eds.) *Geographies of*

Global Change, Oxford: Blackwell.
Robins, K., Cornford, J. and Aksoy, A. (1997) "Overview: from cultural rights to cultural responsibilities," in K. Robins (ed.) *Programming for People,* Newcastle: Centre for Urban and Regional Development Studies, University of Newcastle and European Broadcasting Union.
Rogers, E. and Shoemaker, F. (1971) *Communication of Innovations,* New York: Free Press.
Schramm, W. (1963) "Communication development and the development process," in L. Pye (ed.) *Communications and Political Development,* Princeton, NJ: Princeton University Press.
Schudson, M. (1996) "The sociology of news production revisited," in J. Curran and M. Gurevitch (eds.) *Mass Media and Society,* 2nd edn, London: Arnold.
Schiller, H. (1969) *Mass Communication and American Empire,* New York: Kelly
Schiller, H. (1976) *Communication and Cultural Dominance,* White Plains, NY: International Arts and Sciences Press. Schiller, H. (1998) "Striving for communication dominance," in D. Thissu (ed.) *Electronic Empires,* London: Arnold.
Sepstrup, P. and Goonasekera (1994) (eds.) *TV Transnationalization: Europe and Asia,* Paris: UNESCO.
Serra, S. (1996) "Multinationals of solidarity: international civil society and the killing of street children in Brazil," in S. Braman and A. Sreberny-Mohammadi (eds.) *Globalization. Communication and Transnational Civil Society,* Cresskill, NJ: Hampton Press.
Serra, S. (1999) "The killing of Brazilian street children and the rise of the international public sphere," in J. Curran (ed.) *Media Organisations in Society,* London: Arnold.
Siebert, F., Peterson, T. and Schramm, W. (1956) *Four Theories of the Press,* Urbana, IL: University of Illinois Press. Silj, A. (1988) *East of Dallas,* London: British Film Institute. Sinclair, J., Jacka, E. and Cunningham, S. (1996) (eds.) New Patterns in Global Vision, Oxford: Oxford University Press.
Sklair, L. (1997) "Classifying the global system," in A. Sreberny-Mohammadi et al. (eds.) *Media in Global Context,* London: Arnold.
Sparks, C. (1998) *Communism. Capitalism and the Mass Media,* London: Sage.
Sreberny-Mohammadi, A. (1996) "Globalization, communication and transnational civil society: introduction," in

S. Braman and A. Sreberny-Mohammadi (eds.) *Globalization. Communication and Transnational Civil Society,* Cresskill, NJ: Hampton Press.

Sreberny-Mohammadi, A. and Mohammadi, A. (1994) *Small Media. Big Revolution,* Minneapolis: University of Minnesota Press.

Sreberny-Mohammadi, A., Winseck, D., McKenna, J. and Boyd-Barret, O. (eds.) (1997) *Media in Global Context,* London: Arnold.

Taylor, P. (1997) *Global Communications. International Affairs and the Media Since 1945,* London: Routledge.

Thussu, D. (1998) *Electronic Empires,* London: Arnold.

Tomlinson, J. (1999) *Globalization and Culture,* Cambridge: Polity.

Tracey, M. (1998) *The Decline and Fall of Public Service Broadcasting,* New York: Oxford University Press.

Van Ginnekin, J. (1998) *Understanding Global News,* London: Sage.

Waters, M. (1995) *Globalization,* London: Routledge.

Weiss, L. (1998) *The Myth of the Powerless State,* Cambridge: Polity.

Wright, C. (1959) *Mass Communication,* 1st edn, New York: Random House.

Wright, C. (1975) *Mass Communication,* 2nd

I

移行的および混合的社会

第一章　メディア研究を再考する：中国

マ・エリク・ジェイウェイ(1)（馬傑偉）

政治的コントロールは存続しているものの、中国はかつてない規模で経済改革を企てつつある。中国への香港の主権の返還は、変化へのユニークなはずみを示している（Yosuda 1996）。中国の一部になって、香港はいまでは政治的には中国の指導に従うものになっている。しかしながら、香港ブランドの資本主義が、中国本土の開放政策を強調する支配的イデオロギーになっているのである。中央集権化された社会主義から市場経済への移行は議論の余地がない国家的政策であるのにたいして、メディアの役割はひきつづく論争の争点となっている。このことは主として、自由化された市場での商品として、また中国共産党のイデオロギー装置として、メディアが二重の役割を果たしていることによるのである。この未解決の二重性に縛られているので、一九九〇年代の中国のメディアは方向の定まらない改革、周期的にくり返される抑圧、さらにまた政治的コントロールと市場駆動的変化とのあいだの深部に根ざす矛盾によって特徴づけられている。中国では、メディアの成長は非常に急速であるので、さまざまの記述的な説明はいつも現実の変化にとりのこされている。中国のメディアにみられる、矛盾した諸過程、構造的な複雑さ、変化の急速さに直面させられると、これまでの主要な学問的言説は、理論的一般化にあたって適切であるとは思えない。包括的なレビューを行うかわりに、私はこの論文の最初の部分で、現在みられるいくつかの重要な傾向の指摘を試みる。あとの部分では、中国と香港の経験をとおして、西欧のメディア研究においてよく採用されているいくつかの理論的パースペクティブを再考しようと考えている。中国におけるメディア状況のさまざまな側面についての詳細な説明はすでに別のところでなされているので(2)、この章は、メディア研究にとって中国のケースがもつ理論的な意味のほうに重点をおくことにしよう。

メディアの商業主義化(3)

一九九〇年代の中国のメディアにおけるもっとも顕著な特徴は、急速な商業主義化と存続している政治的コントロールとのあいだの緊張である。厳密にいえば、中国のメディアの運営は政府によってコントロールされ、保有されている。中国政府は国家に所有される諸単位を行政単位、非営利単位、営利企業単位という三つのタイプに区分している。行政的諸単位は、保障された資金を受け取るのにたいして、営利企業のほうは、利潤をあげることが認められている。国家のイデオロギー装置として、メディアの諸組織は非営利的単位であると分類されている。メディアは行政的単位に分類される諸組織とはことなり保障された資金をうけとらないのである。さらにまた、過去においては、メディアは市場における利益を追求することを認められていなかったから、営利企業単位に分類されないのである。しかし、国家のお墨付きをえている市場化は、中国のメディア・システムの財政的な諸構造に重要な変化をもたらすことになった。中国のメディア経営者は、かつては主として政府の諸々の補助金に依存していたが、しだいに広告収入に依存するようになった。一九七〇年代後半に経済改革が始まって以来、メディア組織にたいする国家の補助金は、ひとにぎりの党関係の機関にたいするものを除いて、しだいに減額されるか、打ち切られた。メディア経営者たちは、国家から、かれらが諸々の収入を稼がねばならないし、長期的には独立採算でやって行かねばならないという、明確なシグナルを受け取っている。

全体的なパターンは、全国レベルのメディアでは厳格な検閲が行われるのにたいして、省や県レベルのメディアはかなりの程度の自立性を享受している、というものである。公式性の低いメディアや非政治的な情報の流布についてはコントロールはゆるめられている。他方で、国家は政治的ニュースについてはきびしいコントロールを維持している。しかし、すべての水準のメディア組織は、それらの組織目標のひとつとして、利潤創出をめざすような方向で再編がなされた。利潤創出的な諸チャンネルは、広告とスポンサー関係を受け入れ、おいしいインフォテイメントを盛り込んだ「ウィークエンド版」を刊行し、諸企業にたいしてPRの機能を果たし、シンポジウムやショーや紙上座談会を組織し、それによって「顧客」を増大させた。長いこと中国共産党は、諸々の多国籍コングロマリットを非難し、帝国主義の腐敗したエージェントとみなしてきた。このことにもかかわらず、政府の宣伝部は、一九九六年にはじめて、新聞コングロマリットを認可した。広州市の地方新聞に過ぎない「広州日報」コングロマリットは、あらゆる形態の商業的な冒険を実験するために中央政府によって選び出されるのである。広州日報の商業的冒険は証券や不動産の市場への投資、数十もの新聞販売キオスクの設置、一連のマイナーな新聞の発行、一連の営利メディアとメディア以外の企業経営を含んでいる。コスト効率をよくするために、いくつかの採算のよくない新聞と定期刊行物は合併させられ、メジャーな日刊紙の傘の下で活動するように政府により勧告される一方で、党の系列下の諸新聞は利潤を生じさせるために大衆受けのする新聞を次々と発行し、非メディア・ビジネスにのりだした。批判理論的にみれば、企業グループやコングリマリットは、搾取のためのエージェントである。しかし、中国の文脈においては、これらの経済的独立性は政治的コントロールを弱め、編集の自立性を強化するものとなることができるのである。アイロニーは、当局がこれらのコングリマリットや企業グループを認可した理由が、それらが無秩序な自由競争をコントロールする手段として役立つし、弱小紙の乱立を制限する手段として役立つからであったことである。中国の場合、メディアが非政治的な事柄やビジネス活動で若干の自立性をえたといっても、まだまだ国家によるコントロールは支配的なのである。

メディア慣行を創り出す(4)

市場化によって開始された深部からの変化は、組織レベルでも感じられる。国家の行政的構造の内部で活動しているとき、メディア労働者には、全国メディアに属するか地方メディアに属するかにかかわらず、四つの職業的ランク(5)に応じて一律に給与が支払われていた。昇進は、政治的活動と年功序列に依存していた。しかし、メディアが商業化されると、メディア組織へのキャッシュ・フローは、新たなさまざまな活動を促進し、ジャーナリスト文化を再形成することになった。すべてのメディア組織は、政府とのあいだに制度的な結びつきを有しているにもかかわらず、経済的な強さの増大はそれらメディア組織の多くに、フリーランサーをやとったり、俸給表を修正したり、新技術を採用したり、組織活動を再構築するのを可能にする行動の自由をあたえる。以前には、メディア労働者は給与やそれに付帯する収入を得るのは政府からだけであった。しかし、一九九〇年代になると、諸々のボーナスが「フレクシブルな賃金」(浮動制工資)として正規なものにされ、個人的の能力を基礎にして分配されるようになった。浮動制工資は、メディア労働者の収入の第三の構成要素となり、職業的なランクとは関係なしに支払われる。いまや、メディア組織は、すぐれて活動的なジャーナリストには、浮動制工資の一部として、いろいろな種類の誘因を与えることができるようになった。これらの誘因とは、記事執筆手当、編集手当、優秀記事賞などであり、その金額はメディア組織ごとに大きく異なっている。過去の収入がほとんど一律であった時代には、全国メディアの威信はより高かった。しかし、今や沿海地方の諸省にあるメディア組織のほうが、いっそう市場法則に従っており、企業グループやコングロマリットとして発展しているので、いっそう魅力的である。このようなメディアにいたほうが、より高い浮動制工資をもらえるし、労働者の住宅事情もよい。この理由から全国規模で人材流出が生じている（Chen & Lee, 1998）。

ジャーナリズム活動における市場に関係する変化は、広告の発達とも深く関係している（He and Chen, 1988, Yu 1991）。広告は、まだ制度化されていないので、広告料のドル通貨は、さまざまな非公式的あるいは「革新的な」回路を通じてメディアに流れこんでいる。ジャーナリストたちは、突然に自分たちが様々な交換の主要ネクサスのなかにいるのに気づく。諸々の公的団体も商業的団体も、政治的あるいは経済的な見返りをあてにして金銭を渡している。金銭を受け取るジャーナリズムは、いまやあらゆる種類の情実に価格を設定する体制的現象となっている。「金をもらわない限り記事にしない」という現在の風潮の下で、政府の役人たちさえも彼らのイメージをよくし、公的な政策を円滑に促進するために、記者に金を渡して特別記事を書いてもらっている。数年のうちに、金銭を受け取るジャーナリズムは、個人的現象からジャーナリスト全体の現象に発展し、相手から金をもらっていたのが記者の方から金を要求するようになり、商業的セクターから政府諸機関へと広がりつつある（Chen & Chen 1998）。

諸メディア組織のなかの報酬システムのこのような再編は、新たなキャリア・パスを生み出した。過去においては、メディア労働者は政治へのコミットによって出世のはしごをのぼっていった。政治的コントロールは、官僚的な諸手段で直接に容易に達成することができた。いまでは市場が代替的な出世のはしごを発展させている。メディア労働者は、金銭を受け取るジャーナリズムから直接に報酬をあたえられている。メディア諸組織の内部では、経営者たちもまた販売部数や視聴率をおしあげるすぐれた記事や番組を制作するスタッフに報酬をあたえることができるし、そのことはまた収益をあげさせるのである。このようにして国家と市場とにより行使されるパワーがメディアの諸慣行を不安定にさせることになる政治の命令と商業の命令の二重性のせいで、組織の諸規範はあいまいになるが、それでもそれらはメディア労働者たちの活動によって理解されているのである。変化の道筋は霧につつまれ、予測ができない。ジャーナリストたちは、彼らの組織のたえず変動している許容範囲をたえずテストすることになる。ときどき、上からの指示は無視されるし、ルーティンでなかったことがルーティンになり、こうして政治的利用と商業的利用のあいだでギャップとずれが生じ、ときとしてはこれまではなかったメディア内容の余地が与えられる。しかし、このような即興的な活動は移行的な性格によって特徴づけられるものであり、手荒な抑圧や修正に従わされかねないものであった（Pan in press）。ここでは、メディアでの製作の革新で、自立性と統制のあいだの弁証法が明白にみられるし、メディア労働者は、強度の矛盾に即興によって対処しようとしているのである。

不均等な自由化(6)

原則的には中国国家は、メディアはイデオロギー装置であるという教義にかたくなに固執しているが、市場化のおかげで、メディアの世界の様相はとてつもなく大きな変異の幅を示し、不一致を示している。たとえば、印刷メディアは電子メディアよりもずっと多く制約されている。ニュース・メディアは、文化的メディアに比べてはるかに低い程度の自由しか有していない。多くの定期刊行物、雑誌、書籍に対する検閲はゆるやかであり、暴力やポルノグラフィ、政治的に正しくないイデオロギーさえも内容にもりこむことが可能である。テレビのショー番組と電話による視聴者参加番組では、以前には考えられなかったほど多くの個人的および社会的問題にふれることが可能になっている（Che 1995）。

メディアの類型による相違にくわえ、ことなる地域ごとのメディアの違いも顕著になっている。全国レベルであれ、省レベルであれ、県レベルであれ、党の新聞はきびしく監視されている。しかし、地方紙、分野を絞った専門紙、都市部の夕刊紙は、より市場指向的であり、いっそうソフトでセンセーショナルなニュースでみたされている。同一のメディアのなかでも、イデオロギー的な違いを見つけることができる。たとえば、党の諸々の新聞の第一面は、公式的なニュースや政策演説でみたされているが、他の面は、広告やソフトな社会的ニュースで占められている。中国中央テレビ（ＣＣＴＶ）の場合、メインの夕方のニュース番組では、否定的なあるいは批判的な内容はほとんど扱われないといわれている。これにたいして、午後や深夜のニュースの時間には、批判的なニュースがたくさん流されている[7]。

このことは、ジャーナリストたちが西欧におけるプレスの自由のようなものを享受できるようなあるきわめて特殊なメディア空間が存在する、ということを意味するのではない。一九八九年以後も政治的コントロールは強固に残っている。メディア労働者が公式的なイデオロギー上の限界をこえることができるのは、いまのべた拡大されたメディア空間が偶然できた場合だけであった。メディア空間は、非政治的で消費にかんする内容に限られている。中国のメディアにおけるこのような不均等な自由化は、鄧小平のプラグマティズムの哲学に結びつけて考えることもできるだろうが、かれの哲学はドグマティズムより即興の創意を重視するのである。それはまた市場化の実験のために、行政にたいし特別な裁量の余地を認めようという政策とも関係している。市場の諸力は、さまざまな空間を開き、金融的な力を蓄えさせ、そのことは交渉能力へと変換される。きわめて雑種化されたメディア的状況のなかでのこれらすべての結果として、そこでは途方もなく多様なメディア言説が人目をひくような仕方で共存している。

香港コネクション(8)

中国という事例にみられる特殊性にくわえて、中国本土と香港のあいだの弁証法が存在する。いまや中国の一部となっているが、完全に資本主義的な方式で運営されている香港の自由なメディアは、中国のメディアのサブシステムとみなされるべきである。中国本土では、メディアと政治経済のあいだの関係は明白であるのにたいし、香港と中国の境界を越えると、諸々の権力はより間接的で多様な手段によって結びつけられている。ここでは多様な手段によるコントロールについてのカルチュラル・スタディーズの正しさを主張できる。香港特別行政区の政府は、完全に民主的な選挙によって正統性をえているものではない。それは、中国政府の後見で機能している弱い政府である。しかし、中国政府は、香港ではメディアに高度な自立性を認めている。「一国両制」の約束を尊重するために、中国は香港のメディアにあからさまに介入することを差し控えている。ところが、自立性が許容されているにもかかわらず、香港のメディアは、非政治化と自発的検閲によって中国的軌道へと巧みに方向を変えているのである(9)。自己検閲の過程は、中国政府による直接の行政的な介入があるということではないが、インフォーマルなネットワークと、微妙で多様な諸関係のフォーメイションが、香港における規制にすなおで、世俗化され、非政治化され、今のところは自由なメディア文化を型にはめつつあるということである。

理論的により重要なのは、中国のなかで香港のメディアの多様なフォーメイションがあたえる影響である。香港は政治的辺境に位置しているけれども、中国本土のメディア環境に強い影響を行使している。長年にわたり、香港は中国にとって西欧の自由社会のメディアにとってテンプレートとして、また窓として役立ってきた。一九七〇年代後半に開放政策が開始されて以来、西欧文化は中国の人びとの生活のなかでしだいに強い存在感をもつようになってきた。外国のテレビ番組に接触する機会として最も多かったのは、香港のテレビの電波のスピルオーバーによるものであり、珠江デルタ地方の大部分では電波は受信可能であるし、このことは中国人口のうち一八〇〇万人をカバーしていることになる。視聴者調査によると、香港の番組は、香港で製作されているものも、香港のチャンネルで放映されている外国のものも、非常に人気があり、大きなシェアにあたる視聴者をひきつけている。珠江デルタ地方のいくつかの地方テレビ局は、香港のテレビ番組を中継し、それらのあいだに自分たちのCMを挿入することさえもおこなった。これをやめさせようとする措置が何回かとられたが失敗に終わり、結局、省政府は、非合法であるが、広まってしまったこの慣行を黙認したのである。もうひとつのスピルオーバーの形態は、ビデオ、レーザー・ディスク、CDなどの海賊盤である。それらの内容は、香港やアメリカのポピュラーソングやメインストリーム映画である。それらは店で売られ、小さな映画館で上映されている。この「非合法的な公開性」は、中央政府と地方政府のあいだの不一致の結果であり、公式の政策と実際に広まっている慣行とのあいだのずれの結果である（Chen 1996, 1994）。

もうひとつの重要な変化は、香港に拠点をおく超国家的な放送事業者スターTVが放送を開始した一九九一年（スターTVは、最初はほとんど西欧の番組を放送していたが、その後、アジア地域の特性になじんだ番組がだんだん多くなってきた）にはじまった。一九九六年、スターTVの新たな所有者であるルパート・マードックは、香港にフェニックス衛星TVを設立するために中国人投資家と提携することを決めた。この会社は、スターTVのチャンネルを通して、中国に向けて娯楽、スポーツ番組を放映することを目的とするものであった。外国の番組に接触したことから要求水準の高い視聴者（オーディエンス）が生まれ、メディアの商業化と自由化へ向けさせる圧力が高まった。共同製作、合弁事業、外国訪問、国際会議、テレビ番組や映画のフェスティバル、専門技能の共有などがよりひんぱんになされるようになり、とりわけ香港のメディア産業とのあいだでさかんになった。ここでいう影響は、経済的なものであると同時に「多面的なもの」でもある。カルチュラル・スタディーズ的な説明とともに唯物論的な説明が必要である。カルチュラル・スタディーズ的な議論は、支配的イデオロギーがメディアでの製作にとって言語、「常識」、多面的なコンテクストを提供することを強調する。一九九〇年代に、香港とその国際的結びつきは、中国のメディアに、市場資本主義がそのゲームの名前であるところの新しい多面的コンテクストを中国のメディアに提供する主要な「デモンストレーター」だったのである。

穏和な市場資本主義？

これらの一般的な記述を背景にして、私はメディア研究の諸概念のうちの一部を検討し、中国での変化しつつあるメディア状況へそれらが適用できるものかどうかテストしてみよう。メディアの批判的理論では、メディアは支配的な社会関係を再生産するイデオロギー的な主体だとみなされている。批判的カルチュラル・スタディーズは、メディアと支配的な経済過程とのあいだで、とくにイデオロギー過程とのあいだで、活発な相互的な働きかけがあることを認めたうえでヘゲモニー的な影響関係を強調する一方、批判的な唯物論者は、メディアが政治経済によって決定される諸側面を強調している。これとは対照的に、メディアのリベラル理論は、市場競争が多様性を促し、国家権力をチェックするといい、メディア・フォーラムではさまざまな社会的党派やエージェントが自由に自分たちの意見を表明するのだと論じている。私は、市場についてのこのリベラルな見解についは留保するものである。私は、市場は諸々の社会的言説に制約をくわえ、支配的イデオロギーを強化するという批判的な見方に同意する。しかし、中国において、多様な側面で市場が及ぼす効果については注意深い理論的な説明が必要である。状況をして自らのために語らせるなら、市場は搾取的な力になるばあいがあるにせよ、市場はここでは解放的な力として役立っているのである。

中国のメディアの商業化は、表現のための新たな空間を作り出した。諸々のきびしいメディア・コントロールは、競争を促進し、補助金を削減し、組織的な構造を簡素化することを求める政策へと道を譲った。これらの変化は、政策および流通の諸過程の分権化、専門化、多様化をもたらし、これらの変化がさらにイデオロギー上のコントロールを弱め、活動の自立性を拡大する。諸々のメディア組織は以前ほど政府の補助金に依存しなくなり、市場から直接に財政的支援をえるようになっている。このことは政府当局にたいする諸メディア組織の交渉力を強め、メディア労働者の賃金と福利を実質的に増大させた。じっさい、携帯電話や自家用車さえもっており、羨望されるライフスタイルを享受している新世代のジャーナリストを、市場は生みだしたのである。単一の賃金体系が崩れ、さまざまなキャリア・パスが開かれることで、市場は、同一メディア内での、あるいは異なったメディア間での競争を強めた。プロデューサーたちやジャーナリストたちは、電話で視聴者が参加するラジオ番組に創意をこらし、さまざまなテレビの娯楽番組をつくりあげ、社会的・文化的・家族的・個人的な事柄もメディアでとりあげていった。いくつかの事例では、彼らは政府要人を執務室からひっぱりだし、番組で視聴者と対話させることにも成功した（Zhao 1998）。好調な部数や視聴率を後立てにして、彼らは中国のメディアのイデオロギー的限界を押し広げることに成功し、自分たちの非正統的な創意工夫を、「人民に奉仕する」とか、「中国的性格をもった市場改革を促進する」といった政治的に正統な教義を引用することで正当化した。もろちん、市場的な要請のために政治的配慮が粉砕されることはめったにはなかったが、メディア労働者たちは、国家に奉仕することと、視聴者を満足させることという矛盾した要求を両立させることに成功したようである。その結果は、市場によって、メディアの役割がプロパガンダのための党機関としての役割から、娯楽、教育、受け手への情報提供といった多様な役割へとじっさいに移行したということである。メディアは、国家が日常生活のささいなことにまで「世話をやいてくる」社会に生きていた公衆たちに「息抜きの場所」を提供するという文化的役割を果たしている。一九九〇年代において、中国における市場の力が、過去数十年間の権威主義的な統治の時代に比べて、はるかに多くの表現の自由の機会を提供したことについては、多くの証拠が存在する（Lee (ed) 2000)。

しかしながら、このことはメディアが西欧諸国でのリベラル・メディアにあわせ自身を形づくりつつある中国において、市場の諸力が平和的進化の過程を開始させているとする素朴な考え方をうけいれるものではない。このようなリベラル理論の議論は、あるときには、グローバリズムの言説と結びつけられるが、その言説はグローバルな相互作用は不可避であり、アジア諸国も最終的にはグローバルな世界に統合させられるという、確かとはいえない前提を含んでいる。いま考察しているケースでは、中国におけるメディアの商業化は、諸々の政治権力、経済的な諸利害、金銭を受け取るジャーナリズムとのあいだでの高度に操作的な関係を巻きこんでおり、民主的な創意と価値の市場というロマンチックな見方とは鋭いコントラストをなしているのである。

ここでは市場についての批判的な見方が適切なのである。西欧の批判的メディア理論は、自由市場と想定されているものが、ヘゲモニー的なメディアを作り出すことにどのように関与しているかを説明している。批判的メディア理論にも、支配的イデオロギー・テーゼという強硬な議論から、言説による交渉というソフトな主張まで幅がある。しかし、中国の場合では、権力と金銭とメディアの三者の結びつきは、もっとあからさまであり直接的である。いかにして市場が、デリケートかつ多様な仕方で諸々の表現を制約し、強者の利益を促進しているかというカルチュラル・スタディーズの説明を想起するまでもないのである。国家は、直接の命令によって、反抗的な個人たちや諸メディア組織を処罰することができる。広告にかんする制度的なチャンネルがなく、じゅうぶん確立された職業的規範もなく、強力な諸利害とメディアのあいだにはごくわずかな障壁があるにすぎない。国家や諸々の広告主の支持を確実にするために、メディアは大企業やスポンサーとなる諸々の行政単位の利益を守り促進しようとつとめる。若干のメディア組織においては、ジャーナリストは、批判的な内容を発表する前に、広告主のリストをチェックするように求められる（Chen & Lee 1998）。企業がジャーナリストたちを買収して、自分たちの都合のよいように「賛歌」を歌わせることは公認の慣行である。直接の干渉のほかに、市場は若干の副次的効果ももたらした。市場は、大都市の居住者や消費水準の高い人々に有利に作用している。以前は、国に支援されたメディアは、貧しい人びとや僻地に住む人びとが新聞や放送にふれられるようにつとめた。しかし、配信ネットワークを再編するにあたって、低い人口密度しかなく消費水準の低い農村の人びとは、利潤のあがらない市場になってしまった。それゆえ、メディア・コンテンツと放送チャンネルの急速な成長は、大規模で富裕な都市に限定されている。商業的価値をあまりもたない文化的ないし芸術的なコンテンツは、周辺に追いやられた。大部分において、メディアは、「働け、そして消費せよ」文化のための諸々の空間をきりひらいている。市場が小さく縮まるか、あるいは最終的にその醜い顔をあらわすことになるかは、未来の観察者たちにとっての興味深い問題である。これらすべてのことは、西欧の諸理論の基本的主張と両立可能である。しかし、中国の事例のユニークな特徴は、リベラルな理論と批判理論のいくつかの主要な議論が同時に適用可能であるということである。中国のメディアは市場化と商業化のさなかにあって、それらの相対的な自立性を獲得しつつある。しかし、次節において詳論するように、国家と市場とは、新しい社会的政治的パワーになるために相互に変形しあっている。社会的移行というこの歴史の転換のなかで、中国のメディア市場はまだ制約を残しているとともに、能力を拡大してもいるのである。

官僚的－権威主義的国家

メディア研究者たちがすでに注目したように、英米の文献のなかでのラディカル・マルクス主義の諸理論は、ほとんど経済的権力に焦点をあて、リベラルで民主主義的な国家を自明の前提としている（Downing 1996, Lee 2000）。中国では、メディア研究者たちは、異なるタイプの政治－経済的状況に直面しており、そこでは中国国家はメディア・ダイナミクスにおいて構成的な役割を果たし続けている。西欧の人びとのふつうの想像では、中国政府はいまも一九八九年の天安門事件のときと変わらない悪しき権威主義的な政府のままである。しかし、この見方は、中国国家のさまざまな変革能力を無視している。鄧小平が沿海地方の諸省を訪問し、市場改革を提唱した一九九二年以来、中国共産党は、外見的には権威主義的な性格を減らし、近代的な権威へと自身を再成形してきた。この再生した官僚制－権威主義体制は、強力な威圧的な諸装置によってよりも、法的および行政的な諸手段によって権力を維持している。市場の「解放的な力」ゆえに、中国国家がリベラル国家へと平和的に進化すると考えさせるいかなるヒントも存在しないことを私は強調しなければならない。しかし、権威主義的な社会主義の復活を思わせるものもない。

リベラルな多元主義のレンズを用いても、ラディカル・マルクス主義のレンズを用いても、中国国家－市場ネクサスに焦点をあわせることはできない。ワン（Wang 1998）が観察するように、私たちに必要なのは、国家と市場とが相互に外在的ではないという二重性を認めることである。政府の祝福のもとで市場が発達することは、政府と市場のあいだに明らかさまな諸紛争もふくむ混合物を構成することであるが、両者間での構造的共存もつくりあげる。不安定と闘争により特徴づけられるこの国家－市場複合体のなかで、国家は、統治の機構とは区別される部門としてのメディアのなかで、コントロールも介入も弱めていない。諸々のメディア組織の経営者は、党員、ジャーナリストそしてまた企業家としての役割を同時に果たしている。中級や初級レベルのメディア労働者は、基本的な給料は国家から受けとり、それにくわえ市場から生じる諸々のボーナス報酬を受け取る。政府の役人たちは、政治的な諸手段によって直接的にメディアにたいし権力を行使することもできるし、市場のルールによって行使することもできる。じっさい、多くの大広告主は、諸々の政府単位によって経営される事業体であるか、政府の役人との結びつきをもつビジネスである。国家は、市場のアクターであるとともに、市場の統制者なのである。

一九九〇年代に、政治的コントロールは、ますます法律や条令そして行政的な手段で行なわれるようになってきた。メディアにたいする国家のコントロールは、そのときごとの指示というやり方から、法・規則・条例の編成というやり方へと変わってきた。国家は、プロパガンダで周知される主要な諸政策にたいしてはきっちりとコントロールしているが、地方レベルの党委員会や組織内に設けられた経営単位のような分権化された現場でのルーティン的運営にたいしてはその権限を委譲している。国家はまたメディアの行動指針をつくり事後検閲のための集団をつくっているが、この集団が全国的影響をもつ主要なメディアを読みチェックしている（Chen and Chan 1998）。多国籍的資本の管理について国家は市場に従っているが、政治的コントロールは完全に確保している。たとえば、スターTVは、BBC放送の番組をはずすというかたちで中国政府に譲歩した。フェニックス衛星チャンネルを中国のCATV網に「上陸」させるために、スターTVは中国中央テレビ（CCTV）と同様の政治的に正しいニュースを製作していて、スターTVと中国中央テレビとのちがいは、スターTVの番組のほうがより娯楽的色彩が強く、視覚的に魅力的であるくらいである。ここでも国家は、超国家企業メディアの流れを屈折させるうえで、支配的な役割を果たしつづけている。Chen と Chan が指摘しているように、「メディアをコントロールしようとして現在行われている努力は、持続的で体系的なものである。法的制約、政策的な指示、行政的規制、ミニ・キャンペーン、規範となるガイドラインなどを含む、複合的なコントロール手段が用いられている」(1998: 656)。行政的および法律・条令による技術の統治能力は十分に柔軟なので、政治的コントロールの内に強い商業的な発展を含みこむことができる。このコントロールされた分権化によって、政治的センターと地方メディアのあいだには、敵対関係ではない交渉的な関係が維持される。国家は権力を委譲することで、権力を維持しているのである。国家は、制限つきの消費主義的な民主主義のためのメディア空間を開くという市場の要求を受け入れている。この複雑な相互依存は、メディア労働者たちとしろうとの消費者たちをともに満足させ、同時に、中国国家の統治能力を強めている。

この事例は英米的なコンテクストとは異なるが、英米ではメディアが国家から相対的な自立性を有しており、制度的に分離している。西欧の批判理論は、懸命に政治経済とメディアのあいだで唯物論的／文化的結びつきを苦労して探している。中国では、国家‐市場複合体がメディアの内部にまではいりこんでいる。政治経済とメディアの結びつきは明瞭であり、西欧の場合よりはるかに強い。しかし、これは、そのなかでは政治的に限られた空間のなかで限界つきの自由を認められているという鳥かごなのではない(10)。この過度に単純化されたイメージのなかでは、鳥かごの存在は鳥が生きているか死んでいるかに関係ないものに思われる。しかし、中国では、いきいきとした商売に活発なメディアが、国家の統治能力の持続のために絶対必要なのである。国家‐市場複合体は、民衆の支持を得るために、その機会ごとに変化する同盟を形成しようとして、メディアのなかで、またメディアを通じて活動している。国家は消費文化を促進することでその権力を強化するが、消費文化は社会的欲望を強め、満足させる。一九九〇年代の中国の事例のなかに、国家が市場の力を吸収し、機会ごとの強圧と一般的合意獲得との弁証法によって、民衆の支持をつなぎとめるというヘゲモニーのメカニズムを示したグラムシの分析の適切さを、私たちは認めるのである。国家－市場複合体は、メディアを通じて、制約するとともに活性化を促し、規律化をすすめるとともに満足もあたえる規制的言説をおしすすめるというフーコー的な屈曲も、私たちは認めるのである。

アクティブ・オーディエンス（能動的な受け手）

近年、能動的な受け手（アクティブ・オーディエンス）によるメディア・テクストの特異な、既存の意味を転覆する解読が強調されるようになってきた。このような西欧における能動的な受け手の議論は、メディアの強力効果にかんする理論への反動である。このような能動的な受け手の議論は、イギリスのカルチュラル・スタディーズとアメリカの多元主義の組み合わせの傘の下で発達してきた。この論者たちのうちリベラルな分派は記号的な民主主義を賛美する一方で、批判的な分派は、民衆的抵抗を高く評価し、それを力づけている。しかし、批判的な人々は、この賛美及び高評価の政治的効果は、資本主義的民主主義における既存の権力関係を支持することであると主張している。(11)

それはそうとして、アクティブ・オーディエンスの概念は、ほんの少し手直しするだけで、中国の事例に適用することができ、それによって劇的な結果が導きだされる。数十年間にわたり強いイデオロギー的コントロールが続いたので、国内にいる中国のオーディエンスのうちの多くの人々、そして中国外にいる中国ウォッチャーたちは、検閲済みのメディア・テクストの行間を巧みに読むことができるし、密教的なシグナルを読みとったり、転覆的な読み方ができるのである。中国人たちのあいだでは、本当のことはたぶん公式の新聞の伝えているのとは反対のところに近いであろうとされているし、香港や海外のニュース・ソースのほうが信用できることは「常識」である。一九八九年六月四日の天安門事件以後、中国政府は、メディア報道を制限する諸手段をとり、事件の公式的な見解を作り上げた。しかしながら、すべての種類の反対派によるエンコーディングとデコーディングは公式の説明の線をこえてしまった。時おりジャーナリストたちは、メディアの内容に反政府的な秘密のメッセージを埋めこんだ。たとえば、人民日報海外版に載ったある詩は、対角線に沿って読むと「李鵬を倒せ」という意味になる。もうひとつの例として、一九九〇年に北京で開催されたアジア競技大会のシンボルマークにかんする次のような話がある。人びとは非常に奇妙なやり方でそのシンボルを解読したのである。ななめからみると、そのマークは6にみえ、左側からみると4にみえる（6／4）。つまり、この話によれば、このシンボルが意味しているのは、六月四日になされた民主主義への殉教者たちの記憶の共有だという。もうひとつのとほうもない例は、政治犯が収容されている刑務所で、政治犯たちが国歌を歌うように命令されたとき生じた。驚いたことに、彼らはいかにもうれしそうに「立て奴隷とされるのを拒む者たちよ」と歌ったのである。当局は、このアイロニーを理解し、この儀礼をとりやめてしまった（Friedman 1994）。

これらの種類の能動的なエンコーディングとデコーディングは、最近のメディアの商業化の動きのなかでより明白になっている。メディアの製作者たちは、国家と公衆（公衆と市場はしばしば互換的である）という二人の主人に奉仕している。かれらは即興と「ダブル・コード」によって、テクスト的あるいは間テクスト的なずれを故意につくりだすことによって、このことを達成している。[12] 党のスポークスマンであるメディアと、地方の制約のないメディアのあいだにはずれがある。ビッグな事件を扱う即事的な扱いのニュースと、ソフトなインフォテイメントのあいだにはイデオロギー的なギャップがある。中央政府からいっそう切り離されている地方の娯楽的なメディアは、テクスト上は非政治的にみえる外見の下に、潜在的な秘教的な意味をこめることによって、公式イデオロギーの限界をこえることができる。これらの相互に競合している命令が、メディア・テクストのなかに自身を翻訳していくので、これらのテクストは、強度に多意味的な性格を示すのである。

中国のオーディエンスは、今やこのようなテクスト的ずれや空白を通していっそうものごとを見るようになっている。一九九〇年代には、中国のメディア状況は、さまざまにことなる「解読の空間」で目立つずれによって特徴づけられていた。日常的会話のなかで、家族のなかで友人たちのあいだで、中国の人々は自由に政府批判をしている。北京のタクシー運転手は、乗客と政治談義にふけることで有名である。しかしながら、日常的言語とメディア言語は大きく違っていて、メディアの世界では政治はいまだにタブーなのである。多くの党員や政府の官僚が広く見られる汚職に関与していることは公然の秘密であるけれども、メディアはこの問題については非常に臆病であり、党によって公式に非難された事例しか報道しない。しかし、日常の会話のなかでは、政府や腐敗した官僚をするどい風刺で批判するあらゆる種類のかけ言葉、韻を踏んだ表現、詩などがみられる。これら裏通りで交わされる表現が集められて出版されベストセラーになったが、それらが人気の的になるので政府により禁止されている。(13)

メディアで流布される言説と社会でかわされる言説のずれにくわえて、職場と家庭での解読空間のあいだでもちがいがある。中国では、勤務時間中に公式的な諸新聞を読むことは政治的に正しいことである。いまでも、諸々の行政単位にたいしては、党の諸新聞を購読するようにとの政治的命令が来ている。この安定した講読が、新聞がそのイデオロギー的役割を果たすための広汎な基礎的な読者を提供する。しかし、大衆うけのする新聞や雑誌の台頭は、この公式的な新聞の読者層の基盤を腐食している。街頭販売と宅配を含む新聞配達ネットワークが一九八〇年代後半から着実に伸びてきている。党の諸新聞は、ますます、事業所に限定されるようになっている。いっぽう、大衆的うけする新聞や雑誌、テレビのインフォテイメント番組や電話による視聴者参加のラジオ番組などをふくむ娯楽メディアは、家庭という圏域に属するメディアになっている。さらにメディアによって媒介される家庭圏域を差別化するものは、「ウィークエンド・フィーバー（週末熱）」と呼ばれるものである。高い失業率水準にとりくみ消費を刺激するために、中国政府は週五日労働制と「文明化された余暇文化」を促進する一連のプログラムからなる政策を導入した（Wang 1998）。これらすべては諸々の週刊新聞の増殖に貢献し、これらの新聞は余暇を「消費する」集合的欲望を促進し、教育し、調達することをもっぱらその任務としている。このウィークエンド・フィーバー（週末熱）は、個人が政治を離れてとどまることができ、彼らが個人ごとにことなる消費への欲求を培うことがそこでできるような解読空間をつくるのに役立っている。こうして、これらのことなるいくつもの解読空間を通り抜け、ことなる解読の様式に入りこみ、かれあるいは彼女の日常生活の異なる小部分ごとに異なる解読のストラテジーを採用することは、中国の個人にとってふつうのことになっている。

インターネットと結びついた上記のものとは区別される解読グループがある。通常は、研究者、知識人、大学生、大きな外国企業で働いている人びとは、オンラインで直接に、検閲されていないニュースと海外情報を入手できる。英語を読めない人びとは、香港の新聞によって提供される中国語ニュースにアクセスできる。インターネットのユーザーは、まだ限られた数の知識人と専門職の人びとに限られているものの、彼らは中国においては影響力をもつことのできるエリートなのである。一部の知識人や大学生たちが指摘しているように、インターネットは彼らに、政治的にデリケートな問題を国境を越えて論議することができる効果的で安全なプラットフォームを提供している。

これらすべてのことをのべたあとでも、中国におけるアクティブ・オーディエンスは、オーディエンス・パワーと自立性をもつロマンティック化されたものとして、受け取られるべきでないことに注意しなければならない。たとえば、報道記事を装った疑似広告につられて株を買い、莫大な損失を出し苦しんでいる投資家と消費者たちの報道がある。中国のオーディエンスは、政治的ニュースを読むときには懐疑的であるが、娯楽的な内容を読むときにはかんたんに信じ込む。メロドラマを高い程度に感情移入して見ており、連続ドラマの放送中断が街頭デモを引き起こしたことが報告されている（Wang & Singhal 1992）。これらのことからメディア理論家たちはなにを読みとるべきであろうか。オーディエンス・パワーであろうか、それとも消費への熱中であろうか。中国のコンテクストのなかでのこれらの解読の布置状況は、相互に競争しあう言説の諸コミュニティとしてのほうが適切に記述できるし、これら諸コミュニティは、そこではもっと強力な多様な力学が働き、非対称な意味間での境界がもっとはっきりしているリベラル社会でのコミュニティとは区別される。もちろん、ここでの私の分析はまだ理論的思弁である。経験に基礎づけられた一般化を提供するためにはさらに研究を進める必要がある。実証にもとづいた一般化のためにはよりいっそうの研究が必要である。

家庭的で娯楽的なメディアの突然の拡大は、このようなポピュラー・コミュニケーションが政治的効果をもつのかどうかという理論的問題へ導く。ポピュラー文化にかんする諸理論では、民衆的なメディア・テクストのミクロポリティクスが非常に強調されてきたが、民衆的なメディア・テクストは、支配的権力に対抗するうえで個人にとって有効な資源となるとみられているのである。このような論議の進め方は、中国に特殊な文脈のなかで注目にあたいする。中国のメディアの不均等な自由化は、ポピュラー文化にたいして大きな展開の余地を生じさせている。中国のオーディエンスは、大新聞は退屈で、小新聞はホットであること、第一面はつまらなくて、娯楽面や週末版は元気なこと、諸々の名門新聞や公式テレビ番組はうんざりするものであるが、副産物の出版物や娯楽的な催しは刺激的なことをよく知っている（Pan 1996）。グローバル資本主義の衛星大都市としての香港は、消費主義的で資本主義的なイデオロギーをもったポピュラー・メディアによって、中国の政治的中心を「植民地化」しつつある。中国では、とくに沿海諸地方において、香港のポピュラー文化の広がりは、さまざまなレベルでインパクトをあたえている。香港のポピュラー文化は、オーディエンスを誘惑して中国のメディアからひきはなす。それは受け手の中国メディアの評価のなかでの準拠枠を変化させたようにみえる。また香港のメディアは、中国の沿海地方のメディア諸組織の制度的慣行にたいして強いインパクトをおよぼしている（Chan 2000, Gold 1993）。非政治的なテレビの音楽番組、メロドラマ、週末新聞の消費情報が個人主義、消費主義、権威に対する懐疑主義などのような価値観をもたらしている。これらの諸々のポピュラーなテクストは国家権力の外側に、試験的なものではあるが、穏健な空間を開き、その空間において、オーディエンスは、自分たちの夢や野心をくりひろげることができる。この解放の潜在力は、偶然の所産であり、また歴史的なものである。メディアは文化的な媒介物となり、新たな生活様式を導入し、個人的自由のための欲望をつちかう。批判理論の立場からみると、これは市場資本主義のイデオロギー的編成として解釈されるかもしれない。スパークス（Sparks 1998）が中欧、東欧の事例について見出したように、以前に共産主義国家だった諸国におけるメディアの商業化は、けっして人びとを市民参加へ向けて強化しているわけではない。このことは、中国の場合にはよりいっそうあてはまる。というのは、国家がメディアを取り締まっており、メディアは市民ではなく消費者を強化しているからである。しかし、権威主義の支配していた数十年と現在の状況を比較するなら、中国におけるポピュラー・メディアは、現実に個人的空間を広げている。それらは情報と娯楽への、物質的で文化的な財へのアクセスを民主化している。一九九〇年代は、中国のポピュラー・メディアが、超国家的な資本主義との関係をもったにもかかわらず、進歩主義的な資源として作動することのできる歴史的画期であるように思われる。このことは、この論文の理論的部分の冒頭で説明した「穏和な市場資本主義テーゼ」に私たちを引き戻すのである。しかし、中国メディアにおける個人的なものと家庭的なものに向けての方向づけが、より参加志向的な政治形態をめざす要求を促進することになるか否かは、今後の実証的な研究にとって、理論的および政治的に重要な争点となっている。

結語

本書は「脱西欧的メディア研究」ということばを作りだし、それは西欧諸国における知識形成が持つヘゲモニー的な性質を、自己批判的に自覚するということを示唆している。これは、アジアの研究者たちのあいだでも、社会科学をローカル化し、イギリスやアメリカにおいてとは非常に異なるコンテクストのなかにあるメディアと社会をよりよく説明できるような理論を構築しようという、呼び声として響いている。このアカデミックな共同体の一員として、私は西欧に起源をもつ言説的編成の網のなかにいることをたえず自覚しているのはよいことであると思う。しかし、アジアが全く新しいメディア理論を必要としているかについては疑義をもっている。アジア人の経験を実体化し異国風にして、アジアの新しいメディア理論という主張を正当化することは、実際のところ、アジアは超国家的な資本主義の発展から孤立した独特なものであるという認めがたい主張へと突きすすむことにはならないだろうか。私たちに必要なのは、既存の理論を中国の文脈に合うように修正し適用することであると私は考えている。ダウニング（Downing 1996）が指摘するように、西欧のメディア諸理論の主要な限界は、理論が相対的に安定した政治経済から発展し、そのような政治経済を説明するものであることである。西欧のメディア理論は、資本主義的な民主主義を、メディアの動態における静的な背景として扱っている。しかし、中国のような他の社会政治的文脈のなかでは、急速で突然の変化が、長年にわたって生活の実相をなしているように思われる。このことは、メディアの動態において、市場と国家の役割が完全にことなっている、ということではない。中国のメディアの再編成のされ方は、西欧の場合ときわめて対照的であるが、中国の事例の特徴は、西欧の諸メディア理論によって考察することが可能である。しかし、中国の事例を記述するためにこれらの理論が使用されるやり方が独特なものだとはいえる。というのは、中国と西欧のあいだにある文化的な相違はいうにおよばず、計画された社会主義から市場社会主義へと移行した国は、中国の他にはないからである。理論的説明のなされ方の特異性は次の三点にまとめることができる。第一に、中国のメディア状況においては、市場の力は国家によって吸収されている。国家と市場のあいだにみられる緊張、矛盾、譲歩、そしてそれらの問題点の部分的な解決などは、理論の構築と検証に対して大きな可能性を開くものである。この論文で提起した国家‐市場複合体という概念化はまったく暫定的なものであり、よりいっそうの理論的探求が必要とされる。第二に、アクティブ・オーディエンスについて近年なされた理論的転回にかんしては、通文化的な比較研究が非常に有益であろう。秘教的な、対抗的なデコーディングとエンコーディングの活動のパターンを、中国の事例から一般化して、メディアの空間が限定されているいっぽうで、社会政治的な権力が高度に集中し不均等に配分されている他のアジア諸国の事例と比較することができるだろう。第三に、メディア分析は、リベラルな見地からにせよ、批判主義的な見地からにせよ、整合的な理論的アプローチに沿ってなされることになるだろう。ただし中国の場合には、どちらのアプローチも創意工夫をこらしてまた柔軟に適用する必要がある。そして、ときにはリラベル理論の見方と批判理論の見方とを切りはりして、特定のやり方のメディア分析の限界を越えた、コンテクストにより敏感な複合的な理論の見方からのアプローチをもって、中国のメディアに取り組まなければならないのである。

(1) ジョゼフ・チャン教授と朴明珍教授からいただいた透徹したコメントに感謝している。
(2) 中国のメディア状況の事実を重視した記述についてはとしてはファンを参照(Huang 1998)。より新しい情報を含めた調査研究としては、リー(Lee forthcoming)を見よ。このほかに著作として刊行されているものでは、以下の著作を参照(Lee 1994,1990)、(He and Chen 1998)、(Zhao 1998)。包括的な文献リストについては、次のものが重要

（Goonasekera and Holaday 1998）。

（3）この分野の研究全体の概観ではチャン（Chan 1993）を参照。この節の一部は、次の研究の要約である（Chen and Chan 1998），（Chen and Lee 1998），（Zhao 1998）。

（4）メディア組織の即興的対応の考え方はパン（Pan 2000）による。この節の一部は以下の研究の要約である（Pan 1996, 2000），（Liu 1998），（Yu 1991），（He and Chen1998）。

（5）上級記者／編集者、主任記者／編集者、記者／編集者、および記者助手／編集助手。（Chen and Lee 1998）を参照。

（6）（He and Chen 1998）を参照。

（7）チェンとチャンの実施した内容分析を参照（Chen and Chan 1998）。

（8）香港メディアと中国メディアのあいだでの相互作用についての研究としては、次の研究を参照（Ma 1999），（Lee 1997），（Chan 1996, 1994）。

（9）自己検閲に関するチャンほかの調査報告（Chan et al,1995）を参照。中国政府に批判的なメディアもある（たとえば、香港で発行されている中国語新聞 Apple Daily）。ここでは一般的傾向を述べているにすぎない。

（10）これは国家に統制されたメディアと経済を表わすのに中国でよく用いられる比喩である。

（11）マ（Ma 1998）のおこなった理論的レビューを参照。

（12）テクストプロデューサーたちは、あるインタビューでこのことを「二重コーディング」よんでいる（Zha 1995: 74）。

（13）Apple Daily 一九九九年一月一〇日の記事を参照。

文　献

Chan, J.（1993）“Commercialization without independence: media development in China,” in J. Cheng and M. Brosseau（eds.）*China Review* 1993, Hong Kong: The Chinese University Press.

Chan, J.（1994）“National responses and accessibility to STAR TV in Asia,” *Journal of Communication*, 44(3): 1 12-31.

Chan, J. (1996) "Television development in Greater China: structure, exports, and market formation," in John Sinclair et al. (eds.) *New Patterns in Global Television: Peripheral Vision,* Oxford: Oxford University Press.

Chan, J. (2000) "When capitalist and socialist TV clash: the impact of Hong Kong TV on Guangzhau residents," in Chin-Chuan Lee (ed.) *Money, Power and Media,* Evanston, IL: Northwestern University Press.

Chan, J. et al. (1995) *Hong Kong Journalists in Transition,* Hong Kong: The Chinese University Press.

Chen, Huailin and Chan, J.M. (1998) "Bird-caged press freedom in China," in J.Y.S. Chang (ed.) *China in the Post-Deng Era,* Hong Kong: The Chinese University Press.

Chen, Huailin and Lee, Chin-Chuan (1998) "Press finance and economic reform in China," in J. Cheng (ed.) *China Review 1998,* Hong Kong: The Chinese University Press.

Downing, J. (1996) *Internationalizing Media Theory,* London: Sage.

Friedman, E. (1994) "The oppositional decoding of China's Leninist media," in C. C. Lee (ed.) China's *Media. Media's China,* Boulder, CO: Westview.

Gold, T. (1993) "Go with your feelings: Hong Kong and Taiwan popular culture in Greater China," *China Quarterly,* 1 63: 907-25.

Goonasekera, A. and Holaday, D. (eds.) (1998) Asian Communication Handbook 1998, Singapore: Amic

He, Zhou and Chen, Huailin (1998) *The Chinese Media: A New Perspective* (in Chinese), Hong Kong: Pacific Century Press Limited.

Huang, Changzhu (1998) "China," in A. Goonasekera and D. Holaday (eds.) *Asian Communication Handbook 1998,* Singapore: Amic.

Lee, Chin-Chuan (ed.) (1990) *Voices of China: The Interplay of Politics and Journalism,* New York: Guilford.

Lee, Chin-Chuan (ed.) (1994) *China's Media. Media's China,* Boulder, CO: Westview.

Lee, Chin-Chuan (1997) "Media structure and regime change in Hong Kong," in Ming K. Chan (ed.) The *Challenge of Hong Kong's Reintegration with China,* Hong Kong: Hong Kong University Press.

Lee, Chin-Chuan (2000) "Chinese communication: prisms, trajectories and modes of understanding" in Chin-Chuan Lee (ed.) *Money, Power and Media: Communication Patterns and Bureaucratic Control in Cultural China,* Evanston, IL: Northwestern University Press.

Lee, Chin-Chuan (ed.) (2000) *Money, Power and Media: Communication Patterns and Bureaucratic Control in Cultural China,* Evanston, IL: Northwestern University Press.

Liu, Hong (1998) “Profit or ideology? The Chinese press between party and market,” *Media, Culture and Society,* 20: 31Jrl.

Ma, Kit-wai Eric (1998) *Television Theories* (in Chinese), Taiwan: Yan-Chih Book.

Ma, Kit-wai Eric (1999) *Culture. Politics and Television in Hong Kong,* London: Routledge.

Pan, Zhongdang (1996) “Television and spatial construction in popular phenomena” (in Chinese), *Journalism and Communication Research,* 4: 36-44.

Pan, Zhongdang (2000), ”Improvising reform activities: the changing reality of journalistic practices in China,” in Chin-Chuan Lee (ed.) *Money, Power and Media,* Evanston, IL: North-western University Press.

Sparks, C. (1998) *Communism. Capitalism and the Mass Media,* London: Sage.

Wang, Jing (1998) “Public culture and popular culture: metropolitan China at the turn of the new century,” paper presented in the conference Modern and Contemporary Chinese Popu-lar Culture, Duke University, May 8-9.

Wang, Min and Singhal, Arvind (1992) “Ke Wang, a Chinese television soap opera with a message,” *Gazette,* 49: 177-92.

Yahuda, M. (1996) *Hong Kong: China’s Challenge,* London: Routledge.

Yu, Xuejun (1991) “Government policies towards advertising in China (1979-1989),” *Gazette,* 48: 17-30.

Zha, Jianying (1995) *China Pop,* New York: The New Press.

Zhao, Yuezhi (1998) *Media, Market and Democracy in China Between the Party Line and the Bottom Line,* Urbana and Chicago: University of lllinois Press.

第二章　コミュニズム崩壊後のメディア理論

コリン・スパークス

はじめに

中欧と東欧でのコミュニズム体制の崩壊はこれら諸国の住民にとっても、より広い世界の人々にとっても、第一級の重要性をもつ歴史的事件であったことは明らかである。政治的・経済的・社会的な影響は数百万の人々の生活にたいし現実に直接にかかわってくるものであるし、ベルリンの壁の崩壊以来変化は社会生活の隅々まで広がってきた。一方では、この地域の諸国のほとんどの住民はともかく初めて自由な選挙などの機会を手にしたのであった。他方、平均生活水準や生活期待などの福祉状態にかんする多くの指標は、不安になるほど低下した。一部の人々にとってはＢＭＷや携帯電話、地中海の選りすぐりのリゾート地の別荘などを手に入れる機会の一〇年間であった。他の人々にとってはこの一〇年間は失業、貧困、絶望の拡大を意味していた。これらの変化のなかで生きてきた人々にとっても、この地域の正規の訪問者にとっても、現在の事物の状態が一九八九年のそれとはことなっていることには疑いがない。もちろん、マス・メディアもこれらの変化の中心的部分をなしていた。以前は補助金を与えられコントロールされていた新聞は、現在では購読収入と広告収入に依存するようになっている。かつてより多くの種類の新聞が、一部のものはごく短い期間しか続かなかったが、読者の注目を惹こうと競争している。一部の諸国では新聞の発行部数は急激に落ち込んでしまった。そしてコンピュータ関係からポルノグラフィまで特定の関心に焦点をあわせた新しい種類の雑誌の売り上げはシャープな形で上昇している。放送もまた変化した。広告のための時間販売により資金を得ている新しいラジオ局とテレビ局はほとんどの国で電波を送っている。あるばあいにはそれらの放送局はローカルな形で所有されているが、たいていはローカル（その国の企業）と外国のメディア会社との間での提携関係にある。バハマに本拠を置きアメリカの資金で運営されているロナルド・ローダーの中央ヨーロッパ・メディア（ＣＭＥ）では、この地域はそれ自身の多国籍（超国家的）な放送会社をもっている。

この論文においてコミュニズムの崩壊は、なぜそのなかで私たちがマス・メディアについて考える仕方にたいして大きな挑戦になっているかを、私は示そうと考えている。この作業を行ないつつ、いまのところそれが主に論じられているけれども、メディアにかんするコミュニスト的な見方の崩壊を第一に考えるのではなく、それよりも支配的な西欧的な思考様式へもたらされているインパクトについて考えるつもりである。私がこれから示すように、これら二つの思考様式はじっさいにはきわめてよく似ていたし、一方の見方の危機は同じ理由でもう一方の危機でもあったのである。与えられたスペースの関係から、これらの事件の分析から浮かび上がってくると私が考える主要な問題のうち三つだけについて、私はここで語ろうと思う。その第一はメディア・システムについての理論的説明であり、また西側の研究者たちがそれ以後意識的あるいは無意識的に進めてきたところの軌跡である。第二と第三の問題は、次の探求の中で同定される問題にきわめて密接な関係をもって続いてあらわれる。すなわち、その探求とは異なる種類の社会的権力とマス・メディアのあいだの関係について、私たちが普通考えるさいの考え方であり、より民主的なオルターナティブとしてのメディア構造の視点から、私たちが学ぶことのできる教訓である。

今でも支配的なあるパラダイム

冷戦は大陸を分断したが、その両側にいる宣伝担当者たちがそれについて完全に一致している多くのことがあり、そのうちの一つはコミュニズム的メディアの本性であった。公式のコミュニスト的見解は「レーニン新聞論」(Lenin 1979) のような表題のもとで論文集のなかで安置されていた。ほとんど同じように公式的な西側の見解は、驚くほどの影響力と長い寿命をもった小さな書物、シーバート、ピーターソン、シュラムの『マスコミの自由にかんする四理論』のなかに安置されていた（もともとの出版は一九六三年）。これらの見解のどちらもレーニンやそのほかのロシアの指導者たちからの同じ引用を拠り所にし、「コミュニスト」的現実は「レーニン主義」的理論と一致しているという同じ主張を行なっていた。プロスペクト・マルクサ20［訳注：おそらくモスクワ大学の建物］のなかで信じられていることと、アルモリー・ビルディング［訳注：イリノイ大学にある建物］のなかで信じられていることとのあいだでの唯一の違いは、問題とされている体制の評価の点だけであった。ソヴィエトのイデオロギー理論家たちは彼らが管理しているメディア・システムはこの上なくすぐれたものであると考え、他方アメリカのイデオロギー担当者たちはショッキングなほどひどいものであると考えていた。

コミュニスト的説明の支持者たちは今日ではほとんど残存していないが、反コミュニスト的説明はなお生き残っており、しぶとく人気を保っている。『四理論』は売れ続け読者を獲得し続けている。それはイリノイ大学のシュラムの後継者たちによる葬送のオーケストラでの完膚無きまでの批判（Nerone 1992）も含め、数多くの批判にも耐え抜いている。その概念的な影響はなお広く行き渡り、その著者たちが今日では、初めの執筆の時期には明示していた恩義を受けたことをしるした謝辞を修正をしているような教科書（McQuail 1993）においても認められる。少なくともきわだった一群の研究者たちが、明らかに終わることなく新しくまたより適切な代替理論を生み出そうとして仕事を続けている。その間、もとの書物は売れ読まれているのである。長年モスクワ大学ジャーナリズム学部長をつとめたY・N・ザスルスキ教授の序文をつけて、一九九八年に最初のロシア語の翻訳が出版されたことが、それを証拠立てている。この事実は好むと好まざるとにかかわらず、冷戦のさなかにさかのぼるシュラムとその共著者たちにより提唱された枠組みが、この職業の集合的無意識のうちに入り込み、多くの理論の手厳しい批判者たちの心の中にもしっかりと住み着いていることを示している。

これは注目に値する達成であり、次の問を促すにちがいない。「なぜどのようにして、このことは可能になっているのであろうか」。表裏がありまただまされやすいアカデミー世界のマスコミ研究者たちは脇に置くとして、まじめにこたえようとする人は有名な四理論が、かなりの程度の説明力を教育のレベルでも研究のレベルでもじっさいに持っていることを認めることから、出発しなければならない。この書物が規範的な次元をもっていること（メディア・システムはいかにあるべきか）は、しばしば注目されているし、著者たちがこの読者たちにアメリカ的あり方がよりすぐれていることを明らさまに示すことに、なんらのやましさも感じていなかったのは確かである。しかしながら、ほとんど注目されていないことは、この書物がメディア・システムを分析する方法論を提唱している（メディア・システムはどのようにして理解されるか）とともに、当時実際に存在していたメディア・システムの説明を含んでいたことである（ソヴィエトとアメリカのメディアは実際にはどうであったか）。

規範的な次元がこの書物の直接的なアピールの力を説明するとしたら、長期間にわたって広く浸透し、この書物をこれほど深く影響力あるテキストにしたのは、じっさいには後の二つの要素のほうであると私は考えている。

それをめぐりこの書物が編成されている「ソヴィエト・コミュニスト」と「リバタリアン」という二つの主要なシステムについて行われている説明は科学的な意味においてすばらしい、というのも明らかな事実である。自由市場と国家管理との対置は洗練され、バランスもよく、むだなところがないし、パラダイム的地位を与えるのに十分な完璧さをそなえてえいる。さらにくわえて、この対立項はマス・メディアについて真実で重要ななにごとかを私たちに語っている。市場がメディアを形づくる仕方と、国家がメディアを形づくる仕方との間にはじっさいにはちがいがある。その他の点での欠点がどのようであれ、ここで示されたパターンはたんなる偽りなどではない。この基本的な考察の帰結は、この職業の集合的無意識に入りこんでいったものであり、原著者により引き出された明白な結論に対してきわめて批判的であろうとしている人の思考さえもなお構造づけているものなのである。私たちのここでの目的にとって最も重要である三つを次のように要約することができる。

1　所有パターンから生じるメディアへの経済的な影響と、政府あるいは国家構造の作用から生じる政治的な影響とのあいだには、根本的な区別があるという想定である。これら二つの社会的権力から生じる影響力は相互にことなる種類のものであると前提されている。

2　メディア・システムが一枚岩的な一貫した全体をなしているという考え。この一貫した全体はコアとなる価値体系から生じ、そのダイナミクスはこれらコア価値のなかに体現されている論理により、明らかにすることができる。

3　それらの産出にかかわるじっさいの社会関係から「メディア」を抽出し、それをとおして特殊な支配様式が組織される第一次的なメカニズムとしてよりも、政府システムの召使いないし補助者とメディアをみなそうとする傾向。

一緒に取り上げられることで、私の見るところでは、これらの三つの要素は、価値についての、あるいはマス・メディアのなかでの国家の介入についての広く見られる不毛な論争へと導いていき、メディアが社会的権力（勢力）にたいしてじっさいに行なっている働きかけの仕方の、いかなる現実的な分析も見えなくさせることになった。

私たちがコミュニスト・メディアについて知っている（知らない）こと

コミュニスト・メディア・システムの崩壊という視点から、またその後継物の形態をめぐる闘争の視点から、これらの命題のどれ一つもはや維持できないことを、私は論じようと思う。第一に外観上は小さなことであるが、スターリニストとシュラム支持者たちによって共通して唱えられているモデルに見られる問題点は、「レーニンの新聞理論」というようなものは一度も存在したことがないことである。レーニンの厖大な著作のうちには新聞についての多数の言及が見いだされるし、また映画のような他のメディアについて言及したものもあるが、これらの言及のすべては、それぞれの特殊な歴史の局面に根ざした戦術的な反応である。このなかには、もちろんレーニンの大量の著作とほとんど区別できないものがあり、それについてはルカーチが「革命の時事ニュース」を中心にして編成されているとして有名な仕方で特徴づけたところである（Lukács 1970: 2-3）。新聞についていうとさまざまな姿勢があいつぎ、その中での強調もさまざまにことなり、しばしばその方向は矛盾している。それでたとえば、地下活動の条件下では党機関の必要と緊密に結びつけられた新聞についてのレーニンの主張を見いだすし、また大衆蜂起の条件下ではプロレタリアートの経験の表現と緊密に結びつけられた新聞の主張がみつかる。ツアー体制の迫害の条件下ではレーニンのもとでも新聞の自由についての主張が見つかるし、内乱期にはボルシェビキ政権へ武器を執り反対し立ち上がるように呼びかける新聞の発行停止の主張を見いだす。これらあちこちに散らばる記述からメディアについての一貫した理論を構成することも可能であるかもしれない。多くの著作家たちが、レーニンのより一般的な理論的命題とともにまさしくこのことを行なおうと試みたのであった。レーニンの新聞理論の諸側面は、資本主義社会の政治的反対派にとってふさわしいものであり、とくに党組織者としての新聞の観念がそうであり、もちろんこれは取り上げられ、発展させられた。これらの諸要素を労働者権力の時期からの見方についての適切な説明と結びつける試みは、しかしながら存在していない（Harman 1984）。

スターリニズムとシュラム支持者の双方の論評のもとで現在見られるものは、理論ではなく、選び出された引用にすぎない。この方法は厳格に中央集権化され、厳密にコントロールされ、完全に政治化され、完全に宣伝の道具とされたメディアの正当化を生み出した。「ソヴィエト・コミュニストのプレス理論」はすべてのメディアを党指導の方針に従属させることの正当化のために語られていた。ブルジョワ理論に従って完全に正当化されるところ（たとえば党がじっさいに所有している新聞の場合）でも、それが明らかに正当化されないところ（たとえば国営放送）でも、ことは同じであった。それは明らかに「四理論」の方法論の遺産相続人であり、いかなる所与のじっさいのメディア・システムも、そのメディア・システムがそのなかに存在している社会のコア・ヴァリューに起源を発しているというのであり、メディア・システムは基本的にはそのコア・ヴァリューの表現であるというのである。もし「ソヴィエト・コミュニストのプレス理論」がもちろん社会のコア・ヴァリューと接合されているとするならば、それでは私たちはメディア・システムにそれを極限まで体現させることを期待できるであろう。

この見方がなぜ問題であるかというと、それが現実と対応していないからである。昔、一九三六年のモスクワでのこととしてなら、出版され放送されているものについてのすばらしく正確な説明であったといえるかもしれないが、一九八〇年代になると中欧や東欧のコミュニスト諸国のメディア・システムは相互にかなり大きく相違していた。少なくともひとつの例を挙げるなら、旧コミュニスト諸国で、事態は完全にそれとは違っていた。ひとつの例を挙げるなら、旧コミュニスト諸国のメディア・システムは相互にかなり大きく相違していた。少なくとも西側でもっとも実情に通じている解説者によると、ルーマニアのシステムは一九八〇年代においても、もっとも底辺のレベルに至るまでシュラムによって記述されたタイプのシステムの正確で直接の忠実なコピーをなしていた(Gross 1996)。他方、ポーランドのシステムは一九五〇年代になると、長い期間にわたる一連の変化を通じるなかで、解放と閉鎖のていどではかなりことなるものとなっており、理論により示唆されるモデルの輪郭とはほとんど合致しないのであった(Goban-Klas 1994)。一九八〇年代の中頃に公式の国家メディアの党によるコントロールが戒厳令の時期に再確立されたとき、公式メディアは久しい以前にうち立てられ穏和な反対派をなしていたカトリック教会のメディアと論争しなければならなかっただけではなく、活発で鋭く対立的な連帯労組により組織された地下メディアとも論争を余儀なくさせられていた(Jakubowicz 1991)。ハンガリーのシステムは長期にわたる自由化の歩みを続けており、その自由化の起源は一九五六年の挫折した革命にまでさかのぼるのであった(Kovats and Tolgeysi 1990)。これらの明らかな事実はただひとつのコミュニスト・タイプのメディア・システムしか存在しないという、冷戦の両側で中心的であった観念と、そしてあらゆるところであらゆる時期に同じ形で再生産されていた観念と、矛盾している。

第二に、外から切り離され悪しき帝国主義の影響に対して密封されていたどころか、中欧と東欧のメディア・システムは、大部分驚くほど開かれていたのである。たしかに、最後の時期まで西欧ラジオ放送に対して妨害電波は発信されていたが、しかしテレビについては明白にそうではない。一般的には、中欧のコミュニスト諸国の放送システムは西側メディアと西側の番組についてきわめてプラグマティックな対応をしていたのである。その極端な例はかつての東ドイツ（ドイツ民主共和国）であり、そこでは国民の大部分は西側テレビの電波を受信することができ、また攻撃的に資本主義的な連邦共和国のテレビを受信できたのであった（Hanke 1990）。他のシステムは言語や地理を介すためより大きい自然的隔絶のもとにあったが、それでもしばしば重大なスピルオーバーが存在していた。ハンガリー国民のうち三〇パーセントはオーストリアとユーゴスラビアのテレビを受信できたが、このことはコミュニスト政府当局に警戒されたようには見えない（Szekfu 1989）。西側番組の国内放送についていうと、それぞれの政府の輸入許可の程度はかなり大きく違っていた。一九八六年にハンガリーのテレビで、輸入されたテレビ番組のうち七〇パーセントは西側からのもので、三四パーセントだけがチェコスロバキア国内に同一の制作所をもつものであった。チェコスロバキアではテレビチャンネルはロシアの番組を再放送するのに割かれていたのである（MTV, 1991: 19, Tesar 1989: 138）。もっと一般的にいうと、コミュニスト諸政府はニューメディア・テクノロジーが伝えもたらしてくるコントロールできない体制転覆的な素材を実際には歓迎しなかったかもしれないというものの、これら政府は一九七〇年代と一九八〇年代に西側の衛星放送と西側ビデオをともに侵入しないようにいかなる真剣な戦いもしなかった。支配的理論により予言されているような仕方でシンボリックな風景とコントロールしようとするいかなる体系的な企ての証拠は、少なくとも最後の一〇年間にかんしていうとほとんど存在しないのである。反対勢力の見解を検閲・コントロールするにあたって、じっさいには自由市場のほうが国家よりもずっと効果的である。一九八〇年代までにアメリカ合衆国でプライムタイムに社会主義のテレビ番組を見ることのほうが、中欧でプライムタイムに資本主義的テレビ番組をみるより、ずっと困難なのである。

第三に、コミュニスト期のさまざまにことなるメディア・システムもその内実を変化させてきたという歴史をもっている。それらは中心的理論ないし価値の静止的な体現物ではない。コミュニスト・ヨーロッパにおける変化の過程は、長期にわたるものであったし、現在でもそうである。それは壁が崩壊した日に始まったものではないし、最初の自由な選挙とともに終わったのでもない。この地域のコミュニスト政権は少なくともベルリンの壁の崩壊の一〇年前から内的・外的な腐食の過程をすでに開始させていた。メディア・システムとともに解体の性格と程度も国ごとに違っていたのである。

もっとも重要なケースはポーランドであり、そこでは長い期間にわたり体制（政府）にたいする労働者階級の闘争が存在しており、一九八〇－八一年の連帯労組の成長とともにその対立はピークに達していた。そのピークの時点では労働者階級の連合は、メディアで働く大部分の人々を含め社会の大多数を含んでいた。新聞や放送の内容と運営にかんして政府から譲歩を引き出す力を持っており、またこの連合は新聞と放送をしてポーランド社会のなかにある多様な声にいっそう開かれたものにするため、メディアの再編成のためのラディカルな変革プランを進めていた。一九八一年一二月に発動された戒厳令は連帯労組を地下に追いやりメディアに対する党のコントロールを再確立したが、反対派を壊滅させることはできなかった。一九八〇年代の中頃までに、党指導部のうちの一部にとっては、連帯労組との間で交渉によるなんらかの平和状態が必要であり、そうでなければ遅かれ早かれ新たな大衆反乱が生じるであろうことが明白に認識されていた。ゴルバチョフのロシアは東欧の憲兵の役割を果たすことをしだいにいとうようになっていたので、そのような騒動の帰結はきわめて予期しがたいものであった。その結果、「改革派コミュニスト」がかれらの敵のうちもっとも穏健な人々と緩やかな交渉の過程を開始させたのである。

ポーランドのコミュニストの体験はこれら地域内のかれらの仲間のうちより知性的な思想家たちによって次第

に注目されるようになっていった。一連の国でことなるスピードにおいてではあるが「改革派コミュニスト」たちは、彼らとなんらかの交渉を進めることのできるような反対派の人物たちを見回し始めた。その結果、それ以前には少なくとも公衆にとっては一枚岩に映っていた支配エリート間で、あらゆる種類の分割と亀裂が生じるに至る。社会を動かしているコミュニストたちの階層である「ノーメンクラトゥーラ」の陣営内でのこれらの争いはジャーナリストたちを動かして、彼らが考えていることを発言し、彼らが重要だと思うことを報道することを容易にした。じっさい、コミュニスト体制の凋落の時期は、多くの諸国でジャーナリストにとって自由と独立の黄金時代であったのである。

そのよい例は、今日では独立したスロベニアとなっている地域での状況である。一九九〇年以前、これはユーゴスラビア連邦を構成する共和国の一つであった。この連邦国家の残りの部分と同じように、一九七〇年代にはスロベニアでもきびしい取り締まりが行われ、それがいわゆる「活気のない時代」(leaden years) を生み出していて、独立した思想のどのような表現も処罰の理由と見なされていた。しかし、一九八〇年代を通じて連邦国家内のことなる国民単位を動かしていた官僚たちの間で緊張が発展してきた。とくにスロベニアにおける指導部は、ベオグラードの政府がこの国を動かすやり方に、経済的および政治的な批判を展開させてきた。かれらははるかに発展した彼らの地域の経済により生み出された諸資源が、南部での自力で行いえないプロジェクトと彼らが見なしているもののために吸い上げられていると考え、これら南部の事業の唯一の機能は連邦政府の権力の基礎を守ることであると考えた。ベオグラードに反対する彼らのキャンペーンの一部として、活発化させるのではないにせよ、下からの批判を彼らは許し始めた。ジャーナリストを含むあらゆる種類の人々がいまや社会についての彼らの考えを表現する新しい自由をもっていることに気づいた。とくに、その憲法の特殊な規定ゆえに、かれらは自分たちの意見を公表するように新聞に促す合法的な権利を持っていることに気づき、そして彼らはこの権利を社会の性格と未来についての議論を拡大するのに用いたのである。この国における危機の深さを示すひとつのしるしは、政府から独立した立場で刊行されているものの大部分が、たとえば青年向け新聞「ムラディナ」が、じっさいには形式上はこの地域の共産党により所有されていたことにみられる（Novak 1996）。一九八〇年代後半にスロベニアのジャーナリストたちは表現の自由の黄金時代を経験したのである。

このようなかなりの幅の自由は中欧と東欧のどこででも存在していたわけではなかった。とくに、当時チェコスロバキアであった地域では、一九六八年のロシアの侵入はすべての潜在的な改革派コミュニストは亡命したか地方の低い地位に追放されていたことを意味し、反対派は体制から大きく距離をとり敵対的であった。東ドイツでも似たような状況が広まっていた。ルーマニアとブルガリアでは状況はずっと抑圧的であった。これらの諸国ではジャーナリストの自由は一党支配の崩壊後まで待たねばならなかった。しかし、それ以外の諸国ではコミュニスト体制が凋落していく時期は、支配的理論の予想したのとは反対に、ジャーナリストたちによって、自由と独立のオアシスとして体験されたのである。

これら明らかな事実のレビューが示唆する必然的な結論は、シュラムにより提示されたコミュニスト・メディアの本性についての説明が、あるいはそれへのスターリン主義の側にいる反対論者にとっての事態の説明が、基本的に正しくなかった、ということである。この理論の予想とは反対にことなる諸国のメディア・システム間には実質的なちがいが存在していたのである。そのシステムのコア・ヴァリューの編成を表現しているどころか、これらの違いは、政治的及び経済的要請がコミュニスト・エリートに加えた圧力によって、またエリートたちの間で彼らのシステムの最終的危機として成長してきた分裂がより深くなっていった事実によって、よりよく説明される。きっちりとコントロールされるように構成されていたどころか、シンボル・システムは、少なくとも一部諸国のメディアは、かなり深く西側の映像により植民地化されていたし、ジャーナリストたちに報道する自由を与え、彼らの社会についての可能な未来について考えることを許していた。プレスについての四理論のマニ教的世界がメディア分析の出発点として放棄されたのは、まさしくこの時点なのである。

コミュニズム以後にきたもの

私たちが明白な事実のもつ重さによってシュラムとその共著者たちにより好まれたアプローチを放棄することを強いられたとすると、その次にはかれらの提示した理論的枠組みが私たちの思考に影響を及ぼしているその仕方について、再度考えることが必要になる。その書物のなかで示されている主要な対立項の一つは、メディアに対する政府や国家の果たす役割と、私的所有関係と市場のもたらす経済的役割の間でのそれである。先に示したように、これは重要な考察ではあるが、シュラムたちはそれについて過大に考えていると考えるにたる根拠がある。コミュニズム崩壊についての後での検討は、むしろそれとはことなる説明を示唆している。

コミュニズムの後にくるのは資本主義であるというのは確かであるが、旧コミュニズム諸国に出現する資本主義の性質と形態は特異なものである。このことは政治と経済との関係の性格について、一九五〇年代のアメリカ合衆国で思い描かれた自明な事実から引き出されるようなものとは、ことなるパースペクティブへと誘うのである。各国ごとに、政治権力と経済権力の間には密接な関係があり、とくにマス・メディアに関してはきわめて有力な証拠が存在する。

私はこのような現実を説明する例として一九九〇年代にハンガリーでの最初の民主的選挙のすぐ後で生じた「メディア戦争」を取り上げよう。一回投票制の選挙の期間を通じて、メディアはすべての政党間でなされた合意により規制され、この合意にはコミュニストもその反対者も含まれていた（Koroseny 1992: 76）。その取り決めの一部として、共和国大統領はハンガリー・ラジオとハンガリー・テレビの両方のトップの人事権をもつということが同意されていたが、それらトップ人事は政治バランスを維持するために首相によって指名されたのであった（Kovats and Tolgyesi 1993: 40-4）。ハンガリー・ラジオの初代会長は有名なジャーナリストであるゴムバールであり、ハンガリー・テレビの初代会長は有名な反体制派の社会学者エルメル・ハンキスであった。ハンキスは一般にはハンガリー民主フォーラムからでている新首相アンタルにごく近いと思われていた（Cunningham 1994: 4）。

この密接な関係にもかかわらずハンガリー民主フォーラム（ＭＤＦ）とラジオとテレビの指導者との間ですぐに鋭い対立が生じたのである。基本的な対立点は、彼らが独立した政策を進めようと試み、新政権の諸政策、とくにきわめてナショナリスト的な方向に十分に共感を示さなかったことである。政府は議会の内部および外部にいる支持者たちを動員して、二人の会長に反対させ、二人を辞任させようと試みた。野党の大部分はこの二人を支持する側にまわり、こうして大規模な政治闘争が展開した。たまたま、長く続いた抗争のあとで政府が勝利し、二人の会長はポストを去り、一九九二年に事件は終わった。この事件のすべての結果はテレビとラジオの経営管理をきわめて政治的な争点とすることであった。ハンガリー民主フォーラムは新たに手にしたコントロール権を政治的に信頼できないと思われるジャーナリストを解雇するのに用い、ラジオとテレビを彼らの思想に忠実な伝達手段にするのに用いた。その結果としてどういうことが起きたかというと、放送をコントロールしていたにもかかわらず、ハンガリー民主フォーラムは一九九四年の選挙では大きな敗北を喫し、ハンガリー社会党（コミュニスト党の継承者）の支配する政府に取って代わられ、かつての熱心なスターリニストであったホルンが首相になったのである。ホルンは前政権により確立された例を襲い、放送の上層人事では定期的に介入することになったのである（Oltay 1995）。

ハンガリーのケースはよく知られ、また放送をその時点の政権に従わせようとする闘争の長引いたケースであるとはいえ、それはこの地域に見られるもっと一般的なパターンの一部をなしている。スロヴァキアではメシアルが率いるナショナリスト政権は放送が政府の公式の方針に従うということを確実にするために、一九九一年から一九九八年にかけて長期にわたりキャンペーンをおこなった（Vojteck 1995）。チェコ共和国では放送委員会と政府の間で商業ラジオ、商業テレビ、ローカル・ケーブル・システムの認可取得をめぐっての闘争がみられた（Korte 1994: 61, Smid 1994）。ポーランドでも相次いだ諸政権はワレサ大統領と同様に、放送局と放送委員会の指導的ポストの人事をめぐって、強力な抵抗にであうのに気づかされることになる（Jakubowizc n.d. Karpinski 1995）。これらのケースのすべてにおいて資本主義的デモクラシーの安定化は、ジャーナリスト及びメディア労働者たちのあいだに権威を再び組み入れることであるのを意味しているし、旧体制の凋落の時期と現在の体制の変化が進行中の過程で彼らが享受してきた無政府的な自由の終焉を意味している。

このことが意味していることは、ポスト・コミュニスト諸国においてことなる諸グループ間でのルーティン的取引をリードするのは、政治家、実業家、そしてメディアの間でセットとして形成される緊密な関係だということである。この種の社会においては「政治」であるものと「経済」であるものとのあいだのきっちりとした明白な区分は存在していない。両者は分かちがたく結びついている。じっさいに状況にはいかなるちがいもない。というのは、集合的な支配グループ、すなわちかつてのコミュニスト・エリートを相互に敵対的な私的資本家階級へと転換させる過程は、政治的な意思決定の結果としてのみ可能となるからである。処理されるべき財産は国家に属するものであるのだから、それが私有財産へと変形されるのは唯一国家の行為を通じることによってである。政治的資本のこのような出現はポスト・コミュニスト社会の中心的な特質であるが、この現象がここでは極端な形を示しているという事実は、より一般的にメディア理論にとっても重要な結果をもたらすことをおさえなければならない。

　メディア理論の古典的モデルによって構成された対立項は、政治的行為者と経済的行為者にたいして、分離され区別された行為の圏域を設けている。政治は全体としての社会の一般的利害と関係する。それが経済の圏域と衝突するていどに応じて、それは基礎ルールを設けるときにだけ正統性をもつやりかたで行動し、市場の立場の濫用を防止する、などとされる。こうしてメディアの圏域において、政治的行為は、放送にとって利用可能な電波帯の割り当てに見られるような希少資源の利用規制や、独占防止、諸個人が中傷から守られるようなフォーラムの提供などが適切であり、適切であったとされている。これ以外のすべての形式の行為は本来の行為からの逸脱である。他方、経済は諸個人の私的な仕事にかかわり、第一にはそれは自己の利益の追求である。それは、それが私的な活動にインパクトをもたらす程度に応じて、すなわち課税と経済のなかで介入する企てを通じて、政治を意識する。メディアの圏域においては、政府から可能な限り距離を大きくとることに特別の関心が持たれているが、その理由は、そこでの諸行為の精査・吟味、その欠陥の暴露、瑕疵の告発などが、このビジネスが消費者にこたえるところの第一の手段だからである。

　もちろん、これは一九五〇年代のアメリカにおいてさえも笑いたくなるような理想化された姿であるが、ソヴィエトの対抗物と対照するとき、その強さの一部をここから引き出している。ソヴィエトのメディア・システムでは、常態は政治と経済権力との間の完全な一体化であり、コミュニスト・エリートの統治の役割のなかで融合していた。私的活動の圏域と政府の圏域とのあいだのギャップというものはまったく存在しておらず、またこのことはこれら体制の「全体主義的」側面がそれによって組織されるところの軸のひとつなのである。一九八〇年代にコミュニスト体制下の政治的反対派の人々が、かれらの全体主義的経験への代替として市民社会の建設について非常に熱心に語るが、そのことはこの区別をけしさることであった。これまで私が論じたように、このことはコミュニズム末期の中欧と東欧の社会的現実の笑ってしまうほど理想化された（あるいは悪魔化された）姿なのである。しかしながらこれは政治と経済の間に完全な区分が存在する国としてのアメリカ合衆国についての想像上の構築物にたいするほとんど補完物をなしていた。

コミュニズムの終焉のあとに出現する状況が示唆しているものは、第三の立場があり、その立場から見ると政治と経済の関係は同一でも分離しているのでもなく、相互に浸透しているということである。資本のさまざまな部門とさまざまな政治勢力との配置はI・I・ザスルスキーが現代ロシアにおける「政治資本」とよぶもののなかに極端な形で見ることができる。資金源へのアクセスに成功しようとする政治勢力の努力として、また競争的闘争のなかで有利な立場を守ろうとする経済勢力の努力として、それを理解することができる（Zassoursky n.d.）。中欧と東欧における状況は旧ソ連にみられるほど極端であるものはない。しかしながら私たちは私的資本主義への移行がはるかに平和的でまた秩序ある仕方でなされたチェコ共和国のような諸国においても、政治権力と経済権力が明白に結合されている形態の例を認めることができる。

チェコ共和国は放送に対して新しい法的枠組を整備した旧コミュニスト諸国では最初の国であり、商業放送の認可でも最初の国である。放送委員会の運営において放送権の認可が政治介入を引き起こしたことについては私はすでにふれたが、このことにより導入された解決策とその帰結については、もう少し詳しく見ておくに値する。これらは新しい現実の明瞭な事例を提供している。放送認可は三つの相互に異質な勢力にゆだねられた。その一つは、かつての反体制運動家たちで、その中でももっとも有名なのはウラジミール・ゼレズニで、彼は最初のポスト・コミュニズム政権に非常に近かった。（この近さが、より右よりの第二代のポスト・コミュニズム政権と、やっかいな政治的問題を起こすことになる）。このグループは「二一世紀のための中欧テレビ」（CET－21）の支配的株主として組織され、放送事業の認可が与えられた。第二は旧体制から直接そのままの形で生じてきたもので、それはチェコ貯蓄銀行である。第三の勢力はアメリカ系資本が経営する「中欧メディア企業グループ」（CME）で、これはポスト・コミュニズムのテレビとラジオの市場で非常に活発に動いていた。あとの二つの勢力はさらに合併して単一の企業「チェコ独立テレビ」（CNTS）をつくり、ノヴァ・テレビのよばれる新しい放送局から番組を制作し放送する契約をする。この会社はこれらさまざまな勢力の結合体であり、とくにアメリカの提携社により提供された資金と専門技術と、現地関係者により提供される政治的信用を結びつけていて、そのことが契約にあたって保障をあたえることになる。契約を結ぶのに成功した後、ノヴァ・テレビは視聴者獲得ではとても順調で、すぐに利益を生み出すようになった。ノヴァ・テレビはまた選挙の一年前になると首相に国民に対し語りかけるスポット番組を毎週提供し、政府との間の垣根を修復しようと動いた。この放送局の活動は、たとえばアルコール類の宣伝広告などいくつもの件でチェコの法律に違反していたので、しばしば放送委員会との間で紛争を生じさせていて、政治家との間で重要なパイプをうち立てていたゆえに生き延びてきたのである。この影響力を利用しつつノヴァ・テレビは放送法にきめ細かい修正を施すことができ、それら修正は商業放送局の立場を強化したのである（Kaplan and Smid 1995）。一九九七年にはチェコの観察者たちは、ノヴァは政治家との統合をうまくやり遂げたので放送認可が取り上げられるおそれなどもはやないし、このことはこの企業に参加している諸企業の所有形態というようなこみいったときにはいかがわしい変化があるとしても、考えられない、といっている。CEMで生じたこのようなことは、CEMをすべての活動の効果的な所有者にしている（Kenety 1997, PSMLP 1996）。

政治と経済の諸要素の相互浸透のパターンは、この地域すべてでテレビにおいてはっきり示されており、放送事業認可を支配し、それゆえ入札に成功したものがどのていどまで彼らの認可条件を受け入れることを余儀なくされているかを示している。CEMは一九九九年三月にスカンディナビア放送システム（SBS）に経営権を取得される以前に、スロベニア、ルーマニア、そしてウクライナにおいて成功したモデルを適用していたのである。これらの各市場において、それは有利な立場を保つことができたが、その理由は商業放送における「最初に動いたものの有利な地位」へのアクセスを保障する現地の有力な政治的人物たちとうまく手を結んだからなのである。ポーランドとハンガリーではCEMはまずい提携者と手を結んでしまい、別のグループに最初の放送事業権をさらわれてしまった。CEMはポーランドでもハンガリーでも後発者としての不利を挽回できず、放送界ではマイノリティのままにとどまっている。この会社のもともとの強さは、これら地域のなかですぐれて政治的な接触点を手に入れることであったが、ときには失敗しSBSにより経営権を奪われることになる理由の一つは、この地域で最大の広告市場での商業的有利な地位に政治的影響力を向けさせるのに失敗したからである（Sparks 1999）。

はるかに規制の少ない環境のなかで活動してきた新聞は、政治家との密接な関係を続けるという同じパターンをどこでも示しているわけではないが、新聞も所有関係の問題の政治的性格についてはきわめて明白な証拠を提供する。もっともよく知られているケースはハンガリーのものである。一九八九－九〇年にはさまざまの新聞のスタッフは、彼らの新聞を以前の所有者からうまく引き継ぎ、彼らの所有物として扱うのに成功した。こうして一九八九－九〇年にはハンガリー社会主義労働者党が所有していたいくつかの地方紙のスタッフは、首尾よくそれらをシュプリンガー社に売却したのであった（Galik and Denes 1992）。あとになって、以前の所有者がこの取引に挑戦したときにシュプリンガー社は時価で示談に応じた。ある主要な全国紙のスタッフは、去りゆこうとしているコミュニスト党の指導部との合意のもとで、外国の出版企業と契約することができることになった（Jakob and Galik 1991）。

ビジネスの人間が政治にすぐ手出しをしようとすることと、政治家たちが特定のビジネス・グループに友好的関係を持ちかけようとする傾向は、民主主義社会にまだよくなれていない「素朴な」政治家たちの産物であるとか、市場の観念には新米の「経験の浅い」実業家の産物であると、想像されるべきではないのである。中欧と東欧の全域で、新聞でも放送でも、外国企業による所有という要素はきわめて強いのである。このことはチェコの放送とハンガリーの新聞では重要な要素となっており、ハンガリーでは、とくに新しいタブロイド紙の市場において、主要な影響力を行使しつづけている（Gulyas 1998）。これらの外国の所有者たちは洗練された企業であり、ときとしては巨大な企業で、資本主義的民主主義の条件下で活動することでは多くの経験をもっているのだが、これら企業は現地でローカルな勢力との同盟関係に引き込まれるときには、何らの躊躇もなしに政治資本とのゲームを展開している。同盟関係の基礎はこの分野では共通であり、その分野ではCEMは突出した存在であるが、それはまさしく西側企業は番組編成や政策に専門知識をもたらし、ときとしては必要な資金ももたらし、他方で現地企業が成功に必要とされる政治的接触をもたらすことを行っているゆえなのである。もちろん、このような同盟関係はつねに緊張をはらんでおり、しばしばこわれやすい。ノヴァ・テレビのケースで見られたように、ときとしては外国の所有者が単独でコントロールするのをやめたこともある。また別のときには、CEMとポーランド国際貿易・資本投資会社との同盟関係に見られるように、現地企業がトップの座を占めることもある（Dziadul and Drazek 1999: 1）。しかしながら提携者であれ単独所有者であれ、西側企業は、資本と政治が密接に絡み合っている社会にふさわしいルールの採用を拒否したとはとてもいえないのである。

そこでは実業家と政治家との間に、持続的かつ相互的な支援関係がある。このことは経験の不足や無知から生じるのではなく、移行そのものから生じるのである。この地域の政治家たちは新しい経済市場のなかでの競争にさいして有利な地位を得るために彼らの友人たちを援助するだけではなく、かれらはまたメディアに対してもかなりの影響力を行使し続けている。他方、メディアは生き残りと利潤のために競争的闘争のなかで有利な立場を手に入れるために政治家との関係を頼りにする傾向がある。

しかしながら、この短い考察は、政治アクターと経済アクターとのあいだのこの密接な関係という状況はポスト・コミュニスト社会にのみ見られるある奇妙な逸脱というものなどといってすませることはできない。むしろ反対に、アメリカ合衆国に特徴的な主要な社会勢力間についていわれているシャープな分離よりも、世界中でみられるグローバルな規範であるものに近いのである。アメリカで常態と見なされているものは世界中どこででも常態であると想定するメディア理論のこのバージョンが、この状況を説明できないものにするのである(Downing 1996)。シルヴィオ・ベルルスコーニは、私的資本主義の世界でのメディア所有と政治的影響力の相互浸透について例を探すなら、すぐに浮かんでくる名前である。このパラレルな関係の程度はきわめて強いのでポスト・コミュニスト・メディアの研究者たちは、これをマスメディアの「イタリア・モデル」と呼んでいる(Sprical 1994)。実業家と政治的利害との協力関係は、その布置状況の違いにもかかわらず、南ヨーロッパ全域で公分母をなしている。このことはまた中米と南米でもはっきりとみられる(ブラジルのテレビ・グロボとメキシコのテレビサがその例)し、アジアでも沢山見られる(マードックと中国政府の関係)。この状況を常態として考える方がずっと理にかなっていると思われる。(シーバートたちにより示された)アメリカとソ連の二つのポートレットを逸脱と見なす方がよいと思われる。この展望で見ると、政治権力と経済権力は、私たち正統マルクス主義者が示したように、一つの社会的支配の形態ないし階級支配の裏と表なのであるようにみえる。

このような立場の利点は、それがマスメディアについての多くの謎めいた様相を私たちに理解させてくれることである。たとえば伝統的理論に従うなら、商業メディアはどのような社会においても国家コントロールされるメディアよりも政治的オルターナティブの表明にとって必然的にすぐれている。普通このことを説明するための方法は、たとえばアメリカのメディアと北朝鮮のメディアを比較することである。もちろん、この比較は商業メディアはほとんど考え得るすべての点で、国家メディアよりすぐれていることを示してくれる。他方この視点からすると、イギリスで国家により運営されているテレビは、完全に商業化されじっさい何らの規制も受けていない新聞よりもいつでも手にしうる形で政治的オルターナティブを示すにあたって、なぜ明らかにすぐれているのか、説明できないことになってしまう。他方、もしビジネスと政治党派のあいだのさまざまな関係という照明のもとでこの関係の具体的事例をみるならば、私たちはこれらの状況のそれぞれについてずっと容易に理解することができる。

要約するなら、コミュニズム崩壊から引き出せる主要な教訓の一つは、一国の市民たちにその政府についての情報を与える役割を果たしているマス・メディアにかんしていえば、基本的な対立項は商業メディアと政治メディアとのあいだに存在するのではない、ということである。これら二つの勢力はさまざまなやり方で相互に関係をもつであろう。あるときは対立関係にあり、あるときは協調関係にあるだろう。それらはともに、それらを権力の側に位置させる論理に従っているのである。

（より興味深い）民主主義の勃発

コミュニズムの崩壊から引き出される最後の教訓はこの権力の論理を制限することにかかわっている。コミュニズム崩壊以前のメディアは、巨大規模で、ヒエラルヒー的に組織され、ビュロクラシー的な確固とした制度で、そこでは指導部の意思を黙って遂行するための手順が完備されていた。コミュニズム崩壊後のメディアもいまのところ巨大規模はそのままであり、ヒエラルヒー的に組織され、ビュロクラティックな制度であり、指導部の意思を黙って遂行する手順も保存している。もちろん、二つの間には重要な違いがある。とくに権力にかんして今や競争する複数の源泉があり、対立しまた公然とした論争を多く行うようになっていることに、私たちは注目できるかもしれない。しかしながら、これらの違いはどちらの場合でも、その視聴者とされている市民のことは除くとして、大部分のメディア労働者はメディアの政策と方針の決定から完全に除外されている、という事実を不明にさせるものであってはならない。

このことは一九八九年の諸事件の必然かつ不可避の帰結ではなかったし、またもちろん反体制派のすべての人々によって望まれていた結果でもない。先に注目したように、コミュニスト体制下での反対派の大部分は「市民社会」を創出することを望んでいた。この夢はいくつかのことなる形態をとるがそれらの多くにおいては、普通の人々が彼らの社会生活を構造化している諸制度にたいしておよぼす影響力を拡大することであった。この展望のなかではたんにコミュニスト官僚制を資本主義的企業家によって置き換えるよりも、マス・メディアもふくめて権力構造のよりラディカルな改造が存在していたであろう。

一般的には、この第三の選択肢はメディアの未来にかんする議論において大きなインパクトを与えることはなかった。そこで出現する市民社会のヴァージョンはヘーゲルにより想定されたような古典的なもので、ヘーゲルは市民社会とは私的経済利益の追求の領域であると考えていたのである。しかしながら、交渉による権力の委譲にたいしてはいくつかの例外があり、そのばあいでは改革派コミュニストはより穏健な反体制派にたいして合意していた。チェコ共和国とドイツ民主共和国では改革派コミュニストの勢力は微力かほとんど存在しなかった。これら二つの国では、ポーランドやハンガリーでなされたのと同じようにスムースな権力委譲の交渉は不可能であった。もちろんある種の革命は存在した。ビロード革命ではあったが、そしてそこでは旧体制に降伏を強いたのは厖大な数の人々が立ち上がり動員されたという狭義でのビロード革命なのであった。

これら二つの動き・騒ぎの副産物はメディアにおける権力構造はごく初期のうちに解体していたことである。

チェコスロバキアのばあいでは、このことは非常に短時間のうちに生じた。テレビの旧指導部がプラハの中心部で連日行われていた大衆デモについていかなるニュースも報道することを拒否したので、ストライキ実行委員会が放送労働者によってつくられ、それが旧指導者たちと交渉し、一時的に放送をコントロールすることになった(Smid 1992)。東ドイツではその解体により長い時間がかかり、ヒエラルヒー的なメディア・モデルに対する遙かに大きな挑戦をともなうことになった。SEDのリーダーたちは最後までその相対的な経済的成功はこの機構を危機のより悪い影響から引き離すであろうと考え、民主化を進めるために一連の大規模なデモが行われたのであった。このことの結果、メディア労働者および市民からなる委員会は新聞と放送(のアウトレット)の運営を行うことになった。これに続く数年間に、メディアのこの種のコントロールを法律の基礎のうえに置こうという試みが存在したが、西ドイツとの統合条約の条項は、西側のメディア・モデルの受け入れを含んでいた。二つの国が統合した後で、西ドイツ・モデルと西ドイツの人間が東ドイツのメディアに押しつけられたが、これは民衆的コントロールの痕跡を完全に消し去るものであった(Boyle 1994)。

こうして他の大きな騒動と同様に、一九八九年の諸々の革命において資本主義諸国に広まっているようなより徹底し、より民衆的な民主主義の約束は存在していたのである。これらの市民的権力の芽が新しい資本主義と政治エリートの利益のうちで踏みつぶされたことが、一九八九年の諸事件の限界を示すものである。たしかに中欧と東欧とはそのコミュニスト的過去に比べれば今日では政治的に自由であるが、スペインとポルトガルも同じようにそのファシスト的過去に比較すれば政治的に自由なのである。しかし、これはエリート・グループ間の交渉により仕切られた民主主義であり、エリート・グループの利益のために組織され、これらエリート・グループの利害により分割されている。

これらすべてにおけるメディア理論の教訓は、民主主義とメディアの議論はその関係がどのようなものとして定式化されようと、国家と市場の間の関係、官僚と企業家の間の関係での不毛な議論に集中されるなら、そのポイントを失してしまう、ということなのである。本当の違いを構成し論争のなかで設定されるべき二つの項は民衆の意思表現と民衆民主主義の敵なのである。そのなかで民主化がなされるかもしれない方法を発見することのメディア研究者たちの関心は、メディアとその視聴者とのあいだの関係に向けられる方がよいであろうし、命令する人々と命令に従わされる人々との間の、メディア組織内部の偽りの境界線に向けられる方がよいであろう。

結論

この短いレビューのなかで私が実り豊かであったと考えているものから、しかし歴史的経験としては必ずしもユニークでないものから、ひきだされる三つの中心的教訓だけに絞って論じてきた。もちろん引き出すことのできる他の重要な結論はたくさんあるし、それらについては他のところでより詳しく論じている（Sparks 1997）。私がここで強調したいのは三つのことである。

1　広く信じられているところとは反対に、一つの単一形態で一枚岩的なコミュニスト・メディア・システムは存在しなかった。そこに存在していたものは、国家運営メディアの同一の基本的テンプレートのさまざまに異なるヴァージョンであるが、しかしこれらの相違は、当該の時代と国の具体的な歴史的状況に依存している。とくにコミュニスト・システムの普及はメディアの政治的方向へのコントロールの崩壊をともなっていた。ごく短時間に、多くの国でジャーナリストとそのほかのメディア労働者たちは、彼らの社会とその未来について報道し議論するにあたり、非常に大きな自由を享受した。この期間は相対的に安定した資本主義的民主主義への移行とともに終わり、そこでは新しい所有者と新しい官僚制が従業者たちへのコントロールを再びうち立てている。

2 中欧と東欧の経験は、世界の大部分の地域において資本と政治とのあいだの密接な関係、またときとしては相互浸透が存在していることへ脚光をあてる。この二つの項（政治と資本）が、（好ましい）完全な分離と（好ましくない）完全な融合という常態に両極化されるという思いこみは、極端なケースを常態とするという誤りを犯している。政治を動かしている人物たちとメディアを動かしている人物たちは本来的に敵対者でもないし、本来的に同一であるのでもない。むしろ、かれらは同一の支配階級のことなる構成部分であるのが通例である。かれらは相互に争うこともあり、目的を達成するためにさまざまな同盟関係を結ぶこともあるかもしれないが、かれらはエリート支配の同一の世界に属している。

3 民主主義とメディアについての議論は、彼らの関心を国家と市場が相対的にそれらの力を高めることができるという議論を離れて、メディアと大多数の住民との関係へと立ち戻る必要がある。コミュニストと資本主義の両方のヴァージョンにおいてメディアは大衆の生活とは非常に隔たった人々により動かされていたし現在も動かされている。そしてこのような人々にたいして大衆は何らのコントロールももたない。メディアの民主化は社会全体の規模において主要な公共的発言の手段となるべきものへの、これらエリートのもつコントロールをうち破ることを意味している。

冷戦は終わった。これらきびしかった時代に私たちが教訓をまなび、もはやワシントンの支持者とモスクワの支持者とに両極化されることのない世界の問題へと向かう時期である。これは唯一の選択肢ではなかったし、それがもはやなんら選択肢ではないということは、社会全体にとってとともに、マス・メディアについての思考のオルターナティブである方法を私たちが探し出発する必要があることを確実に意味している。

注記　この論文が書かれてからチェコ共和国における発展は、かつてのコミュニスト諸国での資本の「政治的」性格の劇的な証拠を提供した。スカンディナビア放送システムへの移譲の後でウラジミール・ゼレズニは、かれが現在の放送権を有しているという事実を、CEMをノヴァ・テレビに分割し彼の支配下におくために用いた。このような大胆な荒業を首尾よく達成しうるかどうかをめぐる現在進行中の闘争は、本質的に政治的性格のものである。結果は現時点（一九九九・一〇月）ではまた確かではない。

文　献

Boyle, M. (1994) "Building a communicative democracy: the birth and death of citizen politics in East Germany," *Media, Culture and Society*, 16(2): 1 83-215.

Cunnigham, J. (1994) "The 'media war' in Hungary," paper presented to the European Film and Television Studies Conference, London, July 3-6.

Downing, J. (1996) *Internationalizing Media Theory*, London: Sage.

Dziadul, C. and Drazel, E. (1999) "CEM pulls out of Poland," *TV East Europe*, January 23: 1-2.

Gálik, M. and Dénes, F. (1992) *From Command Media to Media Market: The Role of Foreign Capital in the Transition of the Hungarian Media*, Budapest: Budapest University of Economics, Department of Business Economics.

Goban-Klas, T. (1994) *The Orchestration of the Media: The Politics of Mass Communication in Communist Poland and the Aftermath*, Boulder, CO: Westview.

Gross, P. (1996) *Mass Media in Revolution and National Development: The Romanian Laboratory*, Ames: Iowa State University Press.

Gulyas, A. (1998) "Tabloid newspapers in post-communist Hungary," JavnostlTbe Public, 5(3): 65-77.

Hanke, H. (1990) "Media culture in the GDR: characteristics, processes and problems," *Media. Culture and Society,* 12(2): 175-94.

Harman, C. (1984) *The Revolutionary Paper,* London: Socialist Workers' Party.

Jakab, Z. and Galik, M. (1991) *Survival. Efficiency and Independence: The Presence of Foreign Capital in the Hungarian Media Market,* Manchester: European Institute for the Media.

Jakubowicz, K. (1991) "Musical chairs? The three public spheres in Poland," in P. Dahlgren and C. Sparks (eds.) *Communication and Citizenship,* London: Routledge.

Jakubowicz, K. (n.d.) "Poland: prospects for public and civic broadcasting," in M. Raboy (ed.) *Public Broadcasting for the 2lst Century,* Luton: John Libbey Media. (Undated but prob-ably 1996.)

Kaplan, F. andšmíd, M. (1995) "Czech broadcasting after 1989: overhauling the system and its structures," *JavnostlThe Public,* 2(3): 33J}5.

Karpinski, J. (1995) "Information and entertainment in Poland," *Transition,* 1(18): 13-18.

Kenety, B. (1997) "Nova TV: new democracy or old-fashioned greed?," *Prague Post,* February 12-18: A1-A7.

Körïsényi, A. (1992) "The Hungarian parliamentary elections of 1990," in A. Dozoki, A. Körïsényi and G. Schopflin (eds.) *Post-Communist Transitions: Emerging Pluralism in Hungary,* London: Pinter.

Korte, D. (1994) "Speech," in Polish National Broadcasting Council (eds.) *The Mass Media in Central and Eastern Europe: Democratization and European Integration,* Proceedings of a conference held in Jadswin, Poland, June 3-5.

Kováts, I. and Tölgyesi, J. (1990) "The media-a change of model or continuity," paper presented to the August 1990 Conference of the International Association for Mass Communication Research, Bled, Yugoslavia (Slovenia).

Kováts, I. and Tölgyesi, J. (1993) "On the background of the Hungarian media changes," in S. Splichal and I. Kovats (eds.) *Media in Transition: An East-West Dialogue,* Budapest-Ljubljana: Communication and Culture Colloquia.

Lenin, V. I. (1972) *Lenin: About the Press,* Prague: International Organisation of Journalists. (Published in the UK by The Journeyman Press.)

Lukacs, G. (1970) *Lenin: A Study in the Unity of his Thought,* London: New Left Books.

McQuail, D. (1993) *Mass Communication Theory,* 3rd edn, London: Sage.
MTV (1991) *Hungarian Television 1991 : Facts and Figures,* Budapest: MTV.
Nerone, J. (1992) *Last Rites,* Urbana and Chicago: University of Illinois Press.
Novak, M. (1996) "The transition from a socialist to a market-led media system in Slovenia," unpublished Ph.D. dissertation, University of Westminster, London.
Oltay, E. (1995) "The return of the former communists," *in Transition: 1994 in Review Part One,* Prague: Open Media Research Institute.
PSMLP (1996) "Nova's success spurs attacks by potential competitors," *Post-Soviet Media Law and Policy Newsletter,* 27／28: 8-9.
Siebert, F., Peterson, T. and Schramm, W. (1963 [1956]) Four Theories of the Press, Urbana and Chicago: University of lllinois Press.
Šmíd, M. (1992) "Television after the velvet revolution," paper presented to the symposium on Restructuring Television in East-Central Europe, University of Westminster, London, July 14.
Šmíd, M. (1994) "Broadcasting law in the Czech Republic," unpublished paper, December.
Sparks, C. (with A. Reading) (1997) *Communism. Capitalism and the Mass Media,* London: Sage.
Sparks, C. (1999) "∪⊟∑ and broadcasting in Central and Eastern Europe," in *JavnostlThe Public,* 6(2): 25| 4.
Splichal, S. (1994) *Media Beyond Socialism,* Boulder, CO: Westview.
Szekfü, A. (1989) "Intruders welcome? The beginnings of satellite television in Hungary," *European Journal of Communication,* 4(2): 161 -71 .
Tesar, I. (1989) "Television exchange of programmes and television co-operation between Czechoslovakia and Western Europe: experiences, problems, proposals," in J. Becker and T. Szecskö (eds.) *Europe Speaks to Europe,* Oxford: Pergamon.
Vojteck, J. (1995) "The media in Slovakia since 1989," *The Global Network／Le Reseau Global,* 3: 81-4.
Zassoursky I. (n.d.) "From public sphere utopia to public scene reality: the first seven years of the new Russian press," unpublished paper.

第三章　権力、利益、腐敗、嘘：一九九〇年代のロシア

ブライアン・マクネール

私が最初にソヴィエトのメディアについての学術論文（McNaire 1989）を書いてからこの論文を発表するまでに、すでに一〇年間が経過している。その期間は移行と混乱の年月であり、一九九八年八月のロシアの株式市場のクラッシュまで、このクラッシュを含め頻繁な経済・政治的危機により節目をつけられている。これらすべてを通じてロシアのメディアで働いている人々は、長引く資材不足、政治の不安定、たえざる犯罪的介入の脅威などにより特徴づけられる環境のうちで生きのびるために闘ってきた。解雇、倒産、敵対的買収、そして路上での暗殺などがあった。しかし、ロシアでメディアを職業としている人々はそれなりの自負心をもち彼らと彼らの組織が生き残ったと語るであろう。自由なメディアの確立は、このばあいの自由とはすくなくともソヴィエト時代には保障者でもあった共産党ないし国家によるきびしい行政的コントロールからの解放ということであるが、一九九一年以後の時期の主要な獲得物のひとつである。これら自由なメディアの存続は、たとえひどい事態がときとして出現するにせよ、政治的・経済的改革のための闘いのなかですべてが失われたわけではないことの指標を

なしている。

もちろん、「自由」はつねに相対的であり、その条件内でメディア組織が活動しなければならない政治的・経済的・文化的な条件により限界が設けられている。ロシアのメディア労働者が権威主義的政治システムの押しつけから自由であるとしても、彼らは現在そのシステムに置き換わった市場資本主義がときとしておよぼす同じように禁止的な圧力や拘束と格闘しているし、かつての共産党ボスと入れ替わった新しいメディア・バロンたちと闘っている。

この論文は、メディアにとって容易でなくまた平坦でもなかった発展の一〇年間について、それを推進した諸勢力やそれらの成功と挫折を明らかにしつつ、またソヴィエトの社会・文化からポスト・ソヴィエトのそれへの移行のなかで改革されたメディアの役割を検討しつつふりかえる。これらの過程は、東西と同じように南北にとっても、現在と未来のロシアのもつ地政学的重要性ゆえに興味深いものである。しかし社会科学者にとってまた社会進化のダイナミックスに関心をもつ人々にとって、かつてのソヴィエト連邦はある意味で実験室をなしている。ヨーロッパや北アメリカで資本主義が一世紀かかって達成した変化が、ロシアでは学問的モノグラフの調査を行い、論文を書き刊行するのにかかる時間よりももっと短い時間のうちに展開している。とくにメディア研究者にとって重要な事例をなしているが、重要である理由は国家統制と宣伝指向のメディア・システムの廃墟から政治的・経済的に独立したメディア・システムを建設しようとの試みがなされるとき、メディア組織にたいするマルクス・レーニン主義的アプローチが、ほとんど一夜にしてリベラル多元主義の諸原則に置き換えられるとき、なにが生じるかを私たちに示してくれるからである。私たちは社会科学者としてこのように根底的な変動の観察者となる機会をもつことは稀である。この論文は一九九〇年代のロシアのメディアで生じたことについて、またもっと広くポスト・ソヴィエト社会への移行過程にとってそれが意味することについての一観察者の説明である。

今日のロシアで生じている諸事件の真相が表面での外観と一致していることはほとんどないということは、ロシアの理解にあたって必要な配慮である。秘密と言い抜けが近年、政治・経済エリートに好んで用いられる手段となった。メディア（そして一般的に資本）の所有とコントロールについての公開性と透明性はほとんど欠けているし、一九九一年以後の時期に支配的になっているメディアのコントロールをめぐる闘争で、情報歪曲と宣伝が敵対者にたいして常套的に用いられているという事実により、問題は複雑にされている。それゆえ、ある政府機関があるメディア組織ないし経営者個人を名指しして腐敗しているとかあるいは犯罪者に接触し「重大な財政上の過失を犯した」[1]というとき、多くの観察者たちはこれまでの経験を基礎にして、非難されている人物はどうやら「ソフトな排斥」キャンペーンの犠牲となる人物らしいと思うし、この人物は申し立てられている違反を口実にして近日中に解雇・免職されるか、その機関が接収されるらしい、と推測するのである。

さらに、一九九一年に移行過程が開始したときロシア経済の全分野での変化、さらにメディア全体の変化は急速で予想もできないものであったが、一九九八年八月の経済危機の始まりの時点にみられる事態もこれと同様である。ロシアのメディア・システムはすでに不安定になっていたのだが、一九九八年八月の経済危機はメディア・システムのおかれている環境をさらに悪化させたのである。そのなかでロシアのメディア経営者たちが活動している現場がどれほど不条理であるか説明するためにここで引用しているのだが、経済危機のひとつの結果は、ロシアの主要なテレビ放送局ＯＲＴの一九九八年一一月になされた解雇通告で、（ニュースの大幅削減を含む）緊急事態に対応した番組編成が導入されているにもかかわらず、ＯＲＴは政府からの借入金を返済することができないし、破産が近づいているから、というのである。もし政府がＯＲＴの株の五一パーセントを所有し、それゆえ自分自身の金の不払いにたいして支払請求訴訟を起こすということがなかったなら、ロシアのコンテクストではこのことはそれほど注目を惹かなかったであろう。

チェーホフ的喜劇は脇に置くとして、またロシアのメディアの現状のアセスメントなしにはこれらの限界は不可避であることを考慮に入れたうえで、以下の説明はこの一〇年間の終わりの時点で外からどのようにロシアのメディアが見えるかの説明である。以下の短いレビューは一九九一年のソヴィエト社会主義連邦の終焉へと至る一連の事件、その帰結への足取りのなかでメディアにより果たされた役割にかんするものであるが、私はロシアの改革派の人々により示された多元主義かつ民主主義という目標のコンテクストのなかでポスト・ソヴィエト期のメディアの発展に見られる経済的・政治的・文化的次元を論じることにしよう。

ゴルバチョフの遺産

この距離からそして後方の有利な視点から見ると、社会主義のためにソヴィエト連邦を救おうとしてゴルバチョフが示した望みのスケールと政治的利他主義の勇気を感嘆なしにふりかえることはできない。ゴルバチョフはそれ以前のソヴィエトの指導者のだれ一人としてもつことのなかった認識をもった。すなわちグローバルなメディア環境の急速な変動は、（第二次大戦後のリベラル資本主義諸国の経験と比較すると）大きな経済的成功をもたらさなかった状況下で、ソヴィエト連邦のような権威主義的なマルクス・レーニン主義体制の存続を不安定にするであろうというのである。当時はまだわずかしか用いられていなかったがグローバル化は（私はここでこの語を、時間−空間の障壁を解体する二〇世紀後半のコミュニケーション技術に推進され、国境を越える情報の流れを取り締まる国民国家の能力の衰退と結びついているものとして用いている）、すでにソヴィエト社会とその秘密と禁止の文化を掘り崩しており、一九八五年にゴルバチョフが政権についたときすでにそうであった。国外ではロナルド・レーガンとマーガレット・サッチャーにより指導される西側諸国は、思想と価値をめぐる冷戦の宣伝戦で勝利するために、出現しつつあるグローバルなニュー・メディアを用いていた（McNair 1985）。国内的にはソヴィエト国境外からの「情報汚染」や、ビデオやファックスのような新情報技術は高度に規制されコントロールされている社会を次第に隙間の多いものにしつつあり、ソ連共産党のイデオロギー的ヘゲモニーを崩しつつあった。

ゴルバチョフの戦略的な賭は一九一七年以来機能してきた彼の党と国を、それが破綻してしまう前にこの変化しつつあるメディア環境を回避するよりもむしろ取り込んでしまおうというものであった。なじみの社会主義的価値のあるバージョン（彼が名付けたような社会主義的多元主義）を再び主張するために（たとえばグラスノスチ運動におけるように）メディアを利用すること、また外国の洗練された広報活動を導入することなどである。一九八六年のレイキャビック・サミット（McNair 1991）によって、ゴルバチョフとレーガンは一貫した最善な形でグローバルなニュース報道を行ってもらえたし、主要なニュース解説者たちは冷戦の終焉について語ることになった。動き始めていたゴルバチョフ改革は「ドミノ効果」を生じ「ビロード革命」（ほとんど非暴力的であったためこう呼ばれていた。ルーマニアでのチャウセスクの流血の失墜は例外であった）を可能にし、これは一九八〇年代末に中欧・東欧からワルシャワ条約国を一掃した。(2)

これ以外のマルクス・レーニン主義に影響された諸体制はことなる道をたどった。たとえば中国は経済のレベルでは改革主義のソ連が達成することのできたものよりずっと成功裡に資本主義との妥協に入っていく一方で、市場経済化を権威主義的な政治・経済・文化的な慣行の維持と結合し、そのことは一九八九年に天安門広場での学生デモの流血の鎮圧で示された（あまりにも皮肉なことにゴルバチョフの中国公式訪問の直後であった）。(3)北朝鮮の体制は冷戦の終焉に、また南の隣人の民主主義的自由化にたいして、より極端な孤立化に入り大衆飢餓と大衆による偉大な指導者の称揚の悲劇と超現実主義の混合した仕方でもって対応した。カストロのキューバとベトナムのより正統性をもつ二つの体制もまた民主化方向での政治変化に抵抗し、これら二国もまたその立場の維持は困難になってきているのだが、国民のうちに深く根ざす反米感情に支えられそれらの路線を保っている。キューバとベトナムでは以前のソヴィエト連邦と同様に、旅行、ビデオ、衛星放送その他グローバル文化の伝搬媒体の大衆的普及がソヴィエト型の民主集中主義が民衆の経験や願望と不可避な矛盾に達する時期を近づけつつあった。

これとは対照的にゴルバチョフは主要な説得の手段として位置づけられたマスメディアを用いて、ソヴィエト連邦を進歩的で政治・社会経済的な変化の方向へむけさせようとした。グラスノスチは党コントロールの諸々の桎梏をゆるめさせ、初めは新聞に、ついで放送を、しだいに知的多様性と世論の公開性を拡大するように解放した。このソヴィエトの「情報革命」を通じて、ゴルバチョフとその支持者たちはソヴィエト社会における多元主義と市民的ダイナミックスの手段の成長をすすめていくことを望んでいた。彼の願ったことは、これらがソ連における個人と社会の潜在能力を制約する枠を振り払い（当時も現在もロシアは世界でもっとも資源を豊かにもち、潜在的にはもっとも豊かな国なのである）、その基礎をなすイデオロギーを再び生気あるものにし、党の「指導的役割」を強化し、一九一七年にソヴィエト国家の確立を特徴づけていたのと同じオプティミズムと革命的プライドをもち、第三千年紀に入っていけるようになることであった。

もちろん、事態はこれとことなる仕方で展開した。グラスノスチとペレストロイカはソ連邦のグローバルなイメージを改良し世界をより安全な場所にしたが、公式宣伝をこえたところでより多くの真実にさらされることで、グラスノスチはソヴィエト国家のもろい統一性を弱め、かつては問題とされたことのない共産党の権威を弱めたのである。一九九一年八月に改革過程を停止させ後戻りさせようとの努力として、ソ連共産党の保守派がゴルバチョフに対するクーデタを企て、ソ連邦はネオ・スターリン的権威主義に引き返すか、拘束のない資本主義へ突き進むかの選択をするよう追いやられたのである。

それを惹き起こした改革過程とともに、メディアはこれら事件の進展にとっても重大であった。クーデタ派が彼らの主張に忠実でなかったすべてのメディア機関の閉鎖を当然予想されたスピードで行なった一方で、ファックス、電子メールその他のコミュニケーション手段は改革支持の人々に相互に連絡を取ったり外部の世界と接触するのを可能にしていた。CNNやBBCのような世界的ニュース機関のカメラはクーデタの失敗を身近なところで記録し、ソ連国内・国外に実況報道で伝えていた。ロシア連邦の指導者であるボリス・エリツィンが議会建物の外に停止していた戦車のうえに上り、クーデタに抵抗する彼が生じさせた決定をメディアの支援により宣言したとき、改革派と国外にいるその支持者たちにとって有力なテレビによる連帯の時点に達したのである。

メディア研究者はクーデタのさい、これらの情報の次元がクーデタの帰結にどのように影響をあたえたのか確実に知ることはできないが、八月事件から二つの結論を十分根拠ある仕方で引き出すことができる。多くの制約にもかかわらず、ゴルバチョフ改革は一九九一年には十分強力な市民社会を生み出していたし、保守派の武装行動に抵抗するための知的自由の経験（社会主義的多元主義と結びつけられた形態という制約はあったが）を十分に蓄えていたし、第二にはクーデタ派は、ドラマが展開するなかではほとんど言及されないでいるグローバル社会からの孤立状態のなかにいて、彼らの権力把握の企てを完遂することができなかった。これら二つの要素がクーデタ派の政治指導者にたいする制約として作用したし、彼らが支持を当てにしていたソヴィエト軍の諸部門にたいしても同様であった。

しかし、改革派にとって歓迎された八月のクーデタ派の敗北は、またゴルバチョフ改革の終焉でもあった。その理由はそれがソヴィエト国家の革命的解体とでも呼ぶことのできるものへの道を開いたからであり、自由市場資本主義をモデルとする無批判な経済・政治システムにより置き換えられることになるからである（これはマルクス・レーニン主義により想定されていた変化とはほとんど正反対なものである)。衰退しつつあるソヴィエト・イデオロギーからの名誉ある撤退を組織しようというゴルバチョフの試みは、クーデタの首謀者たちによってではなく、改革派の大多数により拒否された。改革派は今やさらに先に進んで、マルクス・レーニン主義は統治原理を組織するものとしてはよけいで役に立たないという信念をもつに至っていた。そして、ソヴィエトの理論と慣行のうちには取り出すべき価値のあるものはなにもないとされた。じっさいに作用している弁証法の真の表現のなかでは、古い集団主義に対する憎悪と軽蔑は、(とくに共産党が空白に残した権力の諸地位を占めることになった新しいエリートたちの間で)反作用的で熱狂的なブルジョワ個人主義への信念を生じさせ、市場経済への信念を生じさせた。ロシア国民の大部分、とくに若い人々は、モスクワのプーシキン広場でマクドナルド店の行列に並び嬉々としてマルクス・レーニン主義を拒否していた。

あるユートピア的理想からもうひとつのユートピアへと向かおうとする政治的信念の移行が誤りであったことは、この期間に幾度も生じた事件が示している。(もしこの状況のなかで許しうるものであるとしても)、それはある専制体制(官僚制的党機構)をもうひとつの(市場という)専制体制で置き換えることでしかなかった。その結果はといえばある政治・経済危機から別の危機へとふらつく雑種的(あるいはハイパー)資本主義の創出だったのであり、それはときにはグローバルな資本そのものの安定を脅かすのである(それはもし再び生まれたロシア資本主義の最後まで終わることなく続くようにみえる危機が、かつてソヴィエトの社会主義者たちにより搾取と悪の典型として理解されていた国際資本主義システムに危機をもたらすのであるなら、皮肉であり、信念を変えないマルクス・レーニン主義者たちの間で最後の大笑いの理由となるであろう)。多くの住民がいまなお信じているように、新しいロシアは旧ロシアよりはよいバランス状態にあるとしても、そしてロシアの通貨危機がポスト冷戦期のグローバル資本主義という約束の土地に入るにあたっての必要な前奏曲であるとしても、それは市民にとっては外傷体験的な苦痛な経験であり、これら市民のうちにはメディアと文化産業で働く人々も含まれている。この論文の残りの部分はロシア人によりしばしば「泥棒的」と記述されている粗野な資本主義経済となかなか廃れないソヴィエト時代の政治カルチャーが、ある種のメディア・システムをどのようにして作りだしたかを研究する。このメディア・システムは二つの世界（ソヴィエト型社会主義と自由市場資本主義）の多くの悪しき特徴を示しているにもかかわらず、移行過程のもっとも重要でもっとも貴重な達成のひとつと見なされてよいものなのである。

ロシアのメディア（一九九一－九八）の政治経済学

グラスノスチの時期に始まり一九九一年のクーデタのあと急速に加速されていく、中央集権化されコントロール型情報経済から離脱の運動は、メディア組織にひとつのアプローチを必然的に放棄させたが、そのアプローチはその立案者たちによって主張された目標を達成できなかったのである。このことは改革支持者からは広く歓迎されたがその理由は、そこではメディアが主要な受益者であったソヴィエト連邦の終焉にすぐに続く意気高揚の波のうちにあったということだけでないのである。とくに新聞は、テレビよりもはるかに改革過程の前衛に立っていた（他の地域の政府と同様に、ゴルバチョフ政権もテレビを自身の手足として存続させておくことが重要だと考えて、グラスノスチとペレストロイカの報道において、若干の例外を除いて相対的に保守的な姿勢を維持させていた）(McNair 1992)。そしてテレビはよりたかい尊敬と地位を享受していた。クーデタ支持であった「プラウダ」やその他の保守系紙はソ連共産党のお墨付きの「社会主義宣伝者・鼓吹者」としての卓越した地位を失い衰退に向かう一方で、「イズヴェスチア」と他の改革派支持の諸紙は、その多くはクーデタ進行中の期間には基本的活動を維持することさえ危うくされていたのだが、文化的英雄として賞賛された。これはロシアの新聞における理想主義的オプティミズムの時期であり、この時期にこれら各紙は政党の政治的多元主義の確立に貢献し、公共圏を機能させることによって、クーデタ以前からの自分たちの地位を強固にしたのである。リベラル的新聞理論において賞賛されている敵対的ジャーナリズムは、政府とビジネスのなかの新エリートにたいしてきびしい「批判的精査」をほどこすことで「ニェザヴィシマヤ・ガゼッタ」(イギリスの同名の新聞「インデペンデント」をモデルにしている)やその他の新聞において開花した。行政や改革過程の未来の方向をめぐる生きた公共的な議論を活発化させた。

しかしながらそれ以前からロシアにおけるあまりにも急速で不十分にしか規制されていない資本主義への移行の歓迎されない結果が現れ始めていた。ソヴィエト共産党と国家装置の解体は新聞を政治的コントロールから解放しただけでなく、従来の制度的な資金源もなくさせてしまった。ハイパーインフレーションや経済停滞と闘い苦しんでいるロシア政府は、これら資金を十分な公的援助によって置き換えることはできなかった。制作コストは上昇し価格はそれに応じて上がり、「現実的な」市場水準に達し、発行部数は低下した。ソヴィエトの各新聞はこれまで定期発行部数二〇〇〇万部と称していたのだが、一九九〇年代後半ではもっとも成功している新聞でさえ五〇〇万部に達していない。資本主義経済における印刷メディアにとって伝統的な収入源である広告収入はごくわずかであり、住民のうちもっとも富裕な部分の人々、つまり出現しつつあるビジネス階級をターゲットにした出版物へと流れていきがちであり、このビジネス階級の人々が広告された商品のもっとも購入能力を持つのである。それで一部の新聞はうまくいっているとはいえ、大部分の新聞は生き残りの闘争の時期に入り、多くは沈んでしまった。

成功した大部分の新聞は私人ないし企業により買収され、ラディカルで独立系新聞としてのクーデタ以前の編集アイデンティティを失い、新しい所有者のビジネス利益に従属する商業的性格の新聞となりつつある。この過程の古典的ケースで多くのロシア人に憤りの叫びをあげさせたのは、伝説的な「イズヴェスチア」が一九九七年にオネクシム銀行グループに買収されたことである。

このような取引と資産の変化はもちろん自由市場では通常のことでありポスト・ソヴィエト的文脈においては、肥大化し不採算な印刷メディア部門を合理化する過程の一部をなしている。ソヴィエト時代に多くの新聞が存在していたのはそれらが安価だったからではなく、それら新聞を購読することが党から市民の義務であるとされ、体制に対する忠誠のバッジだったからである。党が去り体制もくつがえってしまうと、新聞は新しい支持基盤を見いださなければならなくなり、読者は競争裡にある定価に応じて払うようになる。多くの新聞はこの飛躍に失敗し、クーデタ以前のもっともすぐれた改革派の新聞「討論と事実」と「コムソモルスカヤ・プラウダ」は生き残ってはいるものの、この二紙はクーデタ以前の時期の十分の一の発行部数を保っているにすぎない(4)。これらにかわって発行部数順のリストでトップを占めるのは「サントル・プルス」、「スピード」、「エクストラM」などの西欧スタイルのタブロイド紙で、消費者とライフスタイル指向の新聞として出現したものである（これら三紙のおよその発行部数は順に五〇〇万部、四〇〇万部、三〇〇万部である）。イデオロギー的かつ道徳的な厳格主義が数十年間にわたって押しつけられてきた社会で、好色やスキャンダルが人気あるテーマとなり、それらを基礎として発行部数が増えこれら新聞の利益が上がっている。政治的に軽薄な新聞もまたロシアの新聞の特徴となっている（たとえば、五〇億ドルとされるチェルノムイルジンの財産についての「イズヴェスチア」の報道、あるいは一九九四年にエリツィンにわたったとされるこの国で最大のテレビ会社ORTの株式の二六パーセントの「贈与ないし賄賂」の報道）、内容におけるこれらの傾向は、一九九〇年代の資本主義世界ではどこでも顕著にみられる「相互に問答無用的にきめつける」議論を思わせる言葉で非難されている（Franklin 1997）。ロシアのリベラル派の人々は、タブロイド新聞にみられる軽薄さやセンセーショナリズムやポルノグラフィが市場の好みの追い風をうけて急成長していくのをみて、自由なメディアがロシアのようなひ弱な民主主義にとって過度なまでに自由であるのではないかと問題にしている。

メディア研究者たちが「タブロイド紙化現象」と呼ぶであろうものをともなうロシアの新聞の商業的再建は不可避であり、(それが新聞に初めて民衆の好みや要求を反映させ表現させることになっている限りでは)好ましくない顔だけというわけではないが、改革支持者を驚かせかれらを立ち去らせている。ルパート・マードックやシルヴィオ・ベルルスコーニのようなメディア・バロンの批判は、ロシアの知識人たちの間で反響を見いだした。彼らはソヴィエト体制の終焉を喝采したが、彼らのもとでの新しく解放された印刷メディアの独立と編集の自立性が、市場の荒々しい力に従わされたことを見ているのである。これらの憂慮にこたえて、闘う新聞にたいしてある種の政府援助がなされようとしたが、それらは市場における成功の不足を償うには不十分で、国家援助の受け入れは、政治的なひも付きになってしまうかもしれないという猜疑から、つねに拒否されている。自分たちの新聞が純粋に独立であると考える一部編集者たちは、原則として国家による資金援助に抵抗していた。

リベラル反対派はかれらが市場の行き過ぎと考えるものに反対しているのであるが、議会内の反動的で反ユダヤ主義的で外国人排斥的な「民族的愛国者」たちがしばしばかれらに同調するかのように映るので、それ以上にはものをいえなくされていた。「民族的愛国者」たちもまた、メディアの自由化は「外国」の思想と価値による母国への侵略にとっての扉となっているとの信念から、メディアの自由化に反対して立ち上がっているのである。一九九〇年代を通じてロシアの保守派は国家による所有をも含めて、国家による新聞の大幅なコントロールを求めたが、彼らの考えではこのことはソヴィエト共産党のもっともすぐれた伝統上にあり、新聞のなかにあるいうことをきかない「彼らにとって異質な」意見にたいする断固たる政治コントロールの手段となるというのである。

保守派がコントロールする議会は、新聞が純粋の「第四身分」として行動する能力を制限することを目的として一連の検閲許容的な法案をつくり（同様の攻撃は政治的に忠誠を疑われているテレビ放送局にたいしても行われている）、メディア所有の集中を制限する提案をするに至っている。彼らはまたポルノグラフィのような「道徳汚染」の諸形態に反対して立法キャンペーンを展開した。(5) エリツィンはいつもこれらの圧力に抵抗することができたが、その理由はもっとも強力にそれらを唱える声がソヴィエト的過去と同一視されたからではなく、というのは八月クーデタの失敗が第一に多くのロシア人に想起させるのはソヴィエト的過去であるからだが、一九九一年以後の時期に新聞の自由がまだひ弱であることを認識していたからである。

一方での資本主義的メディア市場の行き過ぎ、他方での国家による新聞のコントロール、この二つの間で、近年のロシアの所与の歴史と現在の条件において適切なバランスを見いだすこと、移行の時期のもっとも難しい挑戦のひとつはそこにある。この論文を書いている時点で、秤の針が市場とビジネス利益の側に傾いていることは疑いないが、大部分のロシア人（大部分のメディア研究者とメディア従事者を含めて）、この状態はジュガーノフやジリノフスキーのような人々が、(6) もしそうすることができる地位にいるなら、導入するかもしれないどのような新聞規制やコントロールのシステムよりも好ましいと受け入れている。世界の他の地域でと同じように、ロシアでは、メディアの検閲や規制についてのリベラルな議論は、ひとたびかれらに権力が委ねられるなら、権威主義的に物事を考える保守派が力でもってするであろうことの認識によって制約されている。

スタイルや内容の行き過ぎにもかかわらず、一九九〇年代後半までロシアの新聞は、より成熟したメディア市場で見られる種類のものとことならない程度の編集の多様性を示していた。一部の少数の新聞はそれとわかるほどセックスとスキャンダルにしがみつくタブロイド紙の方向に進み、あるものは公然と人種差別的であり反動的であった。しかしながら大部分の新聞は多少とも保守の側にいるか、多少とも改革派の陣営にいるにせよ、他の諸国での「自由な」新聞の流儀でそれら新聞の好む政治家を支持していた。一般に自由なプレスに見られるように、ロシアでの「自由」は主として、その新聞の編集方針がかくありたいとするものを新聞所有者の意思の押しつけから防衛し擁護すること意味している。これがメディア市場での正常な様態であるとすると、ロシアにおける政治とメディアのインターフェースに見られる顕著な性格を除いては、ロシアのコンテクストでとくに心配することはないようである。以下でさらに詳しく論じるであろうように、ロシアの多くの新聞の所有者たちはメディア＝産業複合体のメンバーで、そのエリートたちの所有関係は政治装置にたいして、成熟した資本主義システムではまれにしか見られない強い影響力の行使を可能にしているのである。

放送

ロシアの放送関係者にとっても、印刷メディアにおける対応する人々にとってと同じように、ラディカルな構造調整の時期を迎えることは一九九一年のクーデタ以後では不可避であった。ソヴィエト時代の放送制度は、テレビ・ラジオ国家委員会（GOSTELRADIO、図を参照）を通じてソ連共産党によりコントロールされていたが、その組織と内容においてマルクス・レーニン主義の組織原則を反映していた。これらはもはやロシアの変化した政治状況にたいして適切でないだけでなく、テレビ・ラジオ国家委員会も市場経済のなかで生き残るためには過大でありやっかいであった。

以前の論文のなかで一九九一年以後のロシアの放送部門を特徴づける民営化、商業化、犯罪化の過程に言及して、「一枚岩からマフィアへ」という表現を用いた（McNair 1996）。クーデタの失敗と一九九六年の大統領選挙との間に国家運営放送の一枚岩的組織は資金的飢餓状態に陥り、崩壊し、銀行家、産業家、企業家などの出現し

ロシアのテレビ 1991－1998

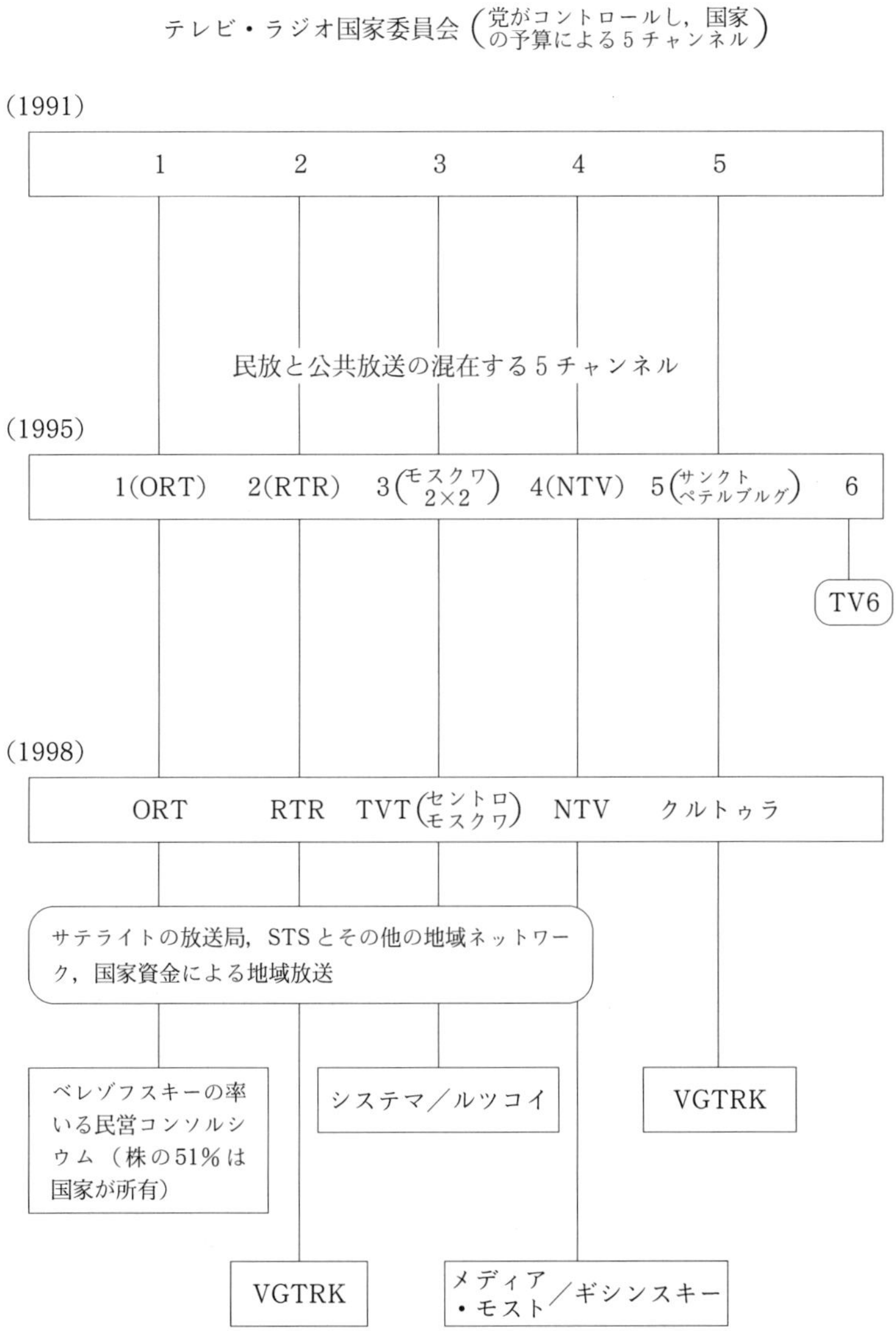
テレビ・ラジオ国家委員会（党がコントロールし，国家の予算による５チャンネル）
(1991)
1
2
3
4
5
民放と公共放送の混在する５チャンネル
(1995)
1(ORT)
2(RTR)
3（モスクワ 2×2）
4(NTV)
5（サンクトペテルブルグ）
6
TV6
(1998)
ORT
RTR
TVT（セントロ モスクワ）
NTV
クルトゥラ
サテライトの放送局，STSとその他の地域ネットワーク，国家資金による地域放送
ベレゾフスキーの率いる民営コンソルシウム（株の51％は国家が所有）
システマ／ルツコイ
VGTRK
VGTRK
メディア・モスト／ギシンスキー

つつある権力エリートにより支配される無政府的なメディア市場の変転にさらされ、それらの多くは組織化された犯罪と結びついていた。いく人もの放送責任者はこれら犯罪の暴露ゆえに生命を犠牲にした。(7) 変化しつつある放送経済の効果的な規制は存在していないし、財政事項での透明性は存在しない。資源側からの圧力は安価な輸入番組と国内の低コスト制作番組へと促すので、番組内容は例外なくシャープな形で低落しているのが認められる。

若干の安定と方向とを許容してくれるような一貫した政策的枠組みを求める市民的指向の放送人たちは、エリツィン系の改革派経営者と一九九二年以後に勢力を増やす「民族的愛国者」の強い議会とのあいだの憲法論争に巻き込まれた。この腐朽の物語には例外もある。それは一九九四年にジャーナリズム指向のNTVが創設されたことであり、ロシアで最初の独立系テレビネットワークとなるエドゥアルト・サガライェフのTV6サテライト・チャンネルの成功である。しかし、国内でも国外でもみられるロシアのテレビは全般的危機にあるという受け取り方は完全に正当なものであった。

そして、ロシアのテレビは支持する資格のないにもかかわらず、それらテレビに多かれ少なかれ支援されての一九九六年六月のエリツィンの再選がやってくる。そして、これまでと違う社会経済的及びメディア的発展の局面をなす四年間が、より民主主義よりでより市場経済よりの枠組みのなかで発足するし、そこで政治的多元主義とメディアの自由も保護されるであろうと思われた。自分たちにとって好ましい選挙結果を手にした放送人たちは、かれらの活動の背景となるであろう相対的な政治的安定と経済の健康の回復を楽しみに期待することができた。

そして一九九六年の選挙のあとで、ポスト・ソヴィエト期の放送にとって、カオスと混乱の最初の五年間はより大きな安定によって置き換えられた。そしてこの安定のなかでは、民営化はなお支配的傾向であったが、一二年前に予想されたであろうものよりもっと一貫性があり財政的にも機能するようなシステムを生み出したのである。かつては国家により所有され運営されていた五つのテレビ・チャンネルは二つ（第一チャンネルで放送されるＲＴＲあるいは「ロシア」と第五チャンネルで放送される「クルトゥラ」）[8]に減らされ、残りは完全にあるいは部分的に私企業に所有されるものになった（図を参照）。これはロシア国家の実質的な財政破綻から生じた必然の結果としての切り離しであり、放送番組制作とインフラストラクチャーにロシア資本と外国資本の導入を受け入れさせるものであった。一部のケースでは国家は民営化された放送チャンネルの株を所有していて（たとえばＯＲＴの五一パーセント）、その後の発展にたいしてもなんらかのコントロールを行使し続ける。

国家による資金援助への依存から自由になり、民営化された放送チャンネルは番組の質の改善に取り組み始めた。とはいっても一部の観察者たちは、ロシアの放送人たちがゲームショー、トークショー、その他手軽にできる番組フォーマットに次第に依存することに示されるような、番組制作におけるオーディエンスの低い好みに合わせる「ダウンマーケット」的動向と彼らが見なすものについて、批判している。しかしながらこれらはテレビ・コンテンツにおいては国際的に見られる趨勢であり、経済的な苦境にあるロシアが避けることのできるものではなかった。一九九〇年代後半には、ロシアのテレビは多くの観察者たちにより、一九九〇年代初めに予想されたものよりはずっと高い番組水準を達成したと判断された。リソースの制約にもかかわらず主要チャンネルのニュースや時事問題・軽い娯楽・若い人向けの番組などの制作者たちは次第に十分な資材を提供されるようになり、同じほどの資材が利用できる諸国と同じほどの革新やすぐれた番組を生み出している。

クランの台頭

ロシアの放送の民営化が不可避であったとするなら、私的なメディア帝国を創出したメディア・バロンたちがそれらをリードするようになる状況を随伴するのも、同じように不可避なことであった。この論文を書いている時点で主要なプレーヤーは次のようである。

○メディア・モスト。ウラジミール・ギシンスキーが率いている。メディア・モストはNTV（第四チャンネル）を所有し並行してラジオも実質的に保有している（そのなかには評判の高い「エコ・モスクヴィ」が含まれる。これは初期の独立系ラジオ局のひとつで一九九一年のクーデタに反対したことで注目された）。また地域テレビのサテライト・ネットワーク、印刷メディア（メディア・モスト所有の新聞のなかには大発行部数をもつ「セヴォドニャ」、「シェム・ドニェ」、「イトギ」が含まれている）。

○ロゴヴァズ。ボリス・ベレゾフスキーが率いている。これはORT（第一チャンネル）に主要な私的利害関係をもち、同じくいくつもの新聞を保有している。

○システマ。モスクワ市長でエリツィンの競争者であるユーリ・ルツコイによりコントロールされ、TV－Tセントル、ケーブルテレビとサテライト・テレビのチャンネルをもち、また「ロシア」、「クルトゥラ」「メトロ」などの新聞を所有する。

○プルミエールーSV。ロシアのテレビ広告を支配しているセルゲイ・リソフスキーがコントロールしている。また地方でのケーブルテレビとサテライトテレビでも事業を拡大している。

これ以外にも、メナテップやオネクシム銀行グループなどのような重要なメディア所有者がいるし、ここでリストアップした主要な事業グループはその事業部門を売ったり買ったりして内容を変化させている。しかし、ひとまとめにしてみると、これら個人や組織は新しいパワーエリートを含んでいて、そのメンバーたちは（たとえば自動車製造、ガス、金融など）他の産業部門で蓄積された資本を用いて、戦略的レベルでメディア所有に入り込もうとしている。モスクワ大学のジャーナリズム学部長は彼らのことをコーポレート的「クラン」と呼んだ（Zassoursky 1997）が、この言葉は彼ら相互の緊密な結びつき、秘密なネットワーク、一九九六年の選挙でボリス・エリツィンへの活発な支援に見られるように共通目標を協力して達成する能力、などを鋭く的確に示している。ギシンスキー、ベレゾフスキー、リゾフスキーその他はエリツィン再選キャンペーンで表面には立たなかったがキープレーヤーであったし、かつて独立系テレビであったNTV経営者のイーゴル・マラシェンコは助言者としてエリツィンの選挙運動チームに加わっていた。この見返りとして彼らはかつて教育放送のチャンネルとして利用されていた第四チャンネルに自由にアクセスできるようになり、国家所有の放送施設への特権的利用を手にした(9)。ギシンスキー、ベレゾフスキー、ルツコイ、リゾフスキーはかれらの長期的目標の達成を幅広く支援してくれる政治的環境の継続を手に入れたのである。

一部のロシアの観察者たちはこのことや他の証拠にもとづいて、新ビジネスエリートによるロシアのテレビの買収の第一の動機は経済的利益であるよりも政治的影響力であると示唆した（Vartanova 1997）。メディア所有が一九九〇年代後半のロシア政治のねじれと急展開の理解のキー要素であることに疑いないという。一九九八年八
・九月の経済危機のさなかにエリツィンが一群の閣僚を他の閣僚で置き換えたとき、多くの観察者たちはボリス
・ベレゾフスキーの手がポットをかき混ぜているのを見たのであった。ということはロシアでもその他の地域で

も、政治的影響力はメディア企業にとって目的そのものであることは滅多になく、ビジネス経済に好意的な環境のなかでのなにものかの獲得と絡み合っているということである。コンラッド・ブラック、ルパート・マードック、アクセル・シュプリンガーなどの主要なメディア・バロンたちが、彼らの所有新聞がそれぞれ活動している諸国において、全体として彼らのメディア・ビジネスに有利になるような方向で、政治風土に影響を与えるのを望んでいるのと同じように、ロシアの資本によってテレビは影響力のキー・メディアであると見なされるとともに、長期的にはメディア界での利益の源泉と考えられている。彼らのテレビ所有とコントロール、そして影響力は政府との取引によりこれをもたらすけれども、ベレゾフスキー、ギシンスキーその他の人々がまず第一に考えているのは彼らのメディア資産を維持し発展させることではなく、全体として新ビジネス的でポスト・ソヴィエト期のロシアで自由市場的カルチャーを維持することなのである。彼らのメディア企業が急速に発展しつつあり潜在的に非常に利益の上る消費市場のなかで、すでに利益を上げているないしこれから尨大な利益を上げるようになるであろうことは、もちろん彼らがこの分野により深く参加する動機をなしている。

この点でロシアでの放送民営化の経験は、他の自由市場経済で見られる合理的ビジネス行動のパターンと整合的なものである。メディア所有は経済パワーを政治・文化的パワーに変換し、後者は経済パワーの維持においてキー資源になるというわけである。ロシアがたとえばイタリアの状況（そこではシルヴィオ・ベルルスコーニの印刷メディアと放送メディアの所有が中道右派の「フォルツァ・イタリア」運動の成功に実質的に役立っている）とことなっているのは、もっとも自由主義的な資本主義的システムにも組み込まれているタイプのメディア権力の濫用にたいするいかなる制約も欠けていることであり、ほとんどすべてのメディア所有者の公然たる政治介入が見られることである。ロシアのメディアの所有とコントロールに詳細な規定が欠けていることに加え、「クラン」によるロシアテレビの乗っ取りが民主主義的移行への深刻な脅威をなしているという見方に容易に同意できる。（他方からいうと、ロシアは世界で最初に真のメディア＝クラシーになりつつあるともいえる。これは一種の資本主義で、そこでは政治家たちはメディアや文化産業に根をおろしている経済パワーに依存している。またそこでは政治パワーと文化パワーを隔てる伝統的な諸隔壁は消滅している。この点ではロシアの泥棒男爵たちのプリミティズムにもかかわらず、ロシアはメディアにより駆動される二一世紀の資本主義のパイオニアとなるかもしれない。そこではジャーナリズム、エンタテイメント、コンピュータ・ソフトウェア、データ・サービスなど、すべての商品形態での情報の規制者が、全体としての所有する資本家階級の中枢セクターとして確立されるだろう）。

プレスについていうと、二〇〇〇年に予定されているエリツィン後の最初の大統領選挙にさいし、それをコントロールするロシアのメディア産業コンプレックスはすでにポジション取りを終えている。モスクワ市長であり大統領候補に名乗りを上げると見られるユーリ・ルッコイは実質的にテレビと新聞のコントロールを手にしている。ボリス・ベレゾフスキーはアレクサンドル・レベジを支えキングメーカーの役割を果たすものと思われており、ウラジミール・ギシンスキーはヴィクトル・チェルノムイルジンへの支持を表明した。もちろんこれらの支持は条件付きのものでありどのメディア・バロンもコントロールし切れない状況（一九九八年のクラッシュや一九九九年九月の爆弾テロなど）の展開もあるが、彼らがすべての人に知られていること、そしてロシアにおける「民主化」過程の一部として受け入れられていることは、この国においてメディア・パワーと政治の間にユニークな緊密な関係があるのを示している。

それでは残存している国家セクターはどうなっているのであろうか。すでに見たように、一九九一年以後、ソヴィエト時代から継承し肥大化した公的セクターの放送機構はほとんど危機の最終段階に入っており、その危機はサービスを維持するのに必要な収入を失い、人員過剰で不十分にしか稼働せず、私的セクターとの間で正常でないばかりかときには腐敗した取引関係を強いられることから生じていた(10)。ポスト・ソヴィエト期のロシア国家はそのように望んだとしてももはや古くからのテレビ・ラジオ国家委員会を維持することはできなかったし、それゆえ漸次的な民営化を認めたのであった。しかし、たとえそれが一部の政治家が考えているようにこのような公共放送からは政治的コントロールがもたらされるという理由だけであったとしても、公的支援は一部の公共放送に対しては維持できるように行われ続けていた。このようなアプローチのもとで、また前述のようなタイプの私的セクターの拡大というコンテクストのなかで、残存している公共放送チャンネル（全ロシア国家テレビ・ラジオ会社ＶＧＴＲＫにより運営されているＲＴＲ(11)）は、一九九一年以後でも政府からより大きな財政援助求めたようである。事件のなかで、要求した金額の三〇パーセント程度だけを毎年国家から援助を受け取るという長く続く時期に入り、そして広告とスポンサーに依存するようになった。この緩慢な資金欠乏状態（および事実上の民営化）に直面して、ＲＴＲととくにその経営者であるオレグ・ポプツォフは公的セクターの地位を再び手に入れるべく、ロシアにはもし可能なら広告に依存しない公共的に所有されるテレビ・ラジオ放送局が少なくともひとつは必要であり、番組編成においても公共サービスという目標達成のためにそれが必要であるとして、キャンペーンを展開した(12)。

ロシア政府は長いことこの議論に口先の同意を示してきたが、はっきりと資金の裏付けを与えることはできなかった。その理由は部分的には国庫がからであったためでもあるが、また公共サービスについての大統領の理解があきらかにポプツォフのそれとことなっていたためと思われる。ＲＴＲは公共サービスの価値を真剣に受け取っていたし、経済管理とチェチェン共和国への軍事介入行動も含めて、いくつもの重要分野での政府の政策の批判者として、一九九六年の選挙のときから名声を得ていた。この異論を唱える放送局にたいして、大統領とその政治体制は権威主義的なメディアコントロールを選好することを示した。純粋に民主主義的な政治文化のなかにいるすぐれたジャーナリストと同様に、ポプツォフは政治的修辞と現実との本性上の違いを理解し、ＲＴＲの公共サービスとしての役割を、このギャップを採り明らかにすることのうちに見ていた。「客観性などというものはない。客観性とは全主観の総和である」[13]と彼は考えていた。いいかえると、彼は多元主義を信じていたのであり、それには大統領も公式的には賛成を表明していた。しかしながらエリツィンとその閣僚はポプツォフの多元主義には同意せず、ポプツォフとＲＴＲのジャーナリストたちを全般的にロシアを過度に暗い宿命にあるものと見ていると非難し、とくにＯＲＴとは対照的にこの放送局が政府を公然と批判することを非難した。ＯＲＴは当然ながら「大統領のチャンネル」と評判されていた。すでに述べたように、ＯＲＴとベレゾフスキーではなく、グループとしてのコーポレート・クランはボリス・エリツィンの政治プログラムに彼らのメディアを貸し与えようとしており、とくに一九九六年の再選のさいにはそうであった。エリツィンから見れば、エリツィン支持を掘崩そうとする公共的セクター放送になぜ政府が予算をつける必要があるのか、ということになる。

一九九六年二月、選挙への助走のなかでＲＴＲスタッフによる完全に親エリツィン的アプローチをポプツォフが看過できなくなったとき、彼は辞任した。「モスコフスキ・コムソモレッ」紙が絶望したような論評のなかで書いている。「言論の自由があるにもかかわらず、クレムリンは今やジャーナリストを扱う最善の方法は説得であるより、コミュニストの戦術を想起させる昔ながらの抑圧であると、決定した」[14]。ポプツォフの後継者としてエリツィンが選んだのはエドゥアルト・サガラエフで、尊敬されているジャーナリストで証明つきの改革派経営者であるが、就任するとすぐに彼は、彼の管理下ではＲＴＲはロシアの社会と政治について否定的報道を減らすべきであり、肯定的報道を増大させると言明した。こうしてＲＴＲはエリツィンの大統領再選のために安心できるものにされ、他の完全に親エリツィンである放送メディアに合流した。

公的セクター放送へのこの政治的介入のパターンは、エリツィンを支援する役割を果たした後でサガラエフが更迭されるときにも続いた。一九九八年春遅くに次の大統領選挙がおぼろげながら見えるようになると、エリツィンは国営放送にたいする政府のコントロールを固めようと動いた。ＶＧＴＲＫは「制作と技術の統合された複合体」になるべしとする政令を発し、ＲＴＲとクルトゥラ・テレビのチャンネル、ラジオ・ロシア、それと一一三の地方のテレビ・ラジオ放送の中央集権化を行った。強化されたＶＧＴＲＫはまた放送伝播施設の国家独占への強化に取りかかる。好意的に見るとこれらの変化はロシアの公共放送の形態について不足を指摘されていた支援を強化するものとして歓迎されるかもしれない。他方皮肉な見方をする人々（一九九八年中頃まで、ロシアではシニカルでない人などいなかった）はＶＧＴＲＫの再編成を、次の大統領選挙がいつ行われるにせよ一九九六年のそれより多くの異議申し立てがでるであろうことを予想して、国家所有メディアの政治的コントロールを増大させる試みと見ている。

選挙以降において、そして選挙でだれが勝利するかにある程度依存するであろうが、ロシアでの公的セクターと公共サービス（いうまでもなく両者は同じではない）の放送は全体としては経済の好調な発展に依存するし、税金、補助金広告などの形態のいずれであれ収入を増大させるシステムの改善に依存する。このことはまたソヴィエト時代の遺産である官僚機構と不効率を受け継いでいるＶＧＴＲＫがその経営構造を改革することに、ダイナミックで革新的な私的セクターと競争することに依存している。一九九六年二月のオレグ・ポプツォフに変わるエドゥアルト・サガラエフの任命は、サガラエフが主張していたようにRTRは「国家の情報・文化政策の主柱」(15)たるべきであるとする立場を支えるための経営的・財政的改革の時代の開始であった。しかし彼の提案のうちよりラディカルな部分と彼の経営スタイルとは報告によるとRTR従業員たちには過重であった。一九九七年二月に腐敗の告発（その証拠は示されていない）のなかでの強制された彼の辞任は、組織としてのVGTRKに特有の保守主義を示すものである。後をついだニコライ・スヴァニッツェは、一九九八年二月に、かれと同僚たちが公式監査委員により「重大な管理の誤り」を告発されて同じ運命をたどることになった。先に述べたように公的領域でこのような非難が出現するときそれがどの程度正当なものであるか、それら非難が当局からあまりにも独立的と見なされた責任者たちを容易に免職するためのマヌーバーであるのかどうか、真相を解明するのは困難である。VGTRKでのサガラエフの失敗がどのようなものであるにせよ、ロシアで沈下しつつある公的セクター放送のこれら管理責任者が、もし二一世紀の新しい放送メディア環境のなかで生き残ろうとするなら、それらの構造と組織カルチャーの根本的な改革に取りかからねばならないことは議論の余地がない。

政治カルチャーとロシアのメディア

エリツィンのVGTRKの改組は、先のポプツォフの更迭と同様に、ロシアのメディア観察者たちを暗い気分にさせるが、それにふさわしいパースペクティブに位置づけられる必要がある。すべての政府は、公共セクター放送に（それが一局でも存在しているところでは）政治的に圧力を行使し、上級管理者の指名や解雇のさいに（たとえ舞台前面にでないとしても）キー的役割を果たしている。一九九六年、ロシアでの予備選挙の高い政治的緊張と興奮のなかで、競争相手に信頼されているコミュニストが立っていて、脅威をテレビに向けているとき、RTRにかけられる圧力は、全く歓迎されないものであるとしても、理解できないものではない。ポプツォフの免職はソ連共産党的な流儀での放送コントロールへの後戻りでないのは確かだが、ロシアのメディアはどこででも批判された。しかし、メディアが政府批判をすることへのエリツィンのいらだちは、権威主義が相変わらず存続していることと民主主義的成熟が欠如していることの証拠であり、それがロシアでの政治＝メディア関係の特徴であり続けている。メディアの為政者にたいする正当な（正当でないものも含め）批判に対等に争うことのできない政治体制は、まだ完全には民主主義的ではない。そしてロシアの放送人たち、とくに残存している公的セクターの放送人たちは、ペレストロイカから一〇年以上もたっているのに、目の前にあるメディアの自由を、ロシアの観察者たちが「ボルシェヴィキ心理」と呼ぶものから防衛し続けなければならないのである。

一九九六年の大統領選挙運動のなかで厚かましくエリツィンを支持した民営放送についていうと、彼らはコミュニストにより彼らの自由（と利益）が脅かされていると考えたために自発的にそうしたのであり、客観報道を行わなかったことをこの理由で正当化した。彼らの動機について考えてみると、しかし（一九九〇年代を通じてコミュニスト民族主義者の人種差別的反メディア・レトリックでの濫用と脅威を想起するなら、だれがテレビ・ボスたちが親改革派の立場をとったといって攻めることができようか）それはロシアのメディア労働者たちをして駆け出したばかりの民主主義プロセスのなかで彼らの役割について検討するようリードすべきであった。ジャーナリズムでの客観性はロシアではまだ支配的な職業倫理として出現していないけれど、テレビが長期的な展望において、ポスト・ソヴィエト社会でリベラル・デモクラティックな規範を強固にするのに貢献しようとするなら、この職業倫理を確立しなければならない。ロシアではまだ客観的ジャーナリズムないし独立ジャーナリズムの経験は相対的に蓄積されていないのである。視聴者はまたジャーナリストに政治的にコミットしたプロパガンディストを期待しがちである。ロシアのメディアは世論の形成よりも世論の操縦に、公共サービスよりも私的利害に、結びつけられることが続くだろう。

これらは検閲にかんするよりも、私が他で書いたように政治文化にかんする問題である[16]（McNair 1996）。独裁的な法律にかんするより、プロフェッショナリズムの未発達にかかわることである。（議会での努力にもかかわらず）現存のメディア法はリベラルでないし、編集の独立の保障をもたない（国家の諸組織は番組内容について発言権をもつが、一九九五年一一月に成立したロシアのメディア法では、編集制作スタッフはそれを拒否する権利を持つ）、しかし、ひとつの世代に属し、ボルシェビキ新聞理論の伝統のなかで教育を受けたメディア・ボスたちをして、不適切な仕方で党派性に立つのを妨げさせないわけではない。

かれらの職業カルチャーのなかのこの欠陥に気づき、一部のロシアのジャーナリストたちは一九九六年の選挙のさいの親エリツィン的な偏向報道を再び繰り返すことのないように、メディア組織に適用できるような倫理行動綱領を求めている。英国ノウハウ基金、合衆国情報局などの外国のメディア組織の援助、インターニュースなどのNGOの支援は、歓迎されている。これらの機関は訓練を提供し、オープン・スカイや「心のマーシャル・プラン」などのプロジェクトを通じて、あるタイプの「公共サービス」放送を提供しているが、現在のところ市場はそれを提供できないか提供したがらないのである。外部からの支援はもちろん周辺的価値しかもたないし、民族的愛国派から「文化帝国主義」の非難を受ける危険がある。ロシアのジャーナリズム職業の人々は、多元的で親民主主義的なメディア活動へ至る自分たちの道を見いださねばならないことを知っている。その道はロシアの歴史と条件を反映するものである。もし彼らがこれを達成するなら（そして若い革新的で自信をもった専門ジャーナリストの新世代の影響力の増大が、この点での楽観に根拠をあたえてくれる）、ロシアのジャーナリズムの未来についての悲観的な予測は誤りであると証明されるかもしれない。

あとがき　一九九八年のクラッシュ

一九九八年八・九月のロシアの株式市場の崩壊と通貨下落は、当時は終末に先行する事件として報道されロシアの改革過程の失敗を告げるものとされたが、(東南アジア諸国の経済問題にひきついだ) グローバル資本主義そのものの危機だったのである。これ以前の危機のさいと同様、この反応は誇張されていたことがわかったし、ロシアでの生活はそれ以前の一〇年間と同じように、貧しく正直な人々が改革の代価を払う一方で、富裕でがつがつした人々が利益を得るという形で、続いていた。しかし、一九九八年のクラッシュはこの論文で論じた多くの傾向を強化し、メディア部門の近代化を強い、低収入(ないし無収入)の時代を生きのびるための資金を欠いている諸組織の閉鎖性を強めた。プルミエSVのような深いポケットをもっている大企業でさえ、生き残ることができなかった(プルミエのケースは一九九八年一一月にORTにより買収された)。しかし、初代議長のセルゲイ・リソフスキーのようなロシアのメディア専門家は、彼自身の会社の買収を前に、もしそれが外国からの輸入を減少させるならクラッシュはロシア経済にとって利益となりうると語っていた。一九九八年一〇月のインタビューで彼の語ったところでは「テレビはより健康になるでしょうし、もっと隠された資源を探すべきでしょう。私は厖大な死重をかかえている多くのテレビ局を知っている。危機はテレビを強くするだろう(17)」。しかし貧窮化した地域では、小さなテレビ・ラジオ会社はもっと大きな脅威に直面している。すでに弱かった広告収入を集める能力はさらに低下した(たとえ会社が広告を放送することができても、貧窮化した消費者は会社にたいして売るものをもたない(18))。一九九八年一〇月にあるメディア経営者は「かれらに残された唯一の可能性は創造的野心など忘れ、生き残りに集中することである」と付け加えた。他方、生き残ったものは、ちょうど国内経済が安いルーブルから利益を得て再び活性化したように、「いっそう強力に」[19]なるであろう。

ロシアの国内・国外にいる人のだれも来るべき年月にこの国で生じることあるいはそれら事件のなかでメディアが果たすであろう役割について確実に予測することはできない。ジャーナリスト、プロデューサー、編集者、経営者などの主要な職業人たちは、メディアの自由のために闘っていたのではなく、もつに値する自由のために闘っていたのだが、一方でのむき出しの商業主義、他方での権威主義への回帰によりくじかれることがあっても、この望みを失わないだろう。ロシアでは一九九八年のガリーナ・スタロヴォイトヴァの暗殺が示しているように、人々は自分の奉じる主義のために死ぬのである。彼女の死は多くのメディア従事者たちの暗殺の先触れであったが、彼女の仕事は人々をして経済および政治上の闘争で前線へ進めさせ冷酷で荒々しい的に反対して立ち上がらせたのである。そして私はここで示したいのだが、彼らの闘争はメディアの世界で誇るべき達成をもたらしたのである。維持できないくらい巨大で中央からコントロールされていたソヴィエト国家のイデオロギー装置は、同じようだがより効率的なメディア市場によって置き換えられ、この市場は明らかな失敗にもかかわらず、より編集における多様性を含み、以前よりも人々の好みや欲求に敏感に反応するようになった。ソ連共産党の独占に変わって存在するのは多元主義であり、そこではコミュニストでさえも他の諸政党と並んで彼らの主張を述べる自由がある。今日のロシアにはそれを通じて普通の人々が政治的討論を学び参加する本当の公共圏が存在している。現在のロシアの政治家の世代は知識に不足し大幅に腐敗しているかもしれないが、彼らの行動は頻繁に公的な場で批判的に精査され、そこでは市民たちが判断することができる。一九九六年に市民たちが彼らが行っていることについて知っていながらボリス・エリツィンに投票したとするなら（世界の残りの人々と同様に確かに彼らは意識していた）、それは二〇〇〇年に彼らの気に入るだれに対してでも投票する権利があるであろうのと同じように、彼らの民主的権利だからである。従って、ロシアのメディアについて人々がどのような批判をしようと、自由メディアとしてのそれらの持続的存在（私が示したすべての制限をともなっているが）は、この国の民主主義にとっては重大な支援となるのであり、ものごとが正しい方向にまだ動いていることのしるしなのである。

（1）一九九八年二月に、この表現は国営放送組織ＶＧＴＲＫを攻撃するために、政府によって用いられた。

（2）ポーランドとハンガリー（ソヴィエト連邦とロシアについても同じ）におけるメディア展開の議論についてはダウニング（Downing 1996）を参照のこと。東ヨーロッパにおけるメディアについての最近の研究ではスパークス（Sparks and Readings 1998）を参照。

（3）ごく近年である一九九九年においても、中国政府は、ある新聞が「サイバースペースの浸透性の大きい境界を通じて政府転覆的な資料が漏れ入ってくることへの巨大なたたかい」と呼んだものに取り組み、インターネット・プロバイダー業者を処罰し、新技術による情報汚染の脅威に対処するための研究班を発足させた。（J.Kynge, "Subversiv' on trial in China bid to stop news slipping through the Net," Financial Times,December 5／6,1998）

（4）一九九七年三月に、「論争と事実」（Argumenty I Fakti）、「コスモルスカヤ・プラウダ」、「トルド」はそれぞれ三四〇万部、一五〇万部、一四〇万部の発行を達成した。

（5）一九九八年一月に、ロシア議会（Duma）は、ロシアにおいて「エロティックな資料」の流布を制限するための法案の第二読会の開催に同意した（『モスクワ・タイムス』一九九八年一月一七日の報道）。

（6）二人ともメディア検閲を強く主張することで知られている保守派である。

（7）最も有名なのはウラディスラフ・リスティエフとオレグ・スラビンコである。犯人たちは裁判にかけられていないけれど、彼らが殺害されたのは、彼らが放送界の汚職追及の努力をしていた結果であることを疑うロシア人はいない。

（8）「クルトゥラ」は一九九七年八月に、公共サービス放送を強化する試みとして設立された。このチャンネルの目的は、エリツィンがいったように、「文化を楽しめるようにし、いく百万人ものテレビ視聴者たちにアクセスでき理解できるようにする」ことである（一九九七年八月二九日になされた演説）。わずかな資本金にもかかわらず、教育的・情報的に高いレベルの放送を提供しようとした。一九九八年現在で、「クルトゥラ」は批評家たちの称賛をえており、「仕事のないアカデミー研究者」その他の知識人たちを、興味深く革新的な番組を製作するために起用しているのを歓迎している。

(9) 一九九八年一月、NTVは、RTRとORTとならび「全ロシアをカバーする放送」として公式に認知され、年間一三〇〇万ドルの価格で、放送施設の利用権があたえられた。「全ロシアをカバーする放送」の地位がないばあいには、この費用は三倍になり、このことはNTVの収益と存続を深刻に脅かすことになる。

(10) たとえば一九九一年以後のRTRの予算不足は、この放送局に広告収入を求めさせることになり、このことは国家セクター会社の使命を無意味にした。

(11) 「クルトゥラ」放送は、一九九七年にVGTRKのひとつとしてRTRに合併した。

(12) このコンテクストでは「公共サービス」ということで意味されているのは、イギリスのBBCのアウトプットに例を見るように、情報、教育、娯楽の組み合わせである。VGTRKの経営者たちは一九九一年のクーデタ直後、BBCを自分たちのモデルにしようとしていた。

(13) 一九九六年二月一六日のモスクワでの記者会見でなされたコメント。これは一九九六年二月二六日の「ポスト・ソヴィエト・メディア法&政策ニューズレター」で報道された。

(14) 「ポスト・ソヴィエト・メディア法&政策ニューズレター」一九九六年二月二六日の報道。

(15) 彼の任命直後にメディアにたいしてなされたインタビューと声明。

(16) フランス・F・フォスターは、メディアと情報の圏域で「法に従う発展した文化」をうち立てようとしてポスト・ソヴィエトの諸制度が行っている働きをくわしく記述している。

(17) 「チェヴェルタヤ・ヴラスト」(Chetvertaya Vlast, 第四身分) の番組でなされたコメント。一九九八年一〇月一一日。

(18) ポスト・ソヴィエト期の地方のメディア組織が直面する困難と挑戦についてはデーヴィスを参照 (Davis et al, 1997)。

(19) STS地域テレビ・ネットワークの総支配人ロマン・ペトレンコとのインタビューで、これは一九九八年一〇月七日「テレスコプ」(Teleskop) 一三〇号に収録されている。

文 献

Davis, H., Hammond, P. and Nizamova, L. (1997) "Changing identities and practices in post-Soviet journalism," *European Journal of Communication*, 13(I): 77-97.

Downing, J. (1996) *Internationalizing Media Theory*, London: Sage.

Foster, F. (1997) "Parental law, harmful speech, and the development of legal culture: Russian judicial chamber discourse and narrative," *Washington and Lee Law Review*, 54(3): 923-92.

Franklin, B. (1997) *Newszak and News Media*, London: Arnold.

Habermas, J. (1989) *The Structural Transformation of the Public Sphere*, Cambridge: Polity.

McNair, B. (1988) *Images of the Enemy*, London: Routledge.

McNair, B. (1989) "Glasnost and restructuring in the Soviet media," *Media. Culture and Society*, 11: pp. 327Jr9

McNair, B. (1991) *Glasnost. Perestroika and the Soviet Media*, London: Routledge.

McNair, B. (1992) "Television in a post-Soviet union," *Screen*, 33(3) (Autumn): 300-20.

McNair, B. (1996) "Television in post-Soviet Russia: from monolith to mafia," *Media. Culture and Society*, 1 8: 489-99.

Price, M. (1995) *Television, the Public Sphere and National Identity*, Oxford: Clarendon.

Sparks,C. with Reading, A. (1998) *Communism, Capitalism and the Media*, London: Sage.

Vartanova, E. (1997) "The Russian financial elites as media moguls," *Post-Soviet Media Law and Policy Newsletter*, 35: 1 8-23.

Zassoursky, Y. (1997) "Media and politics in transition: three models," *Post-Soviet Media Law and Policy Newsletter*, 35: 1 1-15.

Ⅱ　権威主義的ネオリベラル社会

第四章　政治権力と民主化：メキシコ

ダニエル・C・ハリン

メキシコの政治システムは二〇世紀のもっとも効果的な権力システムの一つと見なさねばならない。ソヴィエト共産党の崩壊によって、メキシコの制度革命党（ＰＲＩ）は世界でもっとも長期間にわたり統治を続ける政党となった。一九二九年に結成され、一九八〇年代後半まで実質的に政治権力の独占を保ち、一九九九年になってもなお強大な大統領権限を含めて、一番大きい分け前を保っている。しかしながら近年では、多元的政治システムへ向かう重要な動きが生じてきた。野党は一九八〇年代後半に州知事選挙で複数の知事を当選させ、主要な都市でも市長の座を手に入れるようになり、一九九七年には議会での多数派の地位を失った。制度革命党（ＰＲＩ）自身は次第に内部抗争に左右されることが多くなり、党内民主主義に向かって動いている。二〇〇〇年には、その地位を去る大統領による指名でなくなんらかの予備選挙を通じることで、初めて大統領候補者が選ばれることになるだろう。

メキシコのメディア・システムも多くの点で同じようにユニークであった。ラテン・アメリカの他の地域と同様に、またラテン系ヨーロッパの多くの諸国と同様に、新聞産業は、少なくとも大衆読者をもつという形では、あまり発達していない。テレビ産業はまったくことなる様相を示している。メキシコは一九五〇年にテレビ放送を開始し、これはテレビ放送の開始では世界で六番目の国である。一九七〇年代まで、支配的なテレビ会社「テレビサ」はもっとも重要な国際メディア・コングロマリットの一つとして出現し、「テレノベラス」の名のもとに初めはラテン・アメリカ地域に、ついで世界中に番組を輸出するようになった。この会社はアメリカ合衆国ではもっとも重要なスペイン語系テレビ・ネットワークを支配している。メキシコ国内ではテレビサの支配は制度革命党の支配とことなるものではない。三つ、そしていずれは四つになるであろうのネットワークを持ち、メキシコの厖大な視聴者の注目の九〇パーセントを集めている。メキシコと同規模の国で、たったひとつの私企業がこれほどまで電波事業を支配している国はないというのは正しいのである。

制度革命党の長年にわたるヘゲモニー行使の期間を通じて、メディアはその大部分、権力構造に統合されていた。今日では危機状態にある制度革命党とともに、メディア・システムも重大でおそらくは不可避的な変化の時期に入っている。本論文では、現在進行中の民主化の過程のなかでのメキシコのメディア、国家およびその役割の関係について研究してみるつもりである。このことはとくにメディア研究における二つの支配的なパースペクティブ、すなわちリベラル理論と批判的政治経済学パースペクティブにかんして、メキシコにおけるメディア、政治権力、民主化を理解するにあたっての妥当性について考えることになろう。

これらに焦点をあわせることは他のいくつかの問題を脇に置くことになるが、それらの問題も除外する前に眼を向けておく価値がある。そのひとつとして私は狭義での「政治領域」に焦点をあわせてみたい。メディアが権力システムのさまざまなレベルで作用しているのはいうまでもない。たとえばメキシコの「テレノベラス」はジェンダー関係では伝統的な家父長制システムの再生産と進化においてある役割を果たしているのと同様に、人種イデオロギーの展開でも、明白な役割を果たしている。社会的権力のこれらの要素やそのほかの要素は、現在進行中の政治的民主化の過程によりなんらかの仕方で影響をうけているが、それら要素は明らかにそれ独自の論理を有している。

私はまたメディア帝国主義、従属、ナショナリズムに関連する問題には立ち入らない。メキシコの発展はもちろん北に位置する強大な隣国によっても、もっと一般的なグローバル経済の影響力によっても、深く働きかけられている。メキシコは商業的メディア・システムでは北アメリカ・モデルを受け入れているし、そのメディアはかなりの程度でアメリカ製品の広告媒体をなしてきた。メキシコの新聞は第二次大戦中はアメリカ政府により選択的に補助金を与えられ、メキシコの映画産業は大部分の国と同様にハリウッドとの競争によってほとんど周辺的なものにされていた。とはいってもメキシコのメディアは北アメリカのメディア産業の付属物であるとはいえない（Sinclair 1986, 1990）。一例をあげると、メキシコのラジオ産業は明らかにメキシコ的形態のポピュラー音楽の発展において決定的な役割を果たした（Hayes 1993, 1996）。メキシコの多くの研究者は国外の諸力の影響を指摘するが（Fernandez 1982）、そのばあいでもメキシコ国内の権力関係に強調点はおかれている。

完璧な独裁体制

ラテン・アメリカの政治史は一般に、独裁政治と民主主義との交代により特徴づけられる。ところでメキシコは革命（一九一〇－一九一七）が「制度化」され、この過程は一九二九年頃に完成されるがそれ以来本質的に安定した体制を保ってきた。このシステムは民主主義と独裁との間のどこかに位置していた。ネストル・ガルシア・カンクリーニ（Canclini 1988）が示唆しているように、グラムシ的意味でのヘゲモニーを達成したことではメキシコの政治エリートはラテン・アメリカでおそらく唯一の存在である。この体制は広くその正統性を受け入れられ、社会のすべてのセクターは実質的になんらかの仕方で統合され、この体制の存続のなかで場所を与えられていた。一九七〇年代を通じて多くの他のラテン・アメリカ諸国を支配した諸々の独裁体制により行われ広く見られたような抑圧は、ここでは必要なかった。

しかし制度革命党が創出した「一党支配」体制は本物の民主主義とはほど遠いものであった（Cornelius 1996）。その従属下にある諸集団はほとんど独自の発言ができなかったし、ソフトなコントロールの手段が政治的反対派をある限界内にとどめておくのに失敗するときには、いつもは留保されていた選挙での捏造と抑圧が用いられた。ペルーの小説家で政治家でもあるマリオ・バルガスのいうように、それは非常に効果的に権力を独占しているがあからさまな権威主義体制をもたないでいる「完璧な独裁体制」なのであった。

この体制の核心にあるのは一組のコーポラティズム組織で、それらが労働者、農民、小自営業者、都市近隣区の居住者などさまざまな部分の人々を支配政党に結びつけていた。これら諸組織は社会のそれぞれセクターに利益を配分し、これら諸集団の政治要求を支配党に届け、政治紛争の時期には選挙でかれらへの支持をもたらした。それらはクライアンテリズム（恩顧的）関係を含んでおり（Fox 1994, Roniger 1990）、物質的利益、参加機会、昇進が政治的忠誠と従属と引き替えにエリートから提供されていた。

制度革命党はイデオロギー的には多様なものを含み、その傘の下に広い範囲にわたる政治傾向をうまく組み入れてきた。しばしばメキシコの政治史は、ふつうは大統領から次の大統領に移るのと一致して見られる一連の政治方針の移動として説明され、この移動によりＰＲＩはさまざまな政治潮流の忠誠をつなぎとめていた。この政治的機動性は部分的には、ＰＲＩがどれほど自身をメキシコ革命のポピュリスト的でナショナリスト的なシンボルに一体化するのに成功したかを説明するし、ＰＲＩが国内や国際的な大企業に接近しているとしてもそうなのである。

「国家のイデオロギー装置」としてのメキシコのメディア

マス・メディアはこの政治システムの重要な一部をなしていた。ジャーナリズムは伝統的にオッフィシアリスタ（受け身で自己検閲的）で、公式の記者会見で発表されるものを基礎とする報道を行ない、多くの分野で議論は立ち入り禁止になっていた。イリア・アドラー（Ilya Adler 1993）は一九八四年にメキシコシティの一〇種類の日刊紙について行なった研究のなかで、彼がその研究なかではその名を伏せているある官庁について一二三の好意的な記事を数えたが、好ましくない記事は一四にすぎなかった。同じサンプルは、共和国大統領に対して好意的なものは二一一含んでいたが、非好意的なものは皆無であった。任期六年で再任がないメキシコの大統領は巨大な権力を行使し、人々の批判をこえた存在として扱われていた。大統領にたいして批判的な記事が現れるときは、その大部分は支配政党内の諸派閥間の抗争によって、あるいは諸々の新聞とそれらが仕えている政治的パトロンたちの間での抗争によって、説明できるという。メキシコでは新聞の普及はごく限られていて、たとえば南ヨーロッパのなどの新聞の大衆的普及を欠いている地域と同じように、まず第一に政治的エリートや活動家たちの間でのコミュニケーション手段として役立っている。メキシコとたとえばイタリアとの違いは、いうまでもなくメキシコではこれらエリートはすべて単一の支配政党に属していることである。

大衆読者にかんする限りでは、テレビが圧倒的に重要な政治的コミュニケーションの手段である。諸調査はだいたい五〇〜七〇パーセントの公衆はかれらの政治的情報の主要な源泉としてテレビ視聴をあげていることを示しているが、新聞をあげる公衆は一〇〜一五パーセントで、ラジオもこれと同程度、残りは多種の情報源をもつか全くもたないかである（de la Pena & Toledo 1992a, 1992b）。そして、テレビはメキシコのメディアのうちでもっとも開放的でないものなのである（Fernandes 1982, Gonzares Molina 1987, 1990, Miller-Daling 1997, Torejo 1985, 1988）。テレビサのニュース部門はごく最近までテレビ・ニュース番組の唯一の制作者であったが、アルチュセール派の人々の用語を借りるなら「国家のイデオロギー装置」として、主として国家とPRIのための宣伝機関として役立っていた。

テレビサのニュースの政治的性格は選挙運動の期間にとくに明白であった。たとえば一九八八年に支配政党は近年の数十年間でもっとも手強い挑戦に直面した。メキシコの大統領中もっとも人気のあったラサロ・カルデナスの息子であるクァウテモク・カルデナス・ソロサノはこの支配政党から民主主義的潮流として知られる分派とともに離脱し、大統領になろうとして諸々の左派の小政党を糾合した。制度革命党はこの挑戦を不安に感じる十分な理由があったが、それはPRIが勝利をもたらそうとして選挙で詐欺行為に訴えていたからである。この年のテレビサは、選挙報道の八〇パーセント以上を支配政党にさき、カルデナスのFDNには二パーセント、その他の諸野党である保守のPANに三パーセントしかさかなかった（Adler 1993a, Aledondo, Fregoso and Torejo 1991）。

その次の一九九四年の大統領選挙において、これを取り上げるのは以下での研究を進めるためであるが、テレビサは野党にたいして少しだけ多くの報道をおこなった。支配政党の選挙運動についてのニュースはフル・カラーで熱狂的に報じられるのにたいし、野党のニュースは白黒であった（Agayo Acosta 1997, Hallin 1997, Torejo 1994a, 1994b）。これは部分的には支配政党がはるかに大量の資金と選挙運動イベントを演出するための組織的ノウハウを有しているからである。しかし、テレビサの情報操作が明らかに役立っている。一つの例がとくに明白である。選挙の少し前にカルデナス派の運動はメキシコシティの国立自治大学で大規模な決起集会をもち、これは選挙運動の最終局面の開始を告げるものであった。テレビサの報道はマイクの前に立つカルデナスの身動きしない一ショット以外のものは見せないように編集され、喝采する数十万人の支持者はテレビ視聴者には見えないようにされていた。

選挙以外でも、野党側からのテレビ・アクセスの問題以外でも、メキシコの権威主義的政治文化は、テレビサのニュース番組の定型となった演出のなかに深く組み込まれている（Hallin 1997）。政府関係者、とくに大統領は完全にことなった扱いを受け、記者は彼の演説を要約し、アンカー解説者はさりげないコメントの形で彼の英知をたたえていた。失業、腐敗、災害などネガティブなニュースは最小限にとどめられていた。これにたいして一般の市民はニュースのなかでは追従的役割においてあらわれ、たいていのばあい政治的パトロンから恩顧主義的利益をうけとるのである。テレビサ・ニュースのもっともありふれた視覚的映像は、大統領から恩恵品を受け取る順番を待つおとなしい貧民たちのそれである。

メディア理論とメキシコ・ケース　リベラリズム

メディア研究における標準的な理論研究はメキシコにどのようにうまく適用できるであろうか。リベラル理論から、あるいはラテン・アメリカのケースのためのＩＡＰＡパースペクティブと呼びうるものから始めることにしよう。インター・アメリカ新聞協会、マイアミに本拠を置く南北両アメリカ大陸諸国の新聞社と編集者から構成されるこの組織は、この大陸でプレスの自由というリベラルの理想を推進するうえでとくに重要な役割を果たしてきた。ＩＡＰＡは私的に所有される商業的マス・メディアの立場に立ち、ラテン・アメリカのジャーナリズムの問題点を国家介入を根元にもつところに見ている。ラテン・アメリカのメディアを専門とする大部分の北米の研究者たちは、長年にわたりこの視点からものをみていた。たとえばアリスキー（Alisky 1981）はこの地域にある諸国を、メディアにたいする政府のコントロールの強度とタイプとを基礎にして三つのカテゴリーに区分した。検閲をもつ国、メディアの自由のある国、そしてその中間に位置しメディア指導指針（ガイダンス）をもつ国である。アリスキーに従うならメキシコは「メディア・ガイダンス」のカテゴリーに属している。

この視点のうちに多くの真実が含まれていることも明らかである。ラテン・アメリカの他の部分と同様にメキシコは強力で相対的にリベラルな国家と、それよりずっと未発展の私的セクターと市民社会をもつことにより特徴づけられる。もちろん、国家の自立性は多くの分野で見られるようにメキシコでは強力である。たとえば、メキシコ革命の遺産ゆえに多くのラテン・アメリカ諸国よりも、企業の支配政党への直接の参加の程度は少ない（Camp 1989）。メディアは国家にたいして恭順を示しさまざまな仕方で政府に強く依存している。とくに新聞は他の社会セクターと同様に恩顧主義システムに統合されていて、政治的忠誠と引き替えに国家から見返りを受け取っている。

一九九〇年にメキシコシティには二五の新聞が存在していた。ある研究はそれらの発行部数の合計は七三万一千部であると見積もっている（Riva Placio 1997, Lawson 1999 の見積もりはこれより少ない）。これほど多種の新聞がかくもわずかな読者を相手にどのようにして生き残ることができるのであろうか。かなりの程度、これらの新聞社は広告スペースを政府系広告代理店に売ることにより生き続けており、「ガチェチア」をふくむ政府所有の諸企業がニュース内容を含んでいるように見える記事に支払い、通常の広告料金より割り増しの支払いを受けているのである。（今日では民営化されているが）かつて国有のニュース提供をしていたＰＩＰＳＡが、メキシコの新聞各社に割り引き料金でニュースを提供し、ニュースというキー商品を独占していたのである。他方で、ジャーナリスト個人はごくわずかな給料しか支払われないが、記者たちがその活動を報道し、そしてかれらがその被保護者となる政治家や官僚たちから支払われる金銭によって、彼らの収入を補完することができた。

国家はいつでも新聞社の株を所有しており、新聞販売への融資手配とかかわってきた。そして新聞が政府の方針からはずれるときには思い通りに圧力をかける手段を手にしていた。たとえば、一九七〇年代にメキシコシティの主要な新聞の一つである「エクセルシオル」がよりいっそう独立した立場に向かい、より社会的で批判的なジャーナリズムの形を取り始めエチェベリア大統領を怒らせたときに、大統領はこの新聞を所有している法人の乗っ取りを企て、都市スラム街居住者の諸組織を用いて「エクセルシオル」の所有する土地を占拠させ、恩顧主義的関係のもとにある労働者組織は法人の理事会の会議の場に押しかけたのであった。面倒を引き起こすジャーナリストにたいしては暴力もまた用いられるが、それは中央政府によってよりも地方の政治ボスによるばあいが多い。

リベラル・パースペクティブはそれだけではメキシコにおけるメディア権力の複雑性をとらえるにはまったく不適切である。リベラル・パースペクティブの弱点の一つはメディア所有者をメディア・システムの一部として考慮していないことにある。ラテン・アメリカの他の地域におけると同様に、メキシコのメディアも圧倒的に商業的であり、私的に所有されている。メキシコシティの新聞のひとつ「エル・ナシオナル」は政府所有であったし（市販紙でなかったこともある）、政府は多年にわたり多くの放送施設を運営してきた。しかし、国家セクターはメキシコのメディアではいつでも小さな部分しか占めていなかった。

相対的に従属している新聞産業にとってさえも、国家を重要なアクターとして扱うことはおそらく単純すぎよう。メキシコの新聞はたいてい富裕な個人によって所有されており、それら個人の多くは政治家とのコネクションをもっているし、これら所有者個人の視点を反映している（Camp 1989）。メキシコのメディア研究において、メディアと政治権力を研究するもっともふつうのアプローチは道具主義的政治経済学とでも呼ぶことのできるもので、「その新聞を設立し発展させている集団ないし個人はだれであるかを、とくに実業界や政界の他のどの集団とつながりをもっているかとともに明らかにする」ことを課題としている（Fregoso Pperalta, Luis Sanchez 1993: 23, Fernandez 1982, Varelo n.d.）。この視点から見ると、メキシコの新聞に見られる政府代弁的性格はたんに政府の圧力から生じているのでなく、社会的つながりと利益共有を基礎とする経済エリートと政治エリートの結託・共謀から生じているのである。

リベラル・パースペクティブの限界は、私たちが新聞から、はるかに有用なメディアであるテレビに移るとき、とくに明白になる。国家はもちろん、国家がテレビサにたいして用いることができる圧力手段をもっており、またテレビサも国家との良好な関係を維持していくのを有利としている。放送は規制下にある産業なのである。原則上は、国家はテレビサの放送認可を取り消すことができるし、競争相手の発展を促進したり、広告への規制を強化したり、テレビサの事業を損ないかねない他のメディアの内容を規制することもできる。しかし、テレビサが一万人ほどの読者と一ダースの競争相手をもつ新聞社と同じ立場にあるとはとてもいえない。これはその主要な市場を支配しているきわめて成功している事業なのである。一九九七年に死去するまでこの会社を所有していたエミリオ・アズカラガ二世は、PRIの恩顧主義下にある諸組織の外に立っている、メキシコに五人ほどいる世界規模で活動する実業家の一人で、独立したアクターとして政府と取り引きできた。メヒア・バルケラ（Barquera 1989: 14）は放送について、一般的に次のようにいっている。

ラジオとテレビの所有者はかなりの程度の政治的な強さを蓄え、かれらがある態度を維持することを可能にしている。その態度は、彼らの事業利益と一致する政府の活動への無制限な支持から、検閲や彼らの事業や階級利益にかかわる行為の告発・非難まで多様である。政府は用心深い態度を保っているが、その理由は、政府内でヘゲモニーを有している分派内にビジネス利益の明白な一体感が存在していることだけでなく、政治的ビュロクラシーのセクターは私的なラジオ・テレビの支援をえて統治することを好み、彼らをコントロールするビジネス集団と対立関係にはいるのを好まないからである。

一九七〇年代の相対的に左寄りのエチェベリア大統領の在任期間中に、メキシコでは商業テレビは発展途上国の必要に仕えるべきであるかどうか、また公共サービス義務と放送の強化において国家の強力な役割を求めるべきかどうかについて、議論が広く行われていた。しかし、この議論からはなにも生まれなかった。多くの場合、メキシコのメディア政策はテレビサの必要に応じてとられていたようにみえる。このことは、たとえばメキシコの研究者たちが一九八〇年代のモレロス衛星の打ち上げをどのように説明したかに見られる（Esteinou 1988, Fernandez 1982）。一般的にいえば、アメリカ合衆国やヨーロッパやアジアと比較して、メキシコでは国家は放送規制ではより受動的な役割しか果たしていなかった。

確かにアズカラガは制度革命党に忠誠を示しているが、そしてメヒア・バルケラが示唆するように、多くの場合彼ははっきりとものをいう人物であり、一九八〇年代の銀行の国有化や同じ時期の中米での内戦についての発言を含めて、一部の問題では制度革命党の指導方針と対立したこともあるが、これらの問題ではテレビサは反コミュニズム的立場に立ち、メキシコ政府とは対立したのであった。テレビサの主要な出資者で有力な二家族であるオファリル家とアレマン家はどちらもＰＲＩと緊密な結びつきをもっていた。一九四〇年代に、テレビは公共サービス・モデルに従い設立されるべきであるとする諮問委員会の答申を拒否したのはミゲル・アレマン大統領であり、かれは商業テレビの導入を認め、彼が大統領の地位を離れるとネットワークの一つに投資し、そのネットワークはテレビサの一部となったのである。しかしテレビサのメキシコ政府にたいする関係は国家による検閲や「指導」としてでは理解できない。それは政治エリートと経済エリートの相互浸透と、両者間での利益の収斂を反映している。さらにまた、それは私人の手中にある相対的に独立した権力が一つの巨大権力のもとに集中していることを反映している。

リベラル・パースペクティブにみられるもう一つの限界は、メディアの民主化において国家が積極的な役割を果たすかもしれないという可能性を看過していることである。私たちがすでに見たようにテレビサの選挙報道は一九八八年の選挙から一九九四年の選挙の間に実質的によりオープンなものになり、制度革命党の報道と主要な野党の報道の比率は、二五対一から一・五対一にまで変化した。この変化の物語は一九八八年の選挙のときのエピソードに根ざしている。開票はコンピュータ・システムの不思議な「クラッシュ」により中断された。野党はペテンであると詰め寄った。そしてコンピュータ・システムの「クラッシュ」(el sistema se cayo)という慣用句による説明は、政治システムそのものの正統性の崩壊を象徴することになったのである。

次期の選挙のさい、正統性がさらに危険な形で腐食するのさけようとの配慮から、政府は野党との間で選挙改革についての議論を開始した。もっとも重要な争点の一つは、メディアへのアクセスであった。商業放送により国に提供され合衆国選挙局(IFE)により諸政党に配分されていた政見放送用の無料の時間枠は拡大された(Torejo 1997)。政府はまた放送産業にたいして選挙運動報道にかんする新ガイドラインを受け入れさせた。合衆国選挙局(IFE)自体も政府のコントロールを縮小させ、より独立の公共エージェンシーとして活動するように改組され、諸々の不平をモニタリングすることを任務とされ、選挙のたびごとに選挙報道の詳細な内容分析を行うものとされた(IFE 1997)。私たちがこれから見るように、他の諸要因もテレビサを政治的により開かれたものにする方向に押し進めた。しかし、国の圧力が初期に重要な役割を果したのである。アズカラガは、民主化に抵抗する制度革命党のうちでも強硬派の立場に立っていた。多元主義に向かうようにリードするどころか、商業放送は国家により蹴られ悲鳴を上げるような仕方で動かされる必要があるというのだ。(1) ここではメキシコは、国家と民主主義的公共圏は決して完全に分離的でも敵対的でもないとするシャドソン(Schudson 1994)の議論のよい例示をなしている。

批判的政治経済学アプローチ

批判的政治経済学パースペクティブは一九七〇年代に支配的であったメディアについてのリベラル理論への批判として出現した。リベラリズムは市場に基礎をおくマス・メディア産業を民主主義へと誘導するものとしてみていた。メディア市場の発展はリベラル理論の見方では、メディアを国家や政党から解放し、それらに政府を「監視する番犬」としての役割を果たさせ、討論の広場とさせるのである。批判的政治経済学パースペクティブは市場と政治的デモクラシーを本質的に敵対的なものとして描く傾向がある。メディア市場の発展はこのパースペクティブから見ると、メディアのコントロールをビジネス(メディア所有者と広告主)の手に集中させ、代表される諸々の視点を限定してしまうという。これと若干異なる議論では、それはまたメディアから政治的内容を取り除かせ娯楽指向の内容で置き換えがちで、そのことはメディア企業に利益をもたらすが政治的デモクラシーの発展には貢献しないという(Curran & Seaton 1997, Curran, Douglas &Wannel 1980, Hallin 1994)。

多くの点で批判的政治経済学パースペクティブはメキシコの事例によくあてはまる。私たちがすでに見たようにメキシコの研究者たちはこのパースペクティブの変種を採用しており、その見方ではメディアは政治的コネクションをもつ私的所有者たちの道具であるとされている。テレビの場合、批判的政治経済学パースペクティブは、発展した資本主義社会にたいしてよりもメキシコにたいして、一層完璧に適用できるといえるかもしれない。このパースペクティブではもともと発展した資本主義社会を対象としたものであったが、私的所有制度と市場の論理の影響を緩和する多くの勢力が、メキシコでは存在しないからである。この緩和的力のうちにはメディア集中への諸制限、公共サービス放送の伝統、多元的政治システムに応える規制エージェンシー、ジャーナリズムにおけるプロフェッショナリズムなどが含まれる（テレビサのジャーナリストはきわめて厳格に縛られた会社への奉仕者で、この専門職業や公衆への忠誠などのやっかいを引きおこす感覚はもたない）（Gonzares & Molina 1987, 1990）。テレビサの娯楽番組は厳密に商業的論理に従っているが、ニュース放送はこの会社の政治的見解の代弁者として発言しており、それは他の面で会社の利益のための媒体となっているのと同様である。

しかしながら、他方では批判的政治経済学アプローチは、初めはイギリスとアメリカ合衆国で発展したので、メキシコのケースに見られる複雑性をうまく説明できない。確かに一方では、新聞産業の国家への依存は大きな違いである。民主化の過程を理解するためには、市場と政治的デモクラシーとの関係についてもっと微妙なニュアンスに立ち入る見方が求められる。

ここで立ち戻りメキシコのメディアがより大きな開放性と多元主義に向かい移行していることを取り上げてみるのが有益であろう。この移行の始まりは一九六〇年代後半であるということができる。このとき一部のメキシコのメディアが、とくに当時は権威があった新聞「エクセルシオル」がより大胆でより洗練された形態へと向かい始め、社会問題に焦点を合わせるようになったのである。この移行が始まる理由についてはメディア研究においてほとんど探求されていない。メキシコ人がしばしば行う説明では、社会が、つまり新聞読者である都市の中産階級が、いっそう洗練されいっそう要求が多くなったからである。この変化は経済成長と関係しているかもしれない。経済成長は一九六〇年代には活発で、高等教育を受ける人々を増大させた。いずれにせよジャーナリズムにおける変化は、一九六八年のメキシコシティ街頭での大学生の反乱とそれに続く残酷な抑圧のあとで加速された。（テレビサがニュース役員会を組織し、スポンサーがニュース番組を制作しこの企業にそれ自身の政治的見解を語らせるというそれ以前の慣行を改めたのも、この時期である）。

一九七六年に、私たちがすでに見たように、政府は「エクセルシオル」編集長のフリオ・シェレル・ガルシアの追放を巧みに企て、彼はこの新聞の多くのジャーナリストにより追われることになった。同じ年にシェレルとかつての「エクセルシオル」の他の記者たちは週刊誌「プロセソ」を創刊し、この週刊誌は従来の政府系メディアとはことなる独立系メディアをうち立てることになる一連の新しい出版物の最初のものとなった。一九八二年に政府は「プロセソ」に広告の出稿をやめるが、この週刊誌は商業広告でもちこたえた。「エクセルシオル」のもと記者たちはまた「ウノマスノ」と「ラ・ホルナダ」という新聞も創刊し、後者はメキシコの左派の主要な新聞に成長した。(2) 一九八一年に創刊される「エル・フィナンシエロ」もかつての「エクセルシオル」の記者を取り込み、成長し独立系新聞の一翼を担っていく。

さらに一九九〇年代になって二つの新たな独立系新聞、「プブリコ」の後継紙である「シグロ21」がグァダラハラで、「レフォルマ」はアレハンドロ・フンコ・デ・ラ・ベガによって創刊されるが、かれはモンテレイの新聞「エル・ノルテ」の発行人である（Alves 1997）。一九七二年から発行されている「エル・ノルテ」は北米の新聞をモデルとしていて、メキシコシティの諸新聞よりももっと制度革命党から独立していた。（モンテレイはメキシコシティのビジネス・セクターよりもさらに独立したビジネス・セクターをもつことで知られており、はるかにアメリカ合衆国指向が強い。ごくわずかの例外はあるが、地方新聞はメキシコシティの新聞より支配政党にたいして違いを示していることは注目されてよい）。「エル・ノルテ」と同様に「レフォルマ」のジャーナリストたちは大部分のメキシコのジャーナリストよりもすぐれた教育を受けている。すなわち、彼らは政府役人にたいして平等な立場でアプローチし、より高い給料を受け取っている。彼らは政府役人から心付けを受け取るのを禁じられているのである。

一九九三年から独立系新聞は読者獲得競争において従来の政府系新聞よりも次第に優勢になっていき、政府系新聞の一部も編集方針をより独立した方向へと変化させ始めた（Lawson 1999）。この移行は部分的には、政府支持は未来において利益にならないかもしれないという認識を動機としている。最近の相次いだ二人の大統領であるサリナスとセディージョは、政府セクターの縮小を含むネオ・リベラリズム経済政策を推進した。かつてそれらの広告によって諸新聞を支えていた多くの国家企業が民営化されたのと同様に、ＰＩＰＳＡも民営化された。そして政府系機関の広告予算はかつては新聞への重要な資金援助の源泉であったが、削減されてしまった。

ラジオについてみると、一九八五年のメキシコ大地震が重要な役割を果たした。一般的にいうと地震はメキシコにおける政治変動を加速したのである。政府は災害の規模の大きさに適切に対応することができなかったが、市民グループは底辺から救援と再建の協力体制を組織したのであった。これら市民グループの多くは災害後にも活動を続け、メキシコ社会での市民セクターを拡大している。私たちが見たように市民社会の力強い成長は、多くの仕方で独立系メディアの発展に作用している。たとえばＮＧＯのひとつ「メキシコ人権アカデミー」は、独自の選挙報道の監視を行い、メディア・アクセスを公的な話題に乗せるうえで重要な役割を果たした（Agayo & Acosta 1997）。

地震の余燼のまだおさまらないうちに、テレビサはいつもの習慣に従い、政府の公式発表を通じて災害の報道を行った。しかし、多くのラジオ放送局はもっと民衆側に立った報道で対応し、ふつうの市民たちや彼らがつくった近隣居住者のグループに発言させた。このことがラジオ聴取での飛躍を生じさせ、これに続く数年間に、それ以前に電波メディアで存在していたどれよりもはるかに政治的にオープンであったラジオのトークショーは、非常な人気をえた。人気とともに広告媒体としての成功もやってきた。そして一九八〇年代初めにはごく小さな存在でしかなかったラジオ・ニュースはブームを体験することになった（Lawson,1999, Salmiento 1997）。

すでに見たようにテレビサは一九九四年の選挙によって先鋭的になる政治的圧力に直面していた。一九九三年始めにそれはまた市場の圧力にも直面していた。大統領カルロス・サリナス・ド・ゴルタリはかれのネオ・リベラル政策の目玉として政府所有企業の民営化を実施した。民営化で最後に行われたのは政府のテレビネットのイムビジオンで、それは一九七二年にテレビサがライバルのネットワークを吸収して以来であう最初の競争相手となった。イムビジオンの買い手はリカルド・ベニヤミン・サリナス・プリエゴ（大統領サリナスとは血縁関係にはないが、大統領一族が新しい企業に密かに財政的援助を与えたと広く信じられている）で、新しい企業はアズテカ・テレビと名付けられた。サリナス・プリエゴはメディア界での経験はもたないが、彼は政治活動にほとんど関心を持っていないと見られていて、それが彼が選ばれた理由の一部であるのは明らかである。メキシコの民主化において新しいネットワークはどのような役割を果たすつもりであるかと「プロセソ」紙に質問されて、なにも果たさないだろうと彼は応えた。「テレビは娯楽とくつろぎのメディアである」（Ortega Pizalo, 1993: 6）。

しかしながら、アズテカ・テレビの発足に引き続きメキシコのテレビの政治的役割は急速に変化した。たとえば一九九六年に、当時はニュース部門の方針をめぐりきびしい国際紛争に引き込まれていたテレビサは、ヘレロ州での軍隊による農民の大量殺戮をリークするビデオを放送したが、これはそれ以前の時期にはほとんど考えられないことである。一九九七年三月にエミリオ・アズカラガ二世が死去すると息子が後をついだが、組織内部での紛争はますます激化した。

一九九七年の連邦総選挙で、主要な三政党について初めてテレビサとアズテカ・テレビの両方で完全に平等な報道が行われたが、左派のカルデナスの報道の方がわずかに多かった。そしてかれがメキシコシティ市長のポストを手に入れるのに成功した。カルデナスへの注目は政治の論理にたいするメディアの論理の勝利を反映している。カルデナスは、彼のほうが報道し甲斐があるので、より多く報道されたのである。チャペル・ローソン(Lawson 1999) の調査はテレビサの報道におけるこの変化はメキシコの移り気な浮動票層にたいして、選挙結果にかかわる決定をさせるに十分なインパクトをもち、この選挙で制度革命党は初めて議会での過半数を割り込んだのである。さらに、一九九八年一月に、一九五〇年代からずっとテレビサの主なアンカーのニュース解説者で一九七〇年代初め以来この組織のニュース部門の責任者でもあったヤコボ・ザブルドフスキはその地位からはずされ、彼が看板であったニュース番組の名称も変えられ、改組されもっとふつうの視聴者向けのものにされたのである(Hallin, 印刷中)。

メキシコのテレビの政治的性格の変化のうちで、商業的競争の出現はどれほど大きい役割を果たしたのであろうか。現実に作用している諸々の力の絡み合いを解くことは困難であるが、それはメキシコにおける経済的自由から政治的民主化の影響を分離することが、この二つが歴史的に重なり合っているゆえに、一般的にいって困難だからである。私たちが見たように選挙報道における変化は、一部は政府の圧力の結果である。テレビサにおける大幅な変化も政治的計算からと同じほど商業的競争の配慮から生じているといえる。つまり、テレビサの経営陣は、変化しつつある政治環境のなかで制度革命党との同盟関係をもつことの利益は急速に減少しており、逆にコストないし潜在的コストが増大しているとみている。このことが支配政党からこの放送局に距離をとらせる選択になっていると結論させることになったように見える。距離をとるという選択は商業的競争がないところでさえ行われているのである。テレビサは野党や市民グループにより組織される街頭デモと抗議の目標となったが、これら市民グループとはさきにのべた次第に活発になっていく市民社会にほかならない。とくに学歴の高い人々や政治的に活動的な人々の間では、テレビサは次第に軽蔑されるようになった。もし政権交代が生じるなら、それはおそらく威信以上のものを失うことになろう。(3) アズカラガの死去のすぐ後でテレビサの経営者の一人がいったように「政治にかんする限り、この会社はこれまでの歴史で時代を読んだり適応する能力を持っていた」(Majoro Ropez 1997)。

とはいうものの競争の出現が政治変化のなかで重要な役割を果たしたことも確かである。アズテカ・テレビはいささかの革新を行ったけれどこのテレビの諸々の限界を拡大するのに別に大胆というわけではなかった。アズテカ・テレビの初期の成功の一例は「テレノバ」、「ナダ・ペルソナル」で、これは以前のメキシコの娯楽テレビでは扱われなかった政府関係者の腐敗を取り上げていた。ニュース報道はいくらか活発になっている。たとえば政治的人物のカリカチュア人形を導入するなどにより、そしてこの手法は一九九七年の選挙報道でさかんにもちいられた。

しかし、競争の存在だけでも、テレビサに従来とはことなる農民虐殺のビデオの放送のような決定をさせているようである。もしテレビサがこのビデオの放送を行わなかったらアズテカ・テレビが放送したかもしれないし、ニュース放送の性格全般について再検討させることになったかもしれない。テレビサはそのニュース放送においてかなり視聴者の喪失に苦慮している。このことは部分的には政治に原因をもっている。野党支持の人々は嫌いなテレビサを捨ててアズテカに移っている。そしてこの移行は、野党支持者は制度革命党支持者よりも若く、学歴も高く、より富裕であるから、意味するところは大きいし、広告主にとっても価値があるのだ。移行の本当の理由は、テレビサのニュース番組が商業テレビ会社のものとしてはいつでも奇妙なもので、おそろしく退屈で、政治がかった高官たちの延々と続く談話、画面上でスクロールされるテキストに従って一語づつ読み上げられる公式会見の発表、そしてオーナーの富裕なクローニーたちへのインタビューなどから構成されているのである。これでは競争で長く生き延びることなどできないのは確実なことであった。

リベラル・パースペクティブも批判的政治経済学パースペクティブも、メキシコの風変わりな権力システムと現在進行している政治変化の過程の分析にとって十分に適切なものであるとはいえない。このことは驚くことではない。どちらもいかなる歴史的具体的な事例の分析も欠落させている、幅広の絵筆で描くようなアプローチなのであり、とくにそこにかんしてはこの理論が細部に至るまで展開された戦後イギリスという特殊なコンテクストからいったん離れるとそうなのである。この書物のなかで企てられている比較の試みの価値は、国家、商業メディア、市民社会、ジャーナリズムにおけるプロフェッショナリズム、そのほか公共コミュニケーション・システムの他のキー要素の間の関係の多様さについて、もっと微妙な違いに立ち入って考察するように、私たちを向かわせるところにある。

メキシコのケースにかんしていえば、国家が権力システムのキーとなる構成部分であるのを指摘することではリベラル・パースペクティブは正しい。もっとも、ネオ・リベラリズムの勝利はこの見方が未来のメキシコのメディアの理解にとってそれほど妥当でないものになろうことを意味しているけれども。さらにまたこの見方は、国家とは切れた経済的基礎をメディアに与えることと、民衆の好みや意見への呼応の誘因を与えることにより、メディア市場の発展が民主化過程である役割を果たすであろうと論じる点でも正しい。その主要な欠点は国家権力と私的資本の相互依存の説明に立ち入らないことである。

批判的政治経済学パースペクティブは、リベラル・デモクラシーにおけるメディア・システム批判を提供するものとして発展させられてきた。この理由から、この見方は商業メディアとジャーナリズム・プロフェッショナリズムを含めて、リベラルなメディア制度を所与と見なしがちで、このようなリベラル制度をこれから開始しようとしている過程を理論化することを優先させてこなかったことである。それはメキシコの古いメディア体制の理解に多くのものをもたらさないが、メキシコではリベラルな諸制度が全面的に展開することなどなかったのである。さらにまた、現在進行中の政治的移行の多くの側面の理解についてもなにも与えない。とくに、市場的諸力は必ずや脱政治化と議論範囲を狭めてしまうであろうという前提が単純すぎるのは、明らかである。ある種の歴史的条件下では、活発化した市民社会の要求へとむけさせる誘因をメディアにたいして提供することによって、市場的諸力は現在の権力構造を掘り崩すかもしれないのである。

市民社会の役割は、これら二つのパースペクティブのなかで適切な形で理論化されていないものであるから、ここで強調するに値する。リベラル・メディア理論は、商業メディアと市民社会との間でそれらが同一であるとみなしがちである。批判的政治経済学アプローチは近年になって市民社会により大きな関心を示しているが、これまで主として関心を持っていたのは私的メディア所有者と市場の拘束力であり、これらが市民社会での発展とともに相互作用する仕方を十分に理論化しなかったといってよい。メキシコの研究者たちのばあい、批判的政治経済学アプローチはこれまで国家をメディア制度における改革の源泉と見なしてきたが、近年においては「下から」の創意・イニシャティブに関心を向けるという重要な変化が見られる（Sanchez Luis 1994）。メキシコの政治システムがより多元的になるに応じて、これらキーとなる諸問題の一つは、出現しつつあるメディア・システムによって市民社会の広汎で多様なセクターが、どのように扱われ代表されるかになるだろう。

メキシコにおける移行の時期が経過していくとともに、アメリカ合衆国とイギリスで従来の批判的政治経済学アプローチの諸研究により指摘されたダイナミックスの多くが、たぶんより完全な形で立ち現れてこよう。たとえば新聞のばあい、商業的メディア生産の論理は、現時点では完全に支配的とはいえない。新しい独立系新聞の大部分は、ビジネス企業によってではなくジャーナリストによって創刊されている。「プロセソ」と「ラ・ホルナダ」は、生き残るための資金をこつこつ集めたジャーナリストたちにより創刊された。これら新聞の創刊動機は公共的な発言の場をもちメキシコの新聞界を民主化することであって、商業的メディアの帝国を築くことではない。「シグロ21」は一人の実業家とジャーナリスト・グループが共同して発足させた。ジャーナリスト・グループは分裂し、一部ジャーナリストは新たに「プブリコ」を創刊し、「シグロ21」は廃刊になった。「レフォルマ」だけは一人の資本家のイニシャティブにより発足したが、その資本家フンコ・デ・ラ・ベガは特殊なケースであり、彼は自分をプロのジャーナリストと見なしている活字メディアの専門家なのである。

しかしながら、新聞市場がメキシコでより完全に発展するにつれ、中道右派の商業紙が、古い政府系の諸新聞だけでなく、ジャーナリストたちにより創刊された独立系諸紙を、も市場から追い払ってしまうかもしれない、ということは確かにありうる。独立系新聞は、政治への関心が高く商業紙がまだ十分に発展していない政治的移行期にだけ生きのびることができるものかもしれないのである。相対的に高い政治化の時期が退潮するとともに、テレビ・ニュースがもっと非政治的なセンセーショナリズムの方向に動くこともまた考えられる。ネオ・リベラリズムが勝利し、国家の役割が後退し、市場の役割が拡大するにつれ、ジャーナリズムの諸慣行についての考え方を中心にするこのパースペクティブとともに、批判的政治経済学アプローチはメキシコのメディアの理解にとってより適切なものになるかもしれない。そしてこの見方は、検閲とか抑制などの観念からではなく、プロフェッショナルなニュース生産における「主要な定義者」として国家の役割を分析することになるだろう。

（1）サンチェス・ルイス（Sanchez Ruiz 1991）によると、一九九四年の選挙でのテレビサの報道の仕方は、内相が私的にアズカラガにあった一日後に実質的に変化した。

（2）　最も重要な左派の新聞『ホルナダ』も政府の補助金を受け取り続けている。メキシコ政府は、野党系新聞の存続を正統性の維持にとって重要であると考えているし、知識人のあいだで購読される新聞は、政府の政治的ヘゲモニーにとって脅威となることは少ないと考えている。

（3）　ポルトによる研究（Porto 1998）は、ブラジルの放送局グローボは、市場状況のなかでの何らかの明白な変化も、直接の見返りが期待できるという理由もないのに、同様の転換をおこなった。

文　献

Adler, I.（1993a）"The Mexican case: the media in the 1988 presidential election," in T. Skidmore（ed.）, *Television Politics and the Transition to Democracy in Latin America*, Baltimore, MD: Johns Hopkins University Press.

Adler, I.（1993b）"Press-Government relations in Mexico: a study of freedom of the Mexican press and press criticism of government institutions," *Studies in Latin American Popular Culture*, 12: 1-30.

Aguayo Quezada, S. and Acosta, M.（1997）*Urnas y Pantallas: La Batalla por la Información, Mexico*, DF: Oceano.

Alisky M.（1981）*Latin American Media: Guidance and Censorship*, Ames, Iowa: Iowa State University Press.

Alves, R. C.（1997）"The newly democratized media in Latin America: a review of the progress and constraints in five cases of 'democracy's vanguard newspapers,'" paper presented at the annual meeting of the Latin American Studies Association, Guadalajara.

Arredondo Ramírez, P., Fregoso Peralta, G. and Trejo Delarbre, R.（1991）Asíse calló el sistema: Comunicación y eleciones en 1988, Guadalajara: Universidad de Guadalajara.

Camp, R.（1989）*Entrepreneurs and Politics in Twentieth-Century Mexico*, New York: Oxford University Press.

Conge L.（1997）"From intimidation to assasination: silencing the press," in W. A. Orme, Jr.（ed.）*A Culture of Collusion: An Inside Look at the Mexican Press*, Boulder, CO: Lynne Rienner. Cornelius, W. A.（1996）Mexican Politics in Transition: The Breakdown of a One-Party Domi-nant Regime, La Jolla, CA: Center for U.S.／Mexican Studies.

Curran, J. and Seaton, J.（1997）*Power without Responsibility: The Press and Broadcasting in Britain*, London:

Routledge.

Curran, J., Douglas, A. and Whannel, G. (1980) "The political economy of the human interest story," in A. Smith (ed.) *Newspapers and Democracy: International Essays on a Changing Medium,* Cambridge, MA: MIT Press.

Esteinou Madrid, J. (1988) "The Morelos satellite system and its impact on Mexican society," Media, Culture and Society, 10(4): 419J'6.

Fernández Christlieb, F. (1982) *Los Medios de Difusion Masivo en Mexico, Mexico,* DF: Juan Pablos Editor.

Fox, J. (1994). "The difficult transition from clientelism to citizenship: lessons from Mexico," *World Politics,* 46(2): 151-84.

Fregoso Peralta, G. and Sanchez Ruiz, E. E. (1993) *Prensa y Poder en Guadalajara,* Guadalajara: Universidad de Guadalajara.

Garcia Canclini, N. (1988) "Culture and power: the state of research," *Media. Culture and Society,* 10(4): 467-98.

González Molina, G. (1987) "Mexican television news: the imperatives of corporate rationale," *Media, Culture and Society,* 9: 159-87.

González Molina, G. (1990). "The production of Mexican television news: the supremacy of corporate rationale," Ph.D. dissertation, Centre for Mass Communication Research, Uni-versity of Leicester.

Hallin, D. C. (1994) "We Keep America on Top of the World ": *Television News and the Public Sphere,* London: Routledge.

Hallin, D. C. (1997) "Dos Instituciones, Un Camino: television and the state in the 1994 Mexican election," paper presented at the annual meeting of the Latin American Studies Association, Guadalajara.

Hallin, D. C. (in press) "La Nota Roja: popular journalism and the transition to democracy in Mexico," in C. Sparks and J. Tulloch (eds.) Tabloid Tales. Boulder, CO: Rowman and Littlefield. Hayes, J. (1993) "Early Mexican radio broadcasting: media imperialism, state paternalism or Mexican nationalism?", *Studies in Latin American Popular Culture,* 12: 3 1-55.

Hayes, J. (1996) "'Touching the sentiments of everyone': nationalism and state broadcasting in thirties Mexico," *The Communication Review,* I : 4.

Instituto Federal Electoral, Dirección Ejectutiva de Prerogativas y Partidos Polfticos, Comisión de Radiodifusión

(1997) *Monitoreo de las campañas de los partidos políticos en noticiarios de radio y televisión,* Mexico, DF: Instituto Federal Electoral.

Lawson, C. (1999) “Building the Fourth Estate: Democratization and the Emergence of Independent Media Opening in Mexico,” Ph.D. dissertation, Stanford University.

Leñero, V. (1990) *Los Periodistas,* Mexico, DF: J. Moritz.

Mayolo López, F. (1997) “Televisa, asegura Cañedo White, sabe leer los tiempos y será más plural,” *Proceso,* March 9, pp. 26-30.

Mejia Barquera, F. (1989) *La Industria de la Radio y la Televisión y la Política del Estado Mexicano (1920-1960),* Mexico: Fundaci6n Manuel Buendfa.

Miller, M. and Darling, J. (1997) “The eye of the tiger: Emilio Azcárraga and the Televisa Empire,” in W. A. Orme, Jr. (ed.) *A Culture of Collusion: An Inside Look at the Mexican Press, Boulder,* CO: Lynne Rienner.

Ortega Pizaro, F. (1993) “'En la democratización, Ia televisión nada tiene que ver': Salinas Pliego; 'nuestro proyecto, entretener': Suárez Vázquez,” *Proceso,* July 26 , pp. 6-13.

de la Peña, R. and Toledo, L. R. (1992a). "Consumo Televisivo en el Valle de México,” *Intermedios,* 3 (Agosto／Sept.): 48-57.

de la Peña, R. and Toledo) L. R. (1992b) “Hábitos de Lectura de Periódicos in el Valle de México,” *Intermedios,* 4 (Oct.／Nov.): 60-9.

Porto, M. (1998) “Globo's Evening News and the representation of politics in Brazil 1995-96,” paper presented at the annual meeting of the International Communication Associa-tion, Jerusalem.

Riva Palacio, R. (1997) “A culture of collusion: the ties that bind the press and the PRI,” in W. A. Orme, Jr. (ed.) *A Culture of Collusion: An Inside Look at the Mexican Press,* Boulder, CO: Lynne Rienner.

Roniger, L. (1990) Hierarchy and Trust in Modern Mexico and Brazil, New York: Praeger.

Sánchez-Ruiz, E. (1994) “Medios y Democracia en América Latina,” *Comunicación y Sociedad,* 20: 153-79.

Saragoza, A. (1997) “Television,” in M. S. Werner (ed.) *Encyclopedia of Mexico: History. Society and Culture,* Chicago: Fitzroy Dearborn.

Sarmiento, S. (1997) “Trial by fire: the Chiapas Revolt, the Colosio assasination and the Mexican press in 1994,” in

W. A. Orme, Jr. (ed.) *A Culture of Collusion: An Inside Look at the Mexican Press,* Boulder) CO: Lynne Rienner.
Schudson, M. (1994) "The 'public sphere' and its problems: bringing the state (back) in," *Notre Dame Journal of Law, Ethics and Public Policy,* 8(2): 529-46.

Sinclair, J. (1986) "Dependent development and broadcasting: 'the Mexican formula,'" *Media. Culture and Society,* 8(I).

Sinclair, J. (1990) "Neither West nor Third World: the Mexican television industry within the NWICO debate," *Media. Culture and Society,* 12: 343-60.

Trejo Delarbre, R. (coordinator) (1985) *Televisa: El Quinto Poder,* Mexico, DF: Claves Latinoamericanas.

Trejo Delarbre, R., (coordinator) (1988) Las Redes de Televisa, Mexico, DF: Claves Latinoamericanas.

Trejo Delarbre, R. (1994a) "1994: El voto de la prensa," Nexos, 204: 16-24.

Trejo Delarbre, R. (1994b) "Equidad, calidad y competencia electoral: Las campañas de 1994 en la televisión mexicana," Mexico, DF: Instituto de Estudios Para la Transicion Democrática.

Trejo Delarbre, R. (1997) "Medios y politica en México: Una panorama frente a las elecciones federales de 1997," paper presented at the annual meeting of the Latin American Studies Association, Guadalajara.

Valero Berrospe, R. (coordinator) (n.d.) "Redes Empresariales, Medios y Sus Efectos Durante la Gestion Salinista," Mexicali, BC: Universidad Autonoma de Baja California, Facultad de Ciencias Humanas.

第五章　グローバル化と強い国家：韓国

パク・ミョンジン（朴明珍）
キム・チャンナム（金昌南）
ソン・ビュンウ（孫炳雨）

韓国はよく発達したメディア産業をもち、メディア教育と研究は四〇年以上にもおよぶ歴史をもっている。韓国では、メディアにかんする西欧の諸々のモデルと理論とは、長期間にわたってほとんどなんらの疑いももたれることなく理想として受け入れられてきた。これらのモデルは、この国のメディア教育と研究に応用され、それに適応したものにされていた。

しかし、一九八〇年代以降、西欧的コンテクストのなかで発展した諸々の概念や理論が韓国に適合するかどうかについて、韓国のメディア研究者たちは論争を続けている。一部の研究者たちは、西欧の諸理論を「創造的な仕方で適用」することでこの問題を解決しようとしたが、たいていは満足のいくような結果をえることはできなかった。研究者たちは、韓国の現実を適切に扱うためには、西欧の理論をどのように補足修正したらいいか討論をつづけているが、いかなる解答も見つかっていない。この論文は、基本的にはこのような進行中の探求のひとつの展開である。

韓国のメディアは、クーデタによって権力を握った軍事政権が、国家的発展のためにメディアを積極的に動員しはじめた一九六〇年代に、産業としてのかたちをととのえはじめた。この論文では、一九六〇年以後のメディアの発展に焦点をあてることで、韓国のメディアにみられる独自の諸側面を明らかにしてみたい。私たちは、西欧の諸々の理論や方法論を韓国に適用しながら問題をとりあげることにしよう。主要な問題は、メディアと権力構造との問題である。韓国社会においてもっとも強力な力でありつづけてきたトップダウン型の政治権力が、どのようにメディアを統制してきたかであり、メディアがどのように社会に影響を与え、それにたいして受け手がメディアに対抗する草の根的な下からの勢力をどのようにして作り上げてきたかという問題である。

韓国における政治権力構造とメディア

一九四五年に日本の植民地支配から解放された後の韓国社会のもっともはっきりした特徴のひとつは、政治権力の優越である。一九四八年に成立した新たな国家は、日本の植民地行政府の抑圧的な支配システムを受け継いだ。それゆえ、韓国の国家権力は、その草創期から相対的に他の勢力に優越する可能性を有していた。国家権力は、一九六一年にクーデタを通して権力を掌握し、国家の指導にもとづく急速な産業開発政策をとった軍事政権によって、さらに強化された。朝鮮半島の南北分断が、国家の優越的な地位をもたらすための基本的な諸条件となった。分断は戦時動員を目的として社会を組織化することを可能とし、国家による独裁的統治が正当化され、軍事セクターを拡大した。これらの条件にもとづいて、国家はとほうもない権力を享受し、政治的、経済的な諸勢力のみならず、人びとの日常生活や文化をも抑圧しコントロールしていた。

一九六〇年代の国家による近代化政策は、主として、短期間に急速な経済成長をもたらそうとするプロジェクトであった。それは、独占資本を育成する一方で、民衆を抑圧する政策によって特徴づけられる。この政策は、資本の力を急速に伸長させることはできたが、韓国における市民社会の発展を阻害するものであった。そして、資本の力は、政治権力に従属させられていた。

また、国家権力が長期間にわたり優越であった背景には、数世紀間にわたって韓国社会を支配してきた儒教イデオロギーの伝統もある。韓国における資本主義の発達は、国家によって主導されるトップダウン的な過程であった。そこでは、西欧諸国の場合とは異なり、市民社会の発展をともなうことがなかった。その反対に、伝統的な儒教イデオロギーがいまなお優勢であった。儒教では、国家にたいする社会の自立性は認知されていない。したがって、市民社会という概念も存在する余地がなかった。前近代的な儒教イデオロギーがいまだに社会を支配していたため、国家は、社会において家父長的な干渉者の地位を維持し、社会発展の過程を主導することができたのである。

国家は、また韓国においては歴史的に数世紀もさかのぼることができる地域間の敵対心を巧妙にあおって、権力を維持し強化した。とりわけ、朴正熙体制とその後継政権は、湖南地方（韓国の南西部）出身の人びとをあからさまに差別することで、権力基盤を維持しようとした。その結果、地域感情は、韓国社会の紛争において重要な要素でありつづけるのである。

韓国における国家権力のもうひとつの特徴は、政治的正統性の欠如である。李承晩大統領統治下の第一共和国は、植民地的な権力構造に基礎をおいていた。一九六一年から七九年まで韓国を支配した朴正熙は将官の軍人であり、彼にすぐ続く二人の大統領も将官の軍人であった。それゆえ、基本的に軍事政権であるこれらの政権はいずれも、韓国の国民から統治を委託されたものではなかったのである。これらの軍部政府は、正統な統治委託の欠如を補おうとして、経済開発をすすめたのである。これらの政権はまたかれらの権力を維持するためにすべての批判勢力を抑圧し、イデオロギー操作をおこなった。

政治的自由化がさしせまった社会的課題となり、また独占資本の力が無視できないほどに大きくなった一九八〇年代に、国家の絶対的な権力は弱まりはじめた。この時期以後、社会のなかでの国家と独占資本の力関係はしだいに変化してきた。しかし、このことは、資本が従属的な地位から完全に脱け出したということを意味するものではない。

韓国における権力構造とメディアの関係は、このような背景のもとで発展した。一九四八年の政府樹立以来、政治はつねに韓国社会の主要な関心であり続けてきた。メディアは、社会的統合の手段としてまた人びとを統制するための手段としてみなされたので、国家権力は政治の諸問題を解決し、その正統性を正当化するためにメディアを活発に利用してきたのである。メディアは、また急速な近代化と経済成長を達成するための手段としても利用された。韓国の新聞は、ときとしては、国家に抵抗を示すこともあった。しかし真実に近いのは、メディアは伝統的に政治権力と緊密な関係を保っており、政治権力の利害を代表し、既存の支配構造を維持するのに寄与してきたというところなのである。

政治権力と言論統制

韓国のメディアの歴史は、政治権力との絶えることのない緊張と妥協の歴史である。その歴史を通じて、韓国のメディアと政治権力は緊密な関係を継続し、その関係はしばしば結託関係にあるものとして批判されている。

結託関係というのは、メディアが社会批判の機能を放棄し、権力と不法なかたちで結びついているということである。この関係のなかでは、メディアは、権力についての真実をあらわにするのではなく、隠そうと試みるのである（Paeng 1993）。このような結託関係は、朴正熙政権の初期の一九六〇年代にはじまった。もっぱら新聞の弾圧という手段をしばしばとった先行する李承晩政権とは異なり、朴正熙政権とそれをひきつぐ全斗煥政権は、弾圧と懐柔という二つの政策をとることになる。

弾圧の諸類型（ムチ）

メディアにたいして利用された弾圧には主に三つの方法がとられた。第一は、メディア企業の強制的再編の方法である。朴政権は、一九六一年にメディア産業の再編を行なった。生産設備に問題があると見なされたメディアは認可を取り消された。その結果、翌六二年には、日刊紙の数は、三三紙にまで減少した。一九八〇年のクーデタによって権力を掌握した全斗煥政権は、言論基本法を制定し、新聞社、放送局の強制統廃合を行なった。ソウル地域を除き、一道一紙の体制がとられることになった。

第二の方法として、政府はその統治に批判的なジャーナリストたちに辞職を余儀なくさせた。一九七四年には、東亜日報から一三四名のジャーナリストが離れ、朝鮮日報から三三名のジャーナリストが離れた（この二紙は、当時、主導的な全国紙であった）。一九八〇年には、全国で九三三名のジャーナリストが強制的に解雇された。

第三は、国家が公安関係の官僚をメディア企業に送りこんでジャーナリストを監視し、ニュース報道にも影響力を行使する方法である。メディアを統制するために、これらのほかに、非合法で秘密の方法も用いられる。その例として、一九八〇年から八七年にかけて存在した「報道指針」をあげることができる。政府の文化公報部がニュース報道を統制するために、メディア企業に向けて指針を送りつけたのである。指針は、その日に何が報道されるべきであり、何が報道されるべきでないかをことこまかに指示している。指針によって、記事や写真の優先順位や、記事の見出しの大きさまで決められたのである。新聞は、指針に忠実に従った。ソウルで発行された日刊紙のうち、七〇〜八〇パーセントまでが指針に従っていたことを統計は示している（Yeo 1989: 52）。

社会の民主化が進むにつれ、検閲、操縦、その他の手段を通じての国家によるメディアの直接的コントロールは緩和された。しかしそれにかわって間接的な統制メカニズムが置き換えられるのである。

懐柔手段の諸類型（アメ）

この間、政治権力は、メディア企業とジャーナリストにさまざまな利益をあたえることで、マスメディアを飼いならそうと試みた。第一に、政府はメディア組織とその経営者に税制上の優遇措置を与えた。政府は、一九八一年末に関税法の改正を行ない、印刷機にたいする関税の税率を、それまでの二〇パーセントから一九八二年には四パーセントに引き下げた。この期間に一二の新聞社が三〇数台の輪転機を購入し、かなりの節税をすることができた。全斗煥政権も、ジャーナリストにたいする所得税の引き下げをおこなった。

第二の方法は、韓国広告公社に用意されている公的基金に関係している。この基金は、公社が放送局にたいし、広告を手配をするさいの仲介料として得るものであって、表向きは放送局が得た利潤の一部分を、放送を受信してくれる社会に還元し、公共の利益に資することを目的としている。この公的基金はジャーナリストの研修プログラム（海外研修や海外視察旅行）を補助したり、ジャーナリストの福利厚生（住宅ローン、教育ローン）のために使われるのである（Joo Kim et al 1997, Kang 1998）。

朴正煕政権と全斗煥政権は、システム内の諸変化を通じてより広くより基本的な仕方でメディアをコントロールし、そこから複雑な結果が生じた。一方では国家に批判的なメディア企業をつぶしたことで国家はメディアの批判機能を弱めることができ、より効率的にコントロールできるようになった。他方で、メディア産業の寡占化が進み、政府に批判的でない企業は事業を拡大することができた。競争相手がいなくなったので、これらのメディア企業は広告収入をかなり増やすことができ、国民経済の発展にしたがってそれらの市場も急速に拡大した。

第三の方法は、メディアを統制するために、ジャーナリストに金品を与えることである。文化体育部の担当記者をまきこんだ一九九一年のスキャンダルにみられるように、ジャーナリストたちは自分たちが報道する政府機関や企業からかなりの量の金品を受け取っている。記者に金を渡したり、接待したりするのは、韓国社会の根深い慣習であった。政治権力はジャーナリストを買収し、賄賂をもらったジャーナリストは政治権力のいいなりになる。このような関係で弱味をにぎられているため、ジャーナリストは、政治報道において、ある一線を越えることはできなくなる。彼らがその一線を越えようとすれば、お前のやったことを暴露すると脅かされるのである。盧泰愚政権の時期の水西汚職スキャンダルは、このひとつの例である。いくつかの新聞はこのスキャンダルについての突っこんだ調査報道にもとづく記事を掲載しようとしていたのだが、検察は、スキャンダルにかかわる企業人から金を受け取ったジャーナリストについて調査中であるというニュースをリークしたのである。国会議員や医師のような社会の指導的な立場にいる人びとが収賄をすれば処罰される。しかし、ジャーナリストがこのような悪事のために法的に処罰されることは滅多にない。おそらく政府は、メディアとの結託関係をこわしたくないと考えているのであろう。

メディアにあたえられるもっとも豪勢なアメは、ジャーナリストを政治家や官僚のポストにつけることである。文化公報部長官や次官のポストは、時おりジャーナリストにあたえられる。それ以外にも多くのジャーナリストが、他の部局、海外での広報関係、大統領秘書官、補佐官、スポークスマンなどとして働いてきた。国会議員のなかにもかなりの数の元ジャーナリストがいる。その数は、第一一代国会では三五人、第一二代では二七人、第一三代では二六人、第一四代では四〇人に及んだ。国会議員の地位は、政府に協力した報酬としてジャーナリストに与えられるのである。メディア企業としても、自社の社員が行政や政治の世界にはいって出世していくことは大歓迎である。そのばあいには、これらの人たちを介して、政治家や官僚との間にコネをつくることができ、高度な情報を得たり、内幕暴露的なスクープを得るチャンスが広がるからである。政治家や官僚になったジャーナリストは、政府とメディア企業の双方にとって役立つのである。

このメカニズムには、もっと深い意味もある。このメカニズムによって、メディア企業は政治権力を得るのである。権力ネットワークは、これらのジャーナリスト出身の政治家や官僚によって形成されたものである。この権力ネットワークは、大統領選挙期間のような、権力移行があるときに有効に機能してきた。メディア企業は、次期の新政府にまで自らの権力を及ぼすために、「大統領作り」に重要な役割を果たしてきた。

地域主義を基礎とする恩顧主義

この関係の背後には、韓国における社会的紛争の主要な源泉であり、権力構造の中心的な特徴である地域間の敵対感情がある。韓国社会では、血縁は非常に重要なものだと認められている。同窓や同郷という関係も、インフォーマルな関係として、血縁と同じような意味をもつものとされてきた。この現象は、しばしば、韓国における長期にわたる権威主義的統治に関係させて考えることもできよう。人びとは、長いこと権威主義体制下で暮らしてきたため、相互の信頼を失うことがしばしばであった。そこでインフォーマルなネットワークが、このような不確実性を補う手段となったようである。私的なつながりによって、公式的な社会関係がもつ限界を補うことができる。とくに、地域主義は、一九七一年の大統領選挙キャンペーンでは公然と強調され、それ以来、政治的慣行を規定する主要な要因となった。支配集団は、しばしば大統領の出身地域の人びとによって構成されるのである（韓国政治学会 1996, Seo 1988）。

メディアのばあいも例外ではない。メディア企業のトップは、支配集団の権力が依拠している地域出身の人びとによって占められるのが、伝統となっていた。それゆえ、メディア企業が、その上級幹部を大統領と同じ都市出身の人びとに代えたとしても、それは特異なこととは思われない。この傾向は、政府が影響力をおよぼすことのできるメディア組織の人事についてだけ言えることではない。商業的なメディアもまた、与党や政府とにもっと巧みに近づくために同じことを行っている。

第三共和国から第六共和国にかけて（一九六〇年代から八〇年代にかけて）政治・行政の分野に進出したジャーナリストの多く（三七・六％）は、嶺南地方、つまり、朴、全、盧の各大統領の出身地域である慶尚南北道の出身である（Ki-Sun Park 1994）。

じつは、金大中政権が一九九八年二月に発足して後、多くの新聞社や放送局は、やっきになって、自社のトップに、金大中の政治基盤である全羅南北道出身の人物を任命したのである。このことは、韓国におけるメディアと政府の関係がいかに封建的であるかをよく示している。

韓国の政治システムは、見かけ上は西欧式である。しかし、その運営は、公式的で合理的な手段よりも、非公式的で前近代的なやり方により多く依存している。国家はメディアを公式的にも、非公式的にもコントロールしている。しかし、権力とメディアの結託関係の基盤という点にかんしては、非公式的な介入により多く注目すべきである。もちろん、この結託関係においては、国家がメディアをリードしている。この過程において、メディアはもうひとつの権力となり、大統領選挙の結果をも決定するようになる。この点からすると、韓国における国家権力とメディアの関係は、パトロン－クライアント関係の要素を含んでいる。つまり、国家とメディアの関係は、表面的には、西欧諸国におけるようなリベラルなシステムという様相をとっているが、内部的には恩顧主義という強い特徴を持っている。恩顧主義は、韓国社会の封建的特質にもとづくものであり、地域的なネットワークに依存している。

この類型の国家－メディア関係は、メディアが自らの政治的傾向に従って、ある政党を支持している多くの西欧諸国とは、完全に異なっている。韓国では、この関係は、ある政党の立場を支持するとか、イデオロギーに同意するということよりも、より私的で密約的な関係によっている。それゆえ、韓国のメディアは国家を公式的なやり方でよりも、非公式的なやり方で支持しているのである。このような関係が、メディア・システム一般に逆機能をおよぼし、ジャーナリズム倫理の欠如、ニュース報道の歪み、私的関係への依存、暴露された事実の無視をもたらす原因となっている（Seung-Kwan Park 1994, Kim 1993）。

資本によるメディア・コントロールと統制とメディア産業の成長

大資本によるコントロールがもっとも緊急の問題である多くの西欧諸国のメディアと異なり、韓国のメディアは主に政治権力によってコントロールされている。しかし、急速な産業化と経済成長によって大資本の力も増大しており、それにつれて大資本のメディアへの影響も強まってきている。いくつかの大企業（財閥）はメディア企業を所有し、経営している。他の大企業は、広告料を与えることで、メディアに影響力を行使している。広告収入は、一九六〇年代以降増え続け、メディア企業の全収益の約七〇パーセント以上を占めるに至っている。

企業が広告主としてメディアに及ぼす力が、韓国のメディアを保守的にしている影の原因である。一九七四年に生じた東亜日報と広告スポンサーたちの間の紛争は、このよい例である。韓国の進歩勢力を代表しているといわれるハンギョレ新聞でさえも、全体的にみたばあい広告主の影響を受けないとはいえない。企業がメディアに及ぼす力は、国家権力が減少する反面、独占企業が強くなってきた一九八〇年代後半から増大してきた。この時期から、独占企業がメディア産業に急速に参入しはじめるのである。

盧泰愚が権力を握った一九八八年が転機となっている。それ以来、政府のメディア・コントロールは、直接的なものから間接的なものへと変化した。政府が定期刊行物の発刊にかんする規制を緩和したので、日刊紙の数は、一九八七年の二八紙から、一九八八年には六五紙に増加した。寡占状態を続けていた既存の新聞は、一九八八年についに価格カルテルを廃止し、購読料を自由化することを決めた。この措置の結果として、各新聞のあいだの増頁競争がはじまった。

しかし、この競争は、編集方針の多様化をもたらすことはなかった。広告を得るための競争になってしまった。メディア企業が、利益を上げることにいっそう目を向け始めたということである。したがって、競争は泥仕合の様相を呈した。新聞社は、部数を拡大するために無料紙を配布した。政府はこの泥仕合過程に介入したが、このようなやり方を止めさせることはほとんどできなかった。韓国の新聞の寡占状況は、盧政権の時期に少し動揺しただけで、現在もそのまま維持されている。

メディア産業の変化

一九九四年以来、各新聞社は新たな電子メディアへ向けて事業を拡大した。朝鮮日報、中央日報、東亜日報の主要三紙が、一九九四年にニュー・メディア局を発足させたことは、この分野における競争の全面化へとつながるものだった。新たなコミュニケーション技術を利用して、印刷メディアの限界を克服するため、主要三紙は、電子雑誌や電子新聞のような新たな事業をはじめた。また主要三紙は、CATV事業と衛星放送市場への参入を試みた。しかし、印刷メディアと放送メディアの重複所有を禁ずる法的規制のために、これら企業の苦労は成果をあげていない。

放送産業にも変化が生じた。長いこと二つの公共放送チャンネルしか認可しなかった政府が、商業テレビ局に認可をあたえたのである。一九九一年に、ソウル首都圏をカバーする商業テレビチャンネルであるSBSが放送を開始した。これにくわえて全国で八つの商業テレビ局が、一九九五年から九七年にかけて開局した。CATV事業は、一九九五年に始まり、二九チャンネルが放送を行っている。

政府は放送開発五ヶ年計画を一九九五年に発表した。そこにおいてはじめて、放送メディアにおける競争の重要性が強調されるようになった（情報部 1995: 66）これは、政府当局者が放送を権力維持の道具とみなすだけではなく、放送が産業であると考えはじめたことを意味している。

メディアにたいする政府の影響が、一九八〇年代末以降弱まり、そのかわりに資本の力が強まってきたというのは本当である。しかし、一九九七年の後半に韓国を直撃した経済危機により、この傾向はいくぶん逆転したようにもみえる。広告量が急に落ち込んだために、多くのCATVや地方局は財政的な困難に陥っている。かつては、財閥のものだった新聞社も、財閥から見捨てられたために財政難に直面した。多くのメディア企業が、生き残りのために、金融上の取り決めを含む政府からの支援を公然と求めるようになった。

メディアの力

情報の独占とその反響効果

多くの韓国人にとって、新聞といえば、政府によって抑圧された知識人というイメージが思い起こされることもしばしばあった。人びとは、一九七四年から七五年にかけて東亜日報が政府と資本の力を相手にたたかったときには、こうした理由で同紙を大きく支持した。公衆が新聞にたいして有していた尊敬と信頼は、一九七〇年代と八〇年代を通じてほとんど消滅してしまったが、韓国のメディアは、メディア産業の寡占的な形態に助けられてまだ力を保っている。少数のメディアが、政府と共謀して情報の流れを支配しているのである。韓国経済が発展するにつれ、メディアは国家の保護の下で、ますます政治的、経済的な権力を得るに至っている。

韓国では、メディアは、世論を主導する機能ゆえに重要な政治的価値を持つと考えられてきた。韓国で新聞が世論を主導する力をもつことになったのには、いくつかの独自の理由がある。第一に、街頭販売にたいして宅配の比率が圧倒的に高かったし、いまでも同じであるということ。人びとは、自分の家で長期継続して購読している新聞に忠実である。しかし、二紙以上の新聞を購読している韓国人はあまり多くない。韓国の新聞市場のもうひとつの特徴は、ソウルで発行される全国紙が全国的な市場のほとんどを席巻していることである。五紙ほどの全国紙でこの国の新聞市場は占められている。このように寡占的な特徴があるため、有力紙は、容易に広告収入を維持することができる一方、この市場に新規参入することは困難である。その結果として、新聞の言説の幅はせまくなる。公衆は新聞を信用せず、新聞の代わりになるものを求める。しかし、結局、代わりになるものがないので、彼らは情報を得るために既存のメディアにたよるのである。

ところが、一九八〇年代になると、メディア産業に新規参入者があらわれ、メディアの寡占的な構造が崩れはじめ、限られた程度ではあるが、新聞の言説に多様性がみられるようになってきた。これに対応して、既存のメディアはさらに保守的な言説を生産するようになり、このことは韓国社会全般に重大な影響を及ぼしているように思われる。

皮肉なことに、韓国のメディアは、朝鮮半島の南北分断と関連した不安定と、権威主義的政治権力によるメディア・コントロールのおかげで、社会的権力を獲得してきたといえるのである。安全保障上の要因と権威主義的統治のせいで、編集方針における多様性が期待できないために、メディア企業は商業的な次元で熾烈な競争を繰り広げてきた。このことが強力な反響効果をもたらした。「瞬間湯わかし器ジャーナリズム」と皮肉られる熱しやすく冷めやすいメディアの傾向は、韓国独自のこのような状況の産物なのである。

文化的同質化

韓国のメディア、とくに放送メディアの社会的インパクトについては、文化一般の同質化と画一化をあげることができる。韓国の放送は、非常に少数の全国的なネットワークによって維持されている。このため、韓国人が、さまざまな地方文化、あるいは階級文化を発達させることはむずかしくなっている。視聴率競争は熾烈であるがどのチャンネルも同じような番組を作っていてはっきりした特徴がないため、文化は全般的に同質化される。韓国では、放送の大衆文化への影響力は絶大である。放送が、しばしばポップスのような大衆的な文化生産物の市場を決定する。文化の同質化は、人びとの思考方式やライフスタイルにも影響を与える。人びとは、個性や創造性を尊んだり、表現しようとせずに、他の人たちと同じような消費やライフスタイルを望む。たとえば、TVドラマで使われる家具やアクセサリーは、すぐにヒット商品になるということがしばしばある。

アクティブ・オーディエンス：行間を読むことから
オルタナティブ・メディアの創造へ

ここでいうアクティブ・オーディエンス（能動的な受け手）という概念と、ジョン・フィスクのいうある種の「記号民主主義」を実現するオーディエンス（受け手）という概念は、すこし異なっている。ここでいうアクティブ・オーディエンス（能動的な受け手）とは、表現の自由を抑圧する政治・経済的な権力にたいして、また侮辱的にふるまうメディアの権力それ自体にたいして、さまざまなやり方でたたかうメディアの受け手を意味している。

一九六〇年代から七〇年代における権威主義的な独裁とその侍女となったメディアの時代にも、韓国のオーディエンスは、メディアのたんなる受動的な受け手にとどまってはいなかった。オーディエンス（受け手）は、自由を求めるジャーナリストの戦いを支持したし、メディアの権力濫用に反対する運動をリードしてきた。これは、韓国の受け手が、国家に統制された新聞記事の行間を読む能力を有しており、巧妙な情報操作をかいくぐって、社会的現実を把握することができたということを意味している。

以前は、多くのジャーナリストが、メディアの政治的コントロールに抵抗し、表現の自由を求めてたたかった。しかし、彼らの闘争は、ジャーナリストたちを支持し、激励する無言のオーディエンスの支援によってはじめて可能となったのである。このことは、ジャーナリストの大量解職を引き起こした一九七四〜七五年の東亜日報事件においてはっきりと示されている。

一九七四年一〇月、東亜日報の新聞記者たちは、「言論自由実践宣言」を決議し、新聞組織にたいする外部からの干渉と、当局によるジャーナリストの不当拘束を拒否した。当時、メディアはすでに人びと批判の標的となっており、自らの社会的責任を果たせないということで不信の眼を向けられていたのである。この宣言は、ジャーナリストたちが感じていたフラストレーションと危機意識のあらわれであった。

東亜日報の新聞記者を支持するという大学生、宗教人、作家、大学教授などの宣言がこれに続き、多くの読者たちが新聞社に電話してジャーナリストたちを激励した。このような支持に力を得て、東亜日報の新聞記者たちは、より責任あるジャーナリズム活動と、新聞が本来持つべき機能を回復するためにたたかい続けた。ここでついに、政府が介入してきた。国家は、広告スポンサーたちに、この新聞と二つの姉妹メディアである月刊誌『新東亜』と東亜放送にたいする広告出稿をキャンセルするように圧力をかけた。しかし、このような国家のやり方のせいで、この新聞には前例のない数の個人広告が掲載されたのである。数知れない読者が、新聞記者たちを激励するために個人広告を新聞に掲載した。この事件は、当時の韓国のオーディエンスは、受動的な受け手にとどまらなかったことを示している（Han et al 1984）。

結局、このプレスの自由のための前例のない運動は、広告スポンサーのボイコットによって財政危機におちいった新聞社が、一五〇名の記者とプロデューサーを解雇することで終わった。しかし、この事件は、韓国におけるアクティブ・オーディエンス（能動的な受け手）の存在を確信させるものであった。人びとは、それ以来、権威主義的な国家統治の期間を通じて、正義にしたがわないメディアの活動をねばりづよく批判しつづけた。

このようなオーディエンス・パワーによって、一九八〇年代にはいると、組織されたオーディエンスの運動が生まれた。一九八〇年代のメディア環境は、一九七〇年代とは大きく異なっている。メディア産業の強制的な再編によってマス・メディア企業の数は激減し、テレビではカラー放送が始まっている。この時期のオーディエンスの運動は、完全に国家によってコントロールされている放送メディアを、批判的に理解するキャンペーンのかたちをとるのである。カトリック教会といくつかの市民団体が、一九八〇年代初めに視聴者教育というかたちでこの運動を主導し、この問題について、オーディエンス（公衆）の意識を覚醒させることに大きく貢献した。この運動は、一九八〇年代後半にはいると、KBSに対抗する能動的な市民のキャンペーンに基盤を提供するまでにいたるのである。

市民団体はKBSの受信料支払を拒否するキャンペーンを展開して、公衆から広汎な支持を得た。というのは、公衆はKBSが権威主義的な政治権力を公然な形でパトロンにしており、かたよったニュース報道や解説を行なうことに不満をもっていたからである。このキャンペーンは、受信料とCMについてのKBSの方針を変えさせることに成功しただけではなく、一九八七年六月の全国的な民主化運動の期間を通じ、諸々の草の根運動の相互間の連携を形成することにも役立った。

反KBSキャンペーンを通じて、形成されたアクティブ・オーディエンス（能動的な受け手）の力によって、さまざまなかたちのメディアにたいする監視活動と教育プログラムが生まれた。これらのプログラムのひとつに、一九八七、一九九二、一九九七年の大統領選挙、総選挙、地方選挙の期間中に行われた体系的なメディア視聴プログラムがある。市民団体はまたスポーツニュースにおけるセンセーショナリズムと品位を欠く報道に継続的に抗議し、青少年に有害なメディアを規制するキャンペーンを行なった。

オーディエンス（受け手）はまた、さまざまなオルターナティブ・メディアを作り上げた。多くの公式的なメディアが政府の奉仕者になっていた一九七〇－八〇年代の期間に、さまざまなかたちのオルタナティブ・メディアが、大学生、労働者、宗教集団などによって作られ、流通した。発禁になった出版物の非合法コピーが、公的な許可なしに作られた。地下出版、アングラ・レコード、アングラ・ビデオなどもあった。これらの生産物の流通経路は、だいたい進歩的な社会集団圏の内部で作られた。これらの非合法レコードやビデオを生産していった人たちが、いまやオルターナティブ・メディア運動を主張する独立プロダクションを作っている。テクノロジーの発展によって、これらの進歩的な集団が、より低いコストで高品質のメディアを生産することが可能になった。労働団体や市民団体が作るファックス新聞、会報、その他の出版物は、以前よりもはるかに洗練されたものになっている。

オルターナティブ・メディアの発展におけるもっとも劇的なできごとは、日刊のハンギョレ新聞の創刊であった。メディアの抑圧にたいする公衆の抵抗が強まり、より自由な表現への需要が拡大していくのに直面した政府は、一九八〇年代には新たなメディアの設立にかんする制限を緩和した。この方針によって、ついに公衆によって所有される新聞が生まれたのである。ハンギョレ新聞は、おもに、一九七〇年代と八〇年代にいくつかの有力新聞社から政治的理由によって解職された新聞記者たちを中心にして一九八八年に創刊された。この新聞は、主として、進歩的な諸グループのスポークスマンとして機能している。

ハンギョレ新聞の出現は、より広いスペクトラムでいろいろな立場の意見をカバーするように、メディアの言説を多様化することに貢献した。それ以来、オルターナティブな進歩的イデオロギーを代表する比較的小さなメディアがたくさん生まれることになる。これらのなかには全国言論労働組合の『今日のメディア』や労働団体によって発行されている『労働日報』などがある。ハンギョレ新聞の成功は人びとを勇気づけ、公衆による自主的な基金で運営される放送局を作る計画が論議されるまでになっている。

国家、メディア言説の多様性、今後の展望

韓国のメディアは、西欧のメディアとは多くの点で異なった背景のもとに出発し、それゆえ、いくつかのきわだった特徴を有している。もっとも重要なのは、韓国のメディアが、国家の指導の下に発展したということである。メディアは、おもに政府の政策を守り、政府から特恵条件をあたえられることで、成長し資本を蓄積することができた。急速な工業化と近代化を達成するために、そして自らの脆弱な正統性をカバーするために、国家権力は、メディアをきびしく統制しつづけ、メディアを政策遂行のための道具として使おうとした。国家はいまだに韓国においてメディアを統制しているもっとも主要な力であるが、その力は、メディア企業が広告収入によって、独立性を増したことで、やや弱くなっている。

いまや国家は、ＩＭＦの援助によって危機をからくものがれるという前例のない経済的難関に直面して、メディアに対する統制力の回復につとめている。経済的社会的改革に向けてのＩＭＦの要求を受け入れて、政府はグローバリゼーションのスローガンの下に、徹底的な構造改革のキャンペーンを行ないつつある。その結果、国家は、メディア・セクターを含む社会全体に大きな力を及ぼしている。世界的には国民国家の力が弱まり、その政治的権力が後退するものを特徴とするグローバリゼーションの時代に、韓国では政治権力がむしろ強まっているかのようなのである。

メディアへの国家の統制と介入が、公式的・非公式的に、さまざまなやり方で行なわれてきたので、社会的言論には多様性がなくなってしまった。韓国の代表的なメディアは、相互にイデオロギー的傾向が似ており、大体において、保守的な立場を表明している。これは、メディアが、多様な集団の希望とそれらのイデオロギーを適

切に反映していないということである。保守的な統治のイデオロギーに対抗する言説は、おもにエスタブリッシュメントの外にあるメディアによって作られる。それゆえ、ハンギョレ新聞の発刊は、韓国のメディア史において重要な意味を有している。このような日刊紙が出現したのは、韓国社会の民主化が進行しており、権力構造が変化しつつある証拠である。しかし、オルターナティブ・メディアの力はまだ弱く、数も不十分である。

韓国における今後のメディアの発展にとって、もっとも重要な変数をなしているのはオーディエンス（受け手）である。真の改革は、受け手が上からの力に抗して、下からの要求を推進するほど強くなるときに可能となるだろう。一九八〇年代以来のメディアにおける最も重要な変化のひとつは、オーディエンス（受け手）の運動である。オーディエンス（受け手）は社会におけるより能動的で独立した勢力へと変化しつつある。市民団体からのメディア政策に向けての要求の増大は、このような変化を示す好例である。

現在の変化が、韓国のメディアを将来的にどのような方向に導いていくかを予測するのはむずかしい。しかし、変化の大部分は、韓国における新たな政治権力が進行中のメディアの再編にどのようにとりくんでいくか、また、公衆がどれほど効率的に改革に向けてのキャンペーンを行なうことができるかにかかっていると思われる。

若干の理論的考察

韓国のメディアと社会は依然として変化しつづけており、それらを位置づける理論的な軸を示すことはむずかしい。リベラル理論と批判的な政治経済学的アプローチの理論はそれぞれある程度有効な説明をもたらすが、両者を同時に適用すると、相互のあいだに不整合が生じることになる。韓国は、現在の経済的危機によってグローバリゼーションの過程を加速するように強いられている事実があるからといって、韓国にある種のグローバリゼーション理論を適用してもよいかどうかは、よりいっそう注意深く検討されねばならない。韓国のメディア構造は、西欧のモデルと理論、とりわけ英米的な自由なプレスのモデルに基礎をおいていた。しかし、韓国のジャーナリズムが実際に行なっていることやその内容は、西欧的な合理主義とはほど遠い。こういうわけでリベラル理論のアプローチを韓国に適用することは難しい。学縁や地縁に基礎をおく恩顧主義的なネットワークが、いまだにメディア組織の内外に存在している。冷戦の産物である保守的なイデオロギーも、いまだに韓国のメディアの主流を支配している。

新聞にかんして、リベラル理論のアプローチを適用することにたいしては、権力とメディアの結託関係への批判があらわれはじめた一九八〇年代から、疑問が提起されるようになってきた。メディア研究者たちは、マルクス主義の政治経済学にもとづく批判的アプローチに関心を払うようになった（Myung-Jin Park 1989）。しかし、一九九〇年代の韓国の変化、とりわけ一九九八年の与野党間での歴史上初めての平和的な政権交替によって、批判的アプローチには修正がもとめられている。一九九七年の大統領選挙のキャンペーンを通じて、野党側の候補者は、政権交替の必要性を訴えつづけた。政治経済学アプローチの観点からすれば、この権力の移行は、中流ないし中流下層の階層によって主導された権力移行とされるかもしれない。しかし、実際には、政治の変化の背後で働いた力は、基盤をなす階級構成がどうであったかというよりは、地域的な連合にもとづくものだったのである。この権力移行に多くの要因が働いたことは無視すべきでない。たしかに、権威主義的国家によって疎外されていた都市部の高学歴ホワイトカラー層、中小企業経営者、労働者からの継続的な支持といったことも変化の要因のひとつである。加えて、経済改革にかんして、公衆のあいだに広まった不満と経済運営に失敗した政権をこらしめるべきだという人びとの要望が、選挙結果に影響したことも否定できない。しかし、選挙における最も基本的で最も強力な要因は、前回の大統領選挙のさいと同じように、地域的背景にもとづく人びとの連合であった。

この理由から、韓国の事例を説明するためにマルクス主義的な政治経済学的アプローチを採用するのはむずかしいと、批判的な論者は論じている。

必要がある。グローバリゼーション仮説にもとづく国家権力の変化という関係も、韓国の経験にてらして、よく考えてみる必要がある。一九九八年二月に韓国で最初の平和的権力交替によって発足した金大中政権は、積極的に新自由主義的な世界秩序に加わろうとする政策を推進している。ＩＭＦの援助によってなされる前代未聞かつ最悪の経済危機に直面して、政府は、国家が生き延びる唯一の道だといいつつ、市場開放と社会経済改革の政策を採用した。

グローバリゼーションは長期的にみれば、国家権力を弱めると信じられている（Morley & Robins 1995: Feahersecne 1990: Grossbery 1998）。しかし、韓国の場合、国家権力はむしろ強化されている。国家の代わりに、グローバリゼーションの傾向に対処しうる力は他のどこにもないので、政府は、構造改革の過程に、最強のヘゲモニーを行使することになる。

政府によってすすめられる構造改革は、メディア産業にも変化をもたらした。いくつかの日刊紙が、母体となる財閥から分離されたことがその典型である。三星グループから中央日報を、現代グループから文化日報を、韓和グループから京郷新聞を分離するさいには、政府からの圧力が核心的な要因となった。

これらが一時的な現象であるのか、それともまだしばらくは続くのかはなんともいえない。グローバリゼーション過程が促進され、経済危機が克服されれば、再び政治の力が弱まり、資本の力が強くなるだろうという予測もなされている。しかし、グローバリゼーションとは過程なのだということを考えれば、全く逆の予測を立てることも可能である。グローバリゼーションによって求められる再編とグローバル・スタンダードの確立とは、韓国の社会構造、韓国人のライフスタイルと価値体系の根本的な変化を要求しているだけに、それがいつまで続くのか、最終的にどのようなかたちになるのかは、よくわからない。しかし、政府が、グローバリゼーションの過程で中心的な役割を果たしつづける限り、国家権力の強化を一時的なものとしてみるのは考えものだ。
オーストラリアのエコノミストのリンダ・ワイス（Linda Weiss）は、「グローバリゼーションと『無力な国家』という神話」という題した最近の論文で、無力な国家にかんする最近の論争がなぜ根本的にまちがっているかを示している。彼女の論説は、主に日本、韓国、台湾、シンガポールの事例にもとづいており、新たな国際的環境のなかで、それぞれの国家がもつ適応力の強さ、異なった能力、国家権力がどれほど緊急な重要性をもっているかという問題を論じている。

グローバリゼーションにうかれる人は、国家によってその能力が違うということをよくわかっていなかったので、次のような重要な可能性に気づかなかった。それは（強い）国家は、グローバリゼーションの被害者になるどころか、いわゆる「グローバリゼーション」の共犯者（ある場合は主犯者）にもなりうるということである。この分析における研究は、まだその可能性を追求している段階ではあるが、そういうこともどうもありそうだという程度の証拠固めはできている。日本、シンガポール、韓国、台湾については、そういう証拠がある。これらの国々は、法人組織による「国際化」戦略のための触媒として行為しつつあるようにみえる。「触媒」国家である日本とＮＩＣＳは勇敢に難局に当たり、海外投資に資金を与え、自国の企業と外国企業のあいだの技術提携を促進し、生産ネットワークの地域的再編を促進するようないろいろな誘因を提供しつつあるのである（Weiss, 1998: 20）。

リンダ・ワイスが指摘するように、経済のグローバル化は、政府の強い主導性の下に生じてきた。これはメディア分野にかんしてもいえる。メディア体系の再編、市場的論争の規制、メディアの機能と運営などは、社会経済的改革という旗のもとで、主として政府によって決められている。この過程を通じて、政治権力とメディアとの恩顧主義的なふるまい方が再びあらわれつつある。これが一時的な現象かどうかはわからない。しかし、はっきりいえるのは、現段階では、オーソドックスなかたちのグローバリゼーション仮説を韓国にあてはめるのは容易ではないということである。

文　献

Featherstone, M. (ed.) (1990) *Global Culture: Nationalism. Globalization and Modernity,* London: Sage.

Grossberg, L. (1998) "Globalization, media and agency～" unpublished paper, prepared for Seoul and Tokyo Seminar 1997, *Media and Society,* 18, Seoul: Nanam.

Han, Seung-Hun et al. (1984) *President Park's 'Yushin' Regime and Democratic Movement* (in Korean), Seoul: Chunchu Sa.

Joo, Dong-Hwang, Kim, Hae-Sik and Park, Yong-Gyu (1997) *Understanding the History of the Korean Press* (in Korean), Seoul: Korean Federation of the Press Unions.

Kang, Jun-Man (1998) *Chameleon and Hyena* (in Korean), Seoul: Inmul and Sasang Sa.

Kim, Hyon-Ju (1993) "Korean's ties communication," in Korean Society for Journalism and Communication Studies (ed.) *Research of Korean Communication Model,* Seoul: KSJCS.

Korea Politics Association (ed.) (1996) *Reflection on the Korean Politics* (in Korean), Seoul: Hanul.

Ministry of Information (1995) *5 Years Plan for Advanced Broadcasting 1995-1999* (in Korean), Seoul.

Morley, D. and Robins, K. (1995) *Spaces of Identity: Global Media. Electronic Landscapes and Cultural Boundaries,* London: Routledge.

Paeng, Won-Sun (1993) *Study on News Reporting in Modern Newspapers and Broadcasting* (in Korean), Seoul: Bum-Wo.

Park, Ki-Sun (1994) "Study on the relationship between the government and media under the authoritarian

political system," in Chie-woon Kim (ed.) *Critical Reflection on the Media Culture,* Seoul: Nanam.
Park, Myung-Jin (1989) *The Issues of Critical Communication Studies* (in Korean), Seoul: Nanam.
Park, Seung-Kwan (1994) *Visible Face and Invisible Hand: The Communication Structure of Korean Society* (in Korean), Seoul: Jon Ye Won.
Seo, Jae-Jin (1988) "Study on social and political network of Korean capitalist class, " *Korean Sociology* (in Korean), 22: 47-67.
Weiss, L. (1998) "Globalization and myth of the powerless state," *New Left Review,* 225: 3-26.
Yeo, Yong-Mu (1989) "Status of Korean media in the 80s: restructuring of media structure and incumbent media," *Press and Broadcasting,* October, Seoul: KPI.

第六章　国家、資本、メディア：台湾

リ・ジンチュエン（李金銓）

メディアと民主主義についてのあるセミナー・ペイパーで、ジェームス・カランは古い格言という遺産は「今日の現実とほとんど関係を持たない」のだから、リベラル理論の諸概念に「立派な葬式」を出すことを提唱している（Curran 1991）。しかしながら、立派な葬式を出すにはまだ時期が尚早である。メディア研究のなかにある多くの支配的な西欧的前提は「中心的な諸国民」（合衆国とイギリス）をこえると妥当性を失うことについては広く認められているが、その理由は、あるばあいには比較のコンテクストで権威主義モデルを適切に説明できないからである（Schumitter 1991）し、体制変化や民主主義を強固にするプロセスのなかでのメディアの役割をうまく説明できないからである。私の意見は、第三世界の多くの諸国で権威主義的コントロールが民衆の抵抗に対立してしぶとく残っているかぎり、リベラル理論の諸概念はメディア研究にとって役立つであろう、というものである。

コミュニケーションの政治経済学アプローチは、その定義からいって、メディアのより広い「政治的」および

「経済的」な諸条件を扱うと同時に、それら諸条件がメディアの構造、働き、内容、そしてイデオロギーにたいしておよぼす弁証法的な諸々の影響を扱わねばならない。政治経済学アプローチが諸々の「社会関係の研究であり、とくに権力の諸関係の研究」であり「社会生活でのコントロールと生き残りの研究」(Mosco 1996: 25-6) であるとしても、権力による統制にかんする概念の倉庫のなかでは、「経済を重視する」(ラディカル・マルクス主義派の) 政治経済学アプローチと、「政治を重視する」(リベラル多元主義派の) 政治経済学アプローチとでは、大きく異なる仕方で概念化されてきた。[1] 三つの論点が、かんたんながら、注意されるべきである。その第一は、西欧マルクス主義者たちは、資本主義ともレーニン主義体制ともことなる「第三の道」をリベラル民主主義ないし社会民主主義の周囲でつくろうとして、公共的コミュニケーションを歪めるものであるといって資本主義と市場的諸条件に批判を集中してきたし、市場的諸条件をつうじて集中された所有のコントロールと文化の商品化が生じるといってきた。リベラル多元主義論者は市場競争をメディアの多様性をもたらし、恣意的な国家権力に対抗するものとみなしてきた。第二に、西欧マルクス主義はメディアのプロフェッショナリズムをエスタブリッシュされている権力を物象化するものとして批判してきたのにたいし、リベラル多元主義論者はプロフェッショナリズムを、むきだしの権威主義的権力に対抗してたたかうためのイデオロギー的空間を作りだしメディア労働者を強化するような「信頼性の信仰箇条」としてもちあげてきた。第三に、ゴールディングとマードック (Golding & Murdoch 1979)、ガーナム (Garnham 1990: 30) が不満を示したように、国家-メディアの関係には多すぎるくらいの関心が払われたのにたいして、私的資本主義のコミュニケーション手段へのインパクトへの注目は十分でなかった。しかし、この批判はまた裏返しにしていうことも可能である。大部分のマルクス主義の「経済中心的な」メディア研究は、国家をメディアの自由にたいする脅威の源泉のひとつとして解釈してきたか、国家は経済的基礎のひとつの固有の帰結であると想定するかしてきた。[2] この無視はメディア研究が権威主義体制を分析しようと

するとき、とくに支持できないものとなる。(3)

この論文は、台湾のメディアの政治経済学的分析にとって、リベラル多元主義のアプローチとラディカル・マルクス主義のアプローチのそれぞれにみられる逆説的な意味を明らかにするものである。かんたんにいうと、ラディカル・マルクス主義のパースペクティブは、一九四九年から一九八七年まで戒厳令によって押しつけられた乱暴で頑強なコントロールにたいして台湾のメディアが進めたたたかいには、なんら光を投げかけるところがないのである。しかし、それ以後の時期の自由化は、国家権力と市場の資本とのあいだの新たな同盟関係を強化し、資本集中がどのようにメディアの多様化を抑制するか説明するにあたっては、ラディカル・マルクス主義を（部分的にだけであるが）次第に利用できるものにしている。ある立場に立って二つのアプローチのどちらかがすぐれているというのでなく、私は現代の社会生活の異なる具体的な歴史的条件として扱いたい。(4) 一方のアプローチがより大きな説明力を持っているかもしれないというのはでなく、他のアプローチも所与の時期のある特殊な社会的コンテクストでは、説明力を持っているかもしれないのである。両方のアプローチは、逆説的ながら相並び存在するであろうし、所与のある時点では同じコンテクストのなかで相互に対立したたたかうかもしれない。この比較はまた中国本土やそれをこえるより広い一般性のもとにおかれるものである。(5)

パトロン・クライアント関係

台湾国家は、政府、統治する国民党、軍方（国防軍）の「三者同盟」をふくんでいる。蒋介石が「ハードな権威主義」を押しつけ、息子の蒋経国が「ソフトな権威主義」を押しつけた一九四九年から一九八七年にかけて（Winkler 1984）、この擬似レーニン主義の国民党は、国家構造のなかで中心的な役割を果たしただけでなく、ほとんど国家と同義であった。ラテン・アメリカにおける「官僚主義的権威主義体制」（O'Donnell 1978）と類似しているが、台湾の国民党体制は強権の行使と体制への編入の組み合わせを通じて、市民社会の効果的な統制を維持しようとし、このことは、国家とメディアのあいだの「パトロン・クライアント関係」（Eisenstadt and Roniger 1981, Wang 1994, Wu 1987）の発達において示されている。一九四五年に台湾が日本から中国に返還された直後に疑義をとなえられていた正統性の問題は、一九四九年に共産党によって敗北させられたあと、中国本土から国民党がこの島に撤退することによって国民党にとってさらに深刻なものとなっていたので、このことが必要とされていたのである。(6)

体制の正統性にとってさしせまった脅威は三つの源から生じていた。国民党の差別的政策に憤る台湾住民の反乱の可能性であり、中国本土の共産主義体制が武力で台湾を解放すると公言していたことであり、アメリカによる後援が不確かであったことである（Lee 1993）。戒厳令はメディア統制を正当化し、メディア統制は少数派である外省人の支配を基礎とし、台湾人エリートを選択的に体制組み入れすることから成り立つ体制の正統性を強固にするうえで主要なものであった。体制は「従属的発展」（Gold 1985）の政策を一心に追求し、民衆の参加を抑圧するため「国家の抑圧装置」を用い、「公共圏を非政治化し動員解除するため」に「国家のイデオロギー装置」（メディアと教育システム）を利用するのに、なんらの躊躇も示さなかった。言論の自由とプレスの自由を含む憲法上の諸権利は、政治的安定が経済成長の先行条件であるとされ、反共主義が一枚岩的な指導を必要とすることを理由として、停止された。メディアは権威主義の支配を受けいれただけでなく、それを合理化するのを支援さえしたのである。

韓国と同様に（Yoon 1989）、台湾における国家は、抑圧と体制編入を同時に交互に行なう「組み入れ」政策を通じてメディアとのパトロン・クライアント関係を維持しようとした。(7) 台湾の政党＝国家は自らの代弁人をもってはいた。統合されたエリートの一部として他の民間の諸メディアは、弱体で、補助的で、従属的な器官の状態におかれ、代弁人としても厳密ではなかった。したがって、この権威主義的な政党＝国家は、リンスが「限定つきの多元主義」（Linz 1974）と呼んだものを許容していて、そのなかではメディアは政治的に役立たせられるが、非政治領域ではかなりの自立性をもっていたのである。国家の誘導に応じるものは巨大な経済的利益と政治的地位とにあずかったが、権力構造に異議を唱えるものは抑圧された（Lee 1993）。国家権力が経済システムのなかに埋め込まれている先進資本主義国とはことなり、後発諸国にみられる「国家コーポラティズム」（Schmitter 1974）のタイプに入り、権力配分を形づくり経済政策を決定するうえで、国家は優越的役割を果たすのである。スタニランドは「国内政策では、国家コーポラティズムは権威主義的であるが必ずしも全体主義的ではない。政治的表現を組織しようとするのであるが、その表現内容を細部まで徹底したやり方で決定することはない」（Staniland 1985: 75）と論じている。

新聞

一九五〇年代前半には、蒋介石は全体的統制をまだ確立していなかったので、異論派の人々にたいしても相対的な寛容が存在していた。しかし、朝鮮戦争の結果として、アメリカの台湾への支援が蒋介石の国外での正統性と国内での抑圧を強めることになった。指導的なリベラルの雑誌であった『自由中国』は一九六〇年に廃刊に追い込まれた。野党の組織化を熱心に進めていた『自由中国』の発行人は反逆罪に問われ、一〇年の懲役刑に科せられた。この体制は諸規制の複雑な網をつくり、メディアが共産主義を支持したり、台湾の中国からの分離を主張したり、国民党と蒋一族を批判することを禁止した（Bermann 1992）。他方この体制は、国民党文化建設委員会、台湾警備総部、中央情報局からなる、その役割が重なり合う検閲機関にたいして、広汎で大きな裁量をもつ権力をさずけた。これに続く数十年間に、いく百人もの新聞記者、作家、論説委員が許容の限界をこえたことで拘留され、取り調べをうけ、嫌がらせをされ、投獄された。メディアは、税制上の優遇措置やその他の恩恵を享受した。報酬と処罰を組み合わせての使用は、処罰だけの使用よりも効果的である。さらにいいことは、国家がメディア経営者たちのものの見方を条件づけてしまい、彼らの権力への服従や国家が設定する諸目標についてとくに意識することがなくなるとき、イデオロギー的効果は最大となるのである（Boulding 1990, Galbraith 1983, Lukes 1974）。この目的のため、国民党は公式の新聞禁止政策を宣言することを通じて、また舞台裏での一連の策略を通じて、かれらのめがねにかなうクライアントの小グループだけに諸々の資源を公開し、こうしてかれらとのイデオロギー的連帯を固め、利益の統合をはかった。(8) 国民党は、台湾人たちにはメディア以外の分野ではかなり自由に営利活動を認めていたけれども、中国本土出身者で国民党に忠実な人々がメディアの所有を握っているように取りはからっていた。国家は、メディアの示す忠誠にたいして諸々の特権を、ちびちび取り引きするよりも、ひとまとめのパックとして、交換の形であたえた。不平等な権力関係にもかかわらず、国家とメディアは相互の信頼と責任を保つためにパーソナルなつながりとインフォーマルな諸関係によって潤滑油をさされている一連の緊密な理解を作り上げる。その排他的コントロールを防衛するために、国家はメディアが労働組合、諸社会集団、その他のメディア販路と、どんなものであれ水平的なつながりをもつことは厳格に禁止した（Lee 1992）。

国家は一九五一年に「報禁」（新聞禁止）政策を宣言し、新聞発行許可を今後は行わないことにしたが、すでに発行許可をもっているものにはその販売譲渡をみとめた。この禁止によって、新聞の総数は三一紙に凍結された。日本の植民地支配の遺産と孫文の国家主義経済の理論を受け継ぎ、この体制は台湾の国家資本にたいする統制を独占したが、そのなかにはさまざまな中核的国有企業、銀行、その他の金融機関が含まれている（Wu 1987）。

この統制にもとづき国民党は莫大な総額にのぼる動産、不動産、投資を蓄えた。議会の議席を独占しコントロールしていたし、議会では与党提出の予算案はいつでも波乱なく通過したので、国民党はこの莫大な国有財産を自由に用いることができた。潜在的な政権挑戦者により新聞発行許可が入手されることにたいし先手をうち、この政党＝国家は台湾の三一の新聞発行許可のうちの半分を集めていた。党有力者たちをトップに据えたこれらのイデオロギー的な拡声器は、恒常的に公的資金の提供をうけなければとっくの昔につぶれていたであろう。これ以外の国民党に近い諸新聞も、国民党がコントロールする回転資金から延命のために「借り入れ」することができた。

一九五〇年代初めに、聯合報と中国時報が、国民党に近い二人の外省人によって創刊されたが、それらは当初は党＝国家の機関紙にとって大した重要性を持たなかった。しかし、党＝国家の諸機関紙がきびしい統制をこうむっているのを尻目に、この二紙は読者をひきつけるセンセーショナルな犯罪記事を多く載せることで台頭してきた。のみならず、台湾の「奇跡の経済成長」の恩恵にあずかり、巨額の広告利益をあげた。「報禁」政策の下で、新聞発行許可証は、政党＝国家とこの二紙にだけに利益をもたらすことのできる希少な商品となり、しだいにいくつもの新聞発行許可証を取得することを通じて、聯合報と中国時報はコングロマリットに進化し、「ビッグ・ツー」として知られ、台湾の新聞発行部数と広告の三分の二を支配することになる。（政党＝国家の機関紙とビッグ・ツー以外の残りの第三の部分は、台湾の各地に散在する一群の周辺的な地方紙で残りのシェアを保っているにすぎない）。この時期には、国家はきわめて干渉的だった。たとえば、一九七二年に、台湾生まれの実業家の王永慶が聯合報の三分の二の株を手に入れると、聯合報はすぐに政府の経済政策を批判しはじめた（Zhang 1997）。影響力のある新聞を手に入れ、緊密なパトロン・クライアント関係のルールをこわした台湾人として、王永慶は新聞を私的な利益に役立つ目的推進に利用しているとの嫌疑をかけられ、所有する聯合報の株を二〇年期間の低利子ローンで王惕吾に譲渡するように命じられた。蔣介石の前警護室長だった王惕吾は、台湾で最大の新聞コングロマリットを作り上げ、それを保守的な国家イデオロギーの砦としていた。一九七九年に、両コングロマリットの社長は、国民党常任委員会の委員として編入されたが、国民党の機関紙である中央日報の編集人はこの権力のインナー・サークルから除外されていた。聯合報は、国民党右派に近く、中国時報は党左派に近い立場をとっている（Berman 1992, Lee 1993）。

放送

日本の植民地支配（一八九四―一九四五）は、台湾の放送システムの発展にあまり影響を与えなかった。一九四九年以来、国民党の政党＝国家は、国家の安全保障の名目で、ラジオ周波数のほとんどを掌握した（Zheng 1993: 109）。全部で三三局あるうち、国民党がコントロールする中国廣播公司（ＢＣＣ）が一局で、受信者の三二パーセントとラジオ出力の四三パーセントをカバーしていた。これに続くのは、軍方（国防軍）がコントロールする六局で、あわせて四一パーセントの受信者と五二パーセントのラジオ出力を占めていた。諸宗教団体や富裕な一族など治安機関のお気に入りによって所有されている多数の小規模放送局（二〇局）がその残りを占めていた（受信者の一五パーセント、ラジオ出力の二パーセント以下）。

日本はラジオ放送のモデルは移植しなかったが、日本がアメリカにならって一九六〇年代初めにテレビの商業放送をはじめたときには、台湾は日本のパターンにならっている。それ以外のモデルは考えられなかった。台湾の経済は非商業放送システムを財政的に支えるには貧しすぎたのである。さらにまた、冷戦下で西側の国際コミュニティの支援を必要としていたので、国家はこのコミュニティの前で、共産主義の反資本主義に対決する企てへのコミットメントのショーケースとして、テレビ放送を使いこなそうとしていた（Lee 1980）。しかし、台湾の資本主義は国家資本主義であって、三つのテレビ局は自由市場のなかで競争に出会う必要はなかった。官僚制＝ビジネス複合体の産物として、三つのテレビ局は政府（ＴＴＶ）、国民党（ＣＴＶ）、軍方（ＣＴＳ）の所有におさまったのである。経営委員会に指名されたメンバーは明白に政治的に信頼できる人々、退役将軍、中央官庁の高官、現役の大物政治家、政治エリートと結びついている大実業家であった（Lee 1980, Zheng 1993）。テレビ放送は国家への服従関係につごうのよい強力な媒体として、政治的なデリケートなことはさけ、体制に異論を唱える人々の意見の評判を落とさせた。マス・メディアとしては、番組はもっぱら台湾人の好みにうけるように作られていたが、中国ナショナリズムに染まっている政党＝国家は、三つのテレビ局が番組で北京官話を用い、台湾語は番組から追放するよう強制した（Lee 1980: 157）。台湾の文化と言語にたいするこのような過度の抑圧は、その後の数十年間おいて絶え間なく続く抗議の焦点になっていった。輸入番組の比率が三〇パーセントにおさえられたのも、このような中国ナショナリズムによるものであった。

これらの国家にコントロールされるテレビの寡占体制は、自由市場の競争から保護された環境のなかで、最も重要な利潤を生みだした部門のひとつである(9)。低劣な文化趣味でオーディエンスに対応することにより、これら三つのテレビ放送は台湾で開花する広告収入の三分の一を手にする（ビッグ・ツーがもう一つの三分の一を手にした）。メディアが公言する文化的目的とじっさいに行うこととのギャップが見過ごせないほどのものだったので、公的な批判を招くことになった。蒋介石と蒋経国の二人の最高指導者が、反共その他の文化的目標のためにではなく、テレビ番組は社会の「暗い面」を誇張したり、良俗や道徳を害したりするべきではないというためだけに、テレビ局に行ったことがある（Lee 1992）。このような批判に震え上がって、国家に任命された経営者たちは、口々に暴力的で低俗な内容を減らすと誓ったが、何の効果もなかった。市場の論理は、かれらが過酷な商業競争と正面から立ち向かわなければならないと命じているのである。最高指導者たちはかれらの鉄拳の意思を持ってしても、市場の諸力を思いどおりにすることはできなかった。

資本の集中と権力闘争

民主的変革とは、紛争に悩まされている支配体制で緩やかに進行する解体、反対派の取り込み、権力構造とメディアの関係の再編成、を意味している。「番犬」仮説（Donohue and Ticheno 1995）は、メディアは、コミュニティ全体の番犬として行動するのではなく、「自分たちの安全保障のシステムをつくりコントロールするのに十分なパワーと影響力をもつ」集団の見張りとして行動するのである、と主張する。「権威主義的クライアンテリズム」から「準クライアンテリズム」へと移行（Benson 1996, Fox 1994, Yoon 1989）することで、国家は、処罰の使用よりも、好意や恩恵の取り下げの脅しによって、メディアに要求を受けいれさせるようにする。制限の多いプレス法は棚上げされ、緩和され、検閲機関はその機能を失う。政治経済の変化は、かつては抑圧されていたビジネス界の資本を新しい条件のなかで国家構造と結びつけるのである。私はこの節では、新聞を扱い、戒厳令撤廃以後の放送の変化については後で触れることにする。

自由化で最初にダメージをこうむったのはこの政党＝国家の新聞であるが、これは新聞への補助金として「利益誘導型」政府の資金流用の能力を、国民党が失っていったことが理由である。国民党の所有する新聞のうち二紙は廃刊になり、軍方の保有していた台湾日報は個人資本家に売却された。国民党所有の通信社「中央通訊社」（ＣＮＡ）と中国廣播公司（ＢＣＣ）は国営になった。予算が議会で承認されるためには、両者は「公正であり収支のバランスがとれている」のを示さねばならない。国民党の中央日報はかなり周辺的なものにされてしまったが、民進党系の新聞が定着したわけではない（Wei 1996）。自らの正統性を確保するためにメインストリームの諸新聞は、主だった政治家たちや制度内に位置を占める権力ブロックのメンバーによって表明されるそれぞれの立場の意見を、新たな政治勢力配置のもとで、いまや正統性をもつそれぞれの発言を公平に「表示」しなければならない（Bennett 1990）。野党のさまざまな意見も、いまや公式の議論の範囲内のものとなり、次第によく知られるものとして認められ、それぞれの新聞の利害やイデオロギーへの一致にもかかわらず、そうなのである（Tao 1995, Lo et al, 1998）。一九九二年に保守的な中央日報は、民進党支持の人々によってリードされたボイコット運動の結果、九万部の購読者を失った。

二大紙のあいだのわずかな隙間をねらって、一九八七年以後に二〇〇紙以上の新聞が創刊された。いま刊行されている日刊紙は二五紙である。経済学的にいえば、二つの寡占体は、アウトプット・レベル、テクノロジー、そして趣味さえも含めて、経済的な諸パラメータを決定する「プライス・メーカー」としての潜在的パワー以上のものを有している（Caporaso and Levine 1992: 167）。この二つの寡占体のそれぞれは諸装置をグレードアップし、能力ある人々を採用し、夕刊紙を発行するのにさらに二億台湾ドルを追加投資している。

しかし、いずれにおいても量と質は一致していない。頁数は、一六頁から二四頁へ、三二頁から四八頁へというふうに拡大しついには六〇頁にまで達したものの、その半分以上は広告である。両社は、台湾の中南部地方にも完備した編集局と近代的な印刷設備をもち、周辺的な地方紙の存立を脅かしている（Yen 1998）。

自由時報は、貨幣と権力のこの新しい同盟関係を象徴するものであり、市場において重要な足がかりを獲得でき、ビッグ・ツー（聯合報と中国時報）の優位を脅かすことのできるただひとつの新聞である。文化的な企業として、新聞は、その影響力を高める諸機会をもっていてこれから成長しようとする政治家や政治勢力を提供できた。それほど知られていない新聞である自由時報のオーナーの林栄三は不動産王であった。高い政治的役職に指名してもらおうと試みたのだが、国民党の幹部たちに妨げられ面子をつぶされ、またビッグ・ツーからは政治的影響力を金で買おうとする「金牛」であると嘲笑され、かれは自分の所有する新聞を少しちがうやり方で経営しようと決めた。一九九二年には一億二千万台湾ドルを投じてビッグ・ツーに対抗する販売拡張キャンペーンをはり、続いてその二年後には五億台湾ドルという当時では途方もない賞金額の賞をもうけた(10)(Teng 1997)。一連のマーケッティング・キャンペーンは、一九九四年に自由時報の発行部数を六〇万部にまで増大させた。さらに一九九六年初めにビッグ・ツーは予想もしなかったことに、それぞれの販売部数の二〇パーセントを失ったが、その理由は自由時報が新聞カルテルの設定した新聞価格の引き上げを拒否したからである。さらなる損失に耐えることができたので自由時報は三〇万部もの多数の無料紙を配布し、このことはビッグ・ツーにそれぞれ一〇万部の無料紙を配らせることになった(Diao and You 1997)。ビッグ・ツーの販売網を切り崩すために、自由時報は自社の新聞を扱う販売店には一〇パーセント増の報酬を提供した。いくつかの地域ではビッグ・ツー(聯合報と中国時報)のどちらかを購読している家庭にたいして無料紙を配り、こうして試練の時期が過ぎた後では、多くの乗り換え読者を獲得したのであった。一九九六年には自由時報は広告料金を四〇パーセント引き上げることができた。この新聞の諸収益の成長はそれより大きな諸々の損失をともなうことがあったけれども(11)、ビッグ・ツーは収益でも利潤でもほとんど成長をみなかった。古いパトロン–クライエント関係がその力を失うとともに、ビッグ・ツーと新参の自由時報の三紙は、いまやすさまじい三つどもえのたたかいをおこなわねばならない。しかし、三紙は他の諸々の新聞にたいしては直接および間接の巨大な力を有していて、ゲームのルールを押しつけたり壊したりしさえする(Golding and Murdock 1991)。三紙の財政力は新聞市場に参入しようとする潜在的挑戦者をおびえさせるし、弱い競争相手を肘で市場からはじき出すのである。

一九八七年から一九九五年までのいくどかの国民党の指導権争いでは、だれも完全にはコントロールを手にしなかったので、メディアはあるひとつの勢力に取り入る必要がなくなった（Teng 1997）。台湾出身の最初の総統である李登輝は、台湾をその囲いに連れ戻そうとする中国の共産主義体制への軽蔑を隠さなかった。中国本土出身の軍方の実力者である行政院長郝柏村に率いられる対立派閥は、李登輝の分離主義的な傾向を批判した。中央日報は郝を支援する軍方の新聞への微妙な攻撃を短期間行った。他の大部分の新聞は立場を明らかにしなかった。権力とイデオロギーをめぐるたたかいは、一九九六年に、中国が台湾近海でのミサイル発射を公言するなかでの総統選挙の期間にピークに達した。制度的な紛争とこの種の指導権争いはハリンが「正統性論争」の圏域とよぶもの（Hallin 1986）のなかに分類されるものであり、予想されるように、総統になる可能性のある三人の有力者にたいして新聞はほぼ平等でバランスをとった注目を払ったのであった（Tao 1995）。李登輝の地滑り的勝利の後で、とくにエスニック・アイデンティティと中国－台湾関係などいまにも爆発しそうな争点において、メディアでの「コンセンサス」と「異論」の圏域（Hallin 1986）はかたちをかえ、政治のオーソドックスは位置を移した。

大きく幅を広げられたのであるけれども、戒厳令撤廃以後の時期でのメディアの言説は狭い仕方で、選挙をめぐる政治や派閥抗争に向けられていた（Feng 1995）。とくに自由時報はエスニック・ポリティックスと反中国感情を利用するのに熱心であった。自由時報は台湾人の利益の擁護者であると自称し、何らの留保もなく李登輝総裁を支持し、彼の政敵たちとビッグ・ツーの中国ナショナリズムを定期的に攻撃している。台湾の中部と南部の周辺的な地方紙（民衆日報や台湾時報など）があたかもビッグ・ツーの圧力で苦しんでいなかったかのように、自由時報はイデオロギー的に読者層のかさなるこれらの小規模な新聞も浸食していった（Diao and You 1997, Yen 1998）。

メディアが社会に与えるインパクト

大部分の権威主義的体制と同じように、台湾の政党＝国家も、私が「ハイテク幻想」と呼んだものを心に抱いていて、洗練されたテクノロジーを、主要な源泉までとはいえないにせよ、イデオロギー的な力と社会インパクトの直接的な手段として想定しているのである（Lee 1999）。この政党＝国家は、その日の「大きなメディア」（新聞とテレビ）にコントロールを集中しており、「小さなメディア」（端緒についたばかりのケーブル・ネットワークと諸々の政治雑誌）の潜在的な力にはほとんど注意を払わなかった。テクノロジーの能力を過大なものにみる「開発主義」的見解（Schuramm 1971）とは反対に、台湾の諸々の運動グループは、小さなメディアをゲリラ戦に用いて、ついに政治の勢力図を変えてしまった。ビッグ・メディアへのアクセスを奪われている資源にとぼしい運動グループと、財政にも技術にも制約のない小さなメディアとの自然な結びつきがあるのである[12]。

台湾では、「報禁」政策に含まれなかった政治雑誌が続いていたことが、反対運動にとっては組織化された知性の中枢として機能したのである（Lee 1993）。一九五〇年代には、中国本土出身のリベラルな人々は、民主的な改革を唱えるフォーラムとして『自由中国』に結集していたが、反対党の組織化に近づいたときに、その試みは流産させられてしまった。一九六〇年代は、息を殺した沈黙の時代であった。一九七〇年代中頃には、台湾生まれの政治家たちによって復活される反対派の雑誌は、都市の知識人たちに限定されず、より公平な権力の共有とより大きな政治参加をもとめる、かなり多数の中間階級と草の根の読者たちをひきつけ下方へと広がっていった。ほとんど毎年行われた選挙に焦点を合わせ、これらの雑誌は「党外」運動の同義語になった。これらの雑誌は、公定の「真実」に異議を申し立て、当局とのゲームに新たなルールを導きいれた。また読者を教育し、選挙のさいには彼らの支持を動員し、「党外」運動のメンバーのなかで集合的に共有される野党意識を培った。体制が「党外」の諸雑誌を手荒く弾圧することを決めたとき、これらの雑誌は、根こそぎにはできないほど強力で、検閲の役人たちに挑戦的な仕方で「かくれんぼ」ゲームを演じるまでになっていた（Lee 1993）。一九八〇年代中ごろには、これらの雑誌のあるものは、蒋一族の秘密をあばくという倫理的に疑わしい記事を載せることで、市場の圧力を吸収しはじめた。

市場システムの下での「限定つきの多元主義」（Linz 1974）のなかで活動しつつ、マス・メディアは、政治的正統化と利潤の創出という二重の目標を満たさなければならず、こうして表現可能なものの境界である種のイデオロギー的あいまい状態を作り出す。グールドナー（Gouldner 1976: 157）は、収益性の至上命令は、相互に補完しまたチェックしあう多様なメディアの報道の促進に役立つことに注目している。ビッグ・ツーは公式の政策の同盟者であるので、読者と市場をめぐる競争は、国民党の諸々の機関紙よりも独立したジャーナリズム的アプローチをとるような基盤をあたえた。ティエン（Tien 1989）が述べているように、ビジネスの諸目標は、ときには国民党の利害に対立することがあるので、新聞はしばしば公的立場から離れ、政府の政策を批判した。蒋経国が、政治的性格ではなく行政にかんする批判的な論説を好んで読んでいたとき、かれはときおりそれらの論説への賛意を表明したのである。反対運動の諸雑誌からのプレッシャーを受け、ビッグ・ツーも国内や国外で活動する著名な学者を招き毎日のコラムに執筆させ、民主主義にかんする抽象的な観念を広める手段となったが、「これらの知名人たちの名声は国民党が存続させている戒厳令と報禁政策にたいして穏やかで微妙な批判の立場を二紙にとらせた」のである（Lee 1993）。

メインストリームの新聞に属すにせよ、反対派の雑誌に属すにせよ、台湾のほとんどのジャーナリストは、プロフェッショナリズムの諸規範とアメリカから輸入された「番犬」レトリックを無批判に受けいれていた。メインストリームの新聞で理想主義に立つ記者たちは発行人の命令や願望に逆らい、自分たちの新聞に掲載されない多くの内幕情報記事や国民党へのきびしい批判の記事を、人材を欠いている「党外」雑誌に寄稿した。台湾の支配体制は、民主主義とプレスの自由という抽象的な目標を放棄していることはなく、ただ反共という目的のために一時的に停止されねばならないのである、と説明していたのである。反対諸勢力は、国家とメディアのクライエンテリズム的な関係にみられる超法規的性格は憲法に違反するとして挑戦した。体制の言葉と行動とのギャップが、国家による新聞検閲に反対し、市民社会の刷新のためにゆたかなたたかいの場を提供したのである（Lee 1993）。「党外」雑誌は、民主的変革によって存在理由がなくなるまで、一五年間にわたって、奇妙な仲間としてメインストリームの新聞との共存関係を生き続けていた。この点では、台湾における公開性の拡大は、主として儒教的人文主義の遺産であるとしているランパル（Rampal 1999）は、例外的な意見とされねばならない。たしかに、儒教エトスは一般的には権威主義的な支配者たちを制約したが、民主主義とプレスの自由を求める台湾のリベラルのたたかいは、なによりもアメリカの影響からきている。このことはメディア・プロフェッショナリズムについての西洋のラディカルでは好ましいものとみられてきた。メディアのプロフェッショナリズムは、台湾理論家の批判と対照をなしているが、かれらはメディア・プロフェッショナリズムが「権力と特権の基礎的諸構造を検討させないような社会的現実の見方を再生産する」し、「正統性について異論の余地のある諸制度との密着を示している」というのである（Schudson, 1978: 16）。

テクノロジーとグローバリゼーション

プレスの自由化とは対照的に、政党＝国家は、一九八七年以後、民進党にたいして選挙で優位を失うのを恐れて、放送についてはしっかりコントロールを保持している。民進党系の新聞・首都早報がつぶれたので、民進党はラジオ放送の免許を申請したが許可されなかった。多くの抗議集会を組織した後、民進党は別の電子ゲリラを進めることで、国家による独占を妨げることを決めた(13)。

台湾は山岳が多い地形をしているため、一部の遠隔地方でテレビの難視聴状態を改善するために、最初の共同アンテナが一九六九年に設置された。一九七六年には、ケーブルテレビ事業者たちは、安物の同軸ケーブルと粗末な放送設備でビデオ・カセットのテープの内容を流す非合法のサービスを開始した。それ以来、このようなCATV局が全島に出現し、いわゆる「第四台」として知られるようになった。政党＝国家は、このようなCATV局をときおり取り締まりはしたものの、権力にたいする重大な脅威とは考えなかった。一九八五年までに、CATV視聴者は、全島で一二〇〇万人に達し、台北では人口の四〇%を占めるに至った。しかしながら、民進党は一九九〇年にマイクロ波を利用した最初の「民主的テレビ局」を開設し、それに二一の小規模で洗練されていない放送局によってルーズな形で組織された「民主主義ネット」が続き、これらはすべて国民党をきびしく攻撃した。またある民進党の党員は、フィリピンから密輸入した設備を用いて軍方のコントロールするネットワーク（CTS）に割り込むことを試みた。激怒した郝行政院長（首相）は、全面的な取締りを命じたが、いくつかの小競り合いはあったものの事態の解決には至らなかった。政党＝国家は、テレビの独占を続けようとして途方に暮れたのである。国家の検閲機関は、すぐに逃げ隠れができる安価な設備しかもたずやすやすと移動できるケーブル放送者たちの位置を突き止めるのが困難であるのを知った。CATVでは日本のBS－aやBS－3b、アジアサット1、さらにインドネシアのパラパB2Pなどを含む海外の衛星からスピルオーバーしてくる番組を受信できるので、CATVの加入者は急激に増えた。それらのなかではアジアサット1衛星を経由して送られてくる香港のスターTVがとくに重要であった（Chan 1994）。（中国中央テレビCCTVを含む）中国本土の放送、その他の衛星放送、アメリカの有料チャンネルなども台湾家庭の茶の間に進出した。

台湾政府をして、このカオス状態のケーブル放送産業に制度的枠組みをもたらさせてきたのは、アメリカからの圧力であった。貿易での輸入超過にがまんできなくなり、ワシントンはもし台湾がアメリカ映画の著作権の侵害についてケーブル放送業者その他に活動を停止させないなら、制裁条項を台湾に適用すると脅かした。そこで台湾は、一九九二年に著作権法を、印刷物から映画、レーザーディスク上の音楽、コンピュータ・ソフトやデータベースまでカバーするものに拡大した。台湾はアメリカによって要求されたケーブル・テレビ上でのタバコと蒸留酒類（その多くはアメリカ製）のＣＭの放送をアンフェアで偽善的なものとして反対したが、むだであった。一九九三年にアメリカの貿易制裁をそらすためにＣＡＴＶ法が議会で批准されたのは、台湾でケーブル放送が存在してから二四年後のことだったのである。ＣＡＴＶは、すでに台湾の世帯の七五パーセントに普及しているが、三つのテレビネットワークに比べると、視聴率や広告収入の点ではまだ劣っている。[14] しかし、ＣＡＴＶ局は、公式的なテレビ・ネットワークよりも公正な仕方で選挙報道を行なっている（Lo et al, 1998）。

国家は、（国民党と民進党を含む）さまざまな利益集団からの交差圧力のもとで、以前は非合法であった諸々の活動を、ＣＡＴＶ法において合法的なものとすることによって現状に不承不承同意した。この法律は、台湾を五二地域に分割し、各地域は五つのマルチ・チャンネル・システムをもつのであるが、これは小さな島の国民には多すぎる。外国企業と結びついたわずかな数の巨大な産業コングロマリットだけが、費用のかかる下部構造ときりがないほど必要となる（外国の）番組の量にたいして、投資ニーズをつりあわせるだけの規模の経済を有しているにすぎない（Zheng 1993）。ＣＡＴＶ産業は、現在、合併と乗っ取りの過程にあり、国民党に近いコングロマリットである力覇と和信が、市場で優位を占めつつある。台北では、力覇はＣＡＴＶ事業者の四分の三を占めている。国民党が保有する博新は、その野心を達成するに至っていない。放送事業の規制緩和というグローバルな傾向の一部として、台湾のCATV産業は諸々の政治集団と経済的諸利益との連携をもたらし、またCATVそれ自体も、国際的資本を呼び込む導管として作用するかもしれない（Feng 1995）。

パワー・ポリティクスが露骨に示されるなかで、政党＝国家は、ついにテレビ・チャンネルをもうひとつ民進党系勢力に与え、反対派を懐柔し、公衆の圧力を和らげ、テレビ・チャンネルの独占状態を維持しようとした。広汎な人々の抗議に応じて、国家はゴム印のように承認だけを行なう委員会の運営下にある公共放送の設立を発表した。国家はその習慣と公共放送をコントロールする権力を放棄する意図はまったくなく、統制によって公共放送を政治的干渉と市場による競争から保護することができると考えてきた。熱望していた自分たちのテレビ局をえたものの、残念なことだが、民進党はこの「公共圏」を守るうえで、いかなる本物の関心も示していない（Xu 1997, Feng 1995, 1998）。

グローバル化にとってもつ意味は多義的である。グローバル化は国民国家の衰退を意味するが、他方現実主義的なパラダイムは、国家主権の国内的な次元を見誤りがちである（Featherstone and Lash 1995, Hamelink 1995: 387）。台湾のばあい、CATVをめぐる政治の起源は、第一にその内部的な不平等から生じており、国外の諸力は副次的ないし触媒的な役割を果たした。国家構造は、弱まってはいるものの、資本と提携のもとに主要な決定をなし諸資源を配分するのに依然としてじゅうぶんな権力を有している。権力と資本とは、新たな弁証法的関係を発展させたのである。（利益ゆえに）多数の中小企業主と、（権力ゆえに）一部の野党政治家たちが、CATV事業を進めるにあたって、国外の衛星の電波（新しいテクノロジー）のうちに、奇妙な仲間をみいだしたのである。以前は国内での挑戦にはびくともしなかった権威主義的国家が、テクノロジーの圧力と、圧倒的な国外のヘゲモニー的な力の政治・経済的な圧力に屈したのである。フェザーストンは、グローバル・カルチャーは、「よくいわれるような同質化の過程」ではなく、「体系性と秩序に抵抗しそれに反作用するような、民衆的でローカルな言説の多様性、変化の幅の広さ、豊かさ」で概念化しようと論じている（Featherstone 1990）。しかしながら、「グローバルなメディア」とローカル・メディアの交錯は、台湾では、文化の多様化と均質化との融合物をつくりだしたように見える。文化と言語のローカリズムは再び活性化されたが、数多くのチャンネルは「ジャンク・フード」コンテンツでみたされている。CATV法は、輸入される番組への量的制限を大幅に緩和したが、これはたぶんにアメリカの圧力によるもののようである。この法律は台湾国内の資本をより緊密に「グローバルな」アクター（多国籍企業やアメリカ政府）に結びつけるであろうし、彼らは、標準化され慎重にブランドのついた非政治的な娯楽を提供することでゆたかな台湾市場で儲ける、という共通の目標に向かうであろう。外国資本の流入はまだ小さいが、増大するだろう。これらすべての相互に矛盾した発展は、フェンその他の多くの論者から、「グローバル化」としてよりも「植民地化」過程としてのテクノロジー普及として非難されている。

結語

コミュニケーションの批判的政治経済学アプローチはより「経済主義的」であるのにたいし、コミュニケーションのリベラルな政治経済学アプローチはより、「政治主義的」である。前者のばあい、その擁護者たちは、現状は「不完全な解放」、資源の不平等、先進資本主義のなかの経済のダイナミズムによって押しつけられる文化的歪曲であると批判するが、定式化はさまざまであるがなんらかの形態の社会主義へのコミットであることで共通しているラディカル・マルクス主義のヒューマニズムの高い地点から批判するという意味では、トップダウン・アプローチである[15]（Garnham1990, Golding and Murdock 1991, 1997, Keane 1991, Mosco 1996）。これらの論者たちは、国家のメディア・コントロールは先進資本主義ではより見えにくく穏和なものであるという理由から、国家を自明なものとうけとる傾向がある。しかしながら、リベラルな政治経済学パースペクティブは、大部分は第三世界である後発諸国や、かつての共産主義諸国に適しているようであり、そこでは国家は「社会のなかでの権力の配分と経済政策の方向とを形成する」にあたって、支配的な役割を果たしているのである（Staniland 1985: 75）。これらの諸国の多くでは、経済的資源とメディアの用いる資源は、国家とそのエージェントによってコントロールされている。それゆえ、この「下からの」アプローチの主張者は、国家によるむきだしの形のメディア抑圧の水準の低い粗野な根拠にたいしてたたかい、「思想の自由市場」における「チェック・アンド・バランス」のリベラルなイメージによって元気づけられるのである。結局のところ、国家によって悪用されていない自由市場の秩序は、貴族主義的、寡頭制的、権威主義的な独裁にたいしてかわる解放的な道を提供するのである。

台湾においては、戒厳令下のメディアを説明するうえではリベラル政治経済的パースペクティブはより大きな力をもち、戒厳令撤廃後のメディアではリベラルなアプローチもまったく使えないわけではないが、批判的政治経済学パースペクティブの適切性が増していることは明らかである。社会と権力について異なった概念化に根ざすのでこの二つのパースペクティブは、単純に線形的「発展」の二つの段階を示すものと理解するべきではない。より重要なことは、戒厳令撤廃後の台湾において、リベラルと批判的の二つのパースペクティブが、窮屈そうで逆説的なかたちでだが共存していることである。弱体化しているがなお支配的である国家は、新しく出現しつつある関係のなかにある諸々の市場的諸力と交渉し、体制内に組み入れようとし、対立したたかっていて、その新しく出現しつつある関係は相互にかみ合い、流動的で、弁証法的で、ぼやけてさえいるのだが、メディア所有とメディアの自立性にとっては深い意味をもつのである。このたたかいはいま進行しており、最終状態がどうなるかも、国家と市場がどの程度の領域を占めるのかも、まだわからない。この理論的なポイントは、その複雑性ゆえにより厳密な学問的論争と経験的研究を求めている。メディア・テクノロジーがグローバル化のなかの国家－

資本の関係によって影響を与え、影響を与えられるかについては、よりいっそうの研究が必要なのである。

(1)「リベラル多元主義」と「ラディカル・マルクス主義」という私の区分は、カラン(Curran et al, 1982)の「多元主義」と「マルクス主義」の区分に一部由来し、マードック(Murdock 1982)の「産業社会の理論」と「資本主義の理論」という区分にも対応している。

(2)(相互に異なる社会理論の影響を受けている)批判的政治経済学アプローチ論者たちは、国家の分析を進めるにしたがって意見が分化している。ある論者たち(Herman & Chomsky 1988, Schiller 1992, Smythe 1994)は、国家を多国籍的なメディア企業の利益に奉仕するものとみなしている。これにたいし他の論者たち(Golding & Murdock 1991)は、イギリスでメディアの多様性にたいする多国籍企業の攻撃から、公共の利益を守るうえでの「変化しつつある、国家と政府による介入の役割」を強調している。

(3)これら二つのアプローチの包括的な比較については、次のものを参照(Lee 2000b)。

(4)バレルとモルガン(Burrel & Morgan 1979: 1-37)の説明では、これら二つのアプローチの存在論的、認識論的、方法論的根拠は、それらを主張する人たちの政治的立場がちがうほどには、異なっていない。

(5)リベラルな多元主義パースペクティブは、今日の中国本土における「権威主義」や戒厳令下のかつての台湾には非常によくあてはまる(Lee, 1994, 2000a)。さらにいうと、香港のメディアも中国本土に実質的なビジネス上の利権を有する者たちによって、コングロマリット化されつつある。この状況では、市場の活力とメディアのプロフェッショナリズムの主張は、ひしひしと感じられる北京からの政治的圧力に対する中和剤となっている(Lee, 1997, 1998, 2000c)。また韓国の事例(Yoon, 1989)も台湾と比較可能である。

(6)台湾に移動した国民党体制は、共産党との内戦を続行するために、中国本土から分離されている台湾から資源を搾取し、本土へと運んだ。国民党体制は経済的収奪に続いて政治的抑圧を行ない、一九四七年には大規模な民族反乱を押さえ込んだがこのとき何千人もの台湾住民を虐殺した(二月二八日事件)。一九四九年に、共産党に敗北し中国本土を失った国民党は、台湾で権威主義的統治を開始し中華民国と称した。国民党は本土から多くの民間人や軍人を移住させ、台湾住民を監視させ、政治権力と主要なメディア資源を支配させた。

（7）この取り込みの政策は、「誘因なき抑圧」の共産主義的なシステムとも、自由放任のリベラルな民主主義のシステムとも、（植民地時代の香港のような）高い誘因と低い懲罰の特徴をもつ体制組み入れ政策（Chan & Lee (1991) とも異なる。

（8）一九七七年に、反対勢力系であった台湾時報が軍方に一億台湾ドルで買収された。一九八二年、国民党はその新聞発行免許を六〇〇〇万台湾ドルで買い取り、この新聞を現代日報と改称したが、つぶれてしまった。「政府政策の広報を推進するため」という名目で、台湾省政府は毎年三億台湾ドルの予算で、国家が統制する五つの新聞のどれかを定期購読する村落指導者たちに報奨金をあたえた。教育部は、国民党が保有している中央日報海外版（一九八七年には一億台湾ドル）、中央新聞通信社、台湾放送協会に、ひそかに補助金を与えていた。これ以外の金の流れはわれわれ一般人にはわからない。中央新聞通信社の前会長が、中央新聞通信社は公営化される八年も前から外交部の資金を受けていたと暴露したこともある（Huang, 1996）。

（9）テレビは、独占企業体のなかでも最大の利益をあげている。一九九〇年の数字でみると三大ネットワークの資本金総額は二五億台湾ドル、経常利益は一八億台湾ドルで、利益率は七三パーセントにのぼる。これに比べ、サービス産業部門の他の七つの独占企業体の一九九一年の利益率は四七パーセントにとどまっている（Feng, 1995: 50 から再引）。

（10）二大紙は公称部数について自己宣伝であると相互に抗議を続けてきた。一九九〇年代初め、中国時報が「読者に感謝して」金一〇〇〇テールを賞金とする宝くじを売り出したことが先鞭となり、聯合報も二〇〇〇万台湾ドルの景品でこれに続いた。一九九二年に、自由時報は、賞品として六〇〇〇テールの金、二〇台のメルセデス・ベンツ、一〇〇台のジープ、一〇〇〇台のバイクを提供した。一九九四年の販促活動の最初の賞品は時価三〇〇〇万台湾ドルの郊外住宅だった（Teng, 1997）。

（11）自由時報の売上は、一九九四年の二〇億台湾ドルから一九九五年には二九億台湾ドルに増えたが、赤字も二億五〇〇〇万台湾ドルから三億九〇〇〇万台湾ドルに増えた。

（12）この点については実証的根拠も得られている。たとえば以下の研究を参照のこと、Sreberny-Mohammadi & Mohammadi 1994, Downing 1996b, Hoffman & Duggan 1988, Tomaselli 1989）。

（13）この節は次の研究による（Lee 1999）。

（14）一九九六年の時点で、ＣＡＴＶは台湾全体の広告収入の一三パーセントを占め、三大テレビネットワークが三〇パーセント程度（前年に比べやや低下）、新聞が四六パーセント、雑誌が一二パーセントとなっていた（News Counsil, 1997: 300）。CATV業者の数が多いのに広告収入のシェアが一三パーセント程度であることは、多くの事業者は資金繰りに困っており、コングロマリットによって再編される可能性があるのを意味する。

（15） 公衆が現状を受け入れてしまっているかにみえる「中心諸国」のなかで批判的研究者たちは「なぜ人びとはもっと反抗しないのだろうか」と問いつづけている。（Downing, 1996a: 230）

文　献

Bennett, L. (1990) "Toward a theory of press-state relations in the United States," *Journal of Communication,* 40 (2): 103-25.

Benson, J. (1996) "Clientelism before and after 1987: consistency and change within the press-state relationship in Taiwan," unpublished term paper, University of Minnesota.

Berman, D. (1992) *Words Like Colored Glass: The Role of the Press in Taiwan〜Democratization Process,* Boulder, CO: Westview.

Boulding, K. (1990) *Three Faces of Power,* Newburry, CA: Sage.

Burrell, G. and Morgan, G. (1979) *Sociological Paradigms and Organizational Analysis.* London: Heinemann.

Caproraso, J. and Levine, D. P. (1992) *Theories of Political Economy,* New York: Cambridge University Press.

Chan, J. M. (1994) "National responses and accessibility to Star TV in Asia," *Journal of Communication,* 44(3): 1 12-31.

Chan, J. M. and Lee, Chin-Chuan (1991) *Mass Media and Political Transition: The Hong Kong'Press in China' Orbit,* New York: Guilford.

Chinese Journalism Association (1996) *Media Yearbook of the Republic of China. 1996* (in Chinese), Taipei: Fengyun. Curran, J. (1991), "Mass media and democracy: a reappraisal," in J. Curran and M. Gurevitch (eds.) *Mass Media and Society,* London: Arnold.

Curran, J., Gurevitch, M. and Woollacott, J. (1982) "The study of the media: theoretical approaches," in M.

Gurevitch, T. Bennett, J. Curran and J. Woollacott (eds.) *Culture, Society, and the Media,* New York: Methuen.

Diao, Manpeng and You, Changshan (1997) "Is the 'largest' newspaper built by gold?" (in Chinese), *Commonwealth,* July issue.

Donohue, G. A., Tichenor, P. and Olien, C. (1995) "A guard dog perspective on the role of media," *Journal of Communication,* 45(2): 1 15-32.

Downing, J. (1996a) *Internationalizing Media Theory,* London: Sage.

Downing, J. (1996b) *Alternative Media and Political Movements,* Thousand Oaks, CA: Sage.

Eisenstadt, S. N. and Roniger, L. (1981) "The study of patron-client relations and recent development in sociological theory," in S. N. Eisenstadt and R. Lernarchand (eds.) *Political Clientelism. Patronage and Development,* Beverly Hills, CA: Sage.

Featherstone, M. (ed.) (1990) *Global Culture,* Newburry Park, CA: Sage.

Featherstone, M. and Lash, S. (1995) "Globalization, modernity and the spatialization of social theory: an introduction," in M. Featherstone, S. Lash and R. Robertson (eds.) *Global ldentities,* London: Sage. Feng, Jiansan (1995) *The Political Economy of the Broadcast Capital Movement: On the Changes of Taiwan〜Broadcast Media in the 1 990s* (in Chinese), Taipei: Tangshan.

Feng, Jiansan (1998) *Big Media* (in Chinese), Taipei: Yuanliu.

Fox, J. (1994) "The difficult transition from clientelism to citizenship," World Politics, 46(2): 151-84. Galbraith, J. K. (1983) *The Anatomy of Power,* Boston: Houghton Mifflin.

Garnham, N. (1990) *Capitalism and Communication,* London: Sage.

Gold, T. (1985) *State and Society in the Taiwan Miracle,* Armonk, NY: Sharpe.

Golding, P. and Murdock, G. (1979) "Ideology and the mass media," in M. Bairett (ed.) *Ideology and Cultural Production,* New York: St. Martin's.

Golding, P. and Murdock, G. (1991) "Culture, communications, and political economy," in J. Curran and M. Gurevitch (eds.) *Mass Media and Society,* London: Arnold.

Golding, P. and Murdock, G. (eds.) (1997) *The Political Economy of the Media,* Brookfield, VT: Elgar. Gouldner, A. W. (1976) The Dialectic of Ideology and Technology, New York: Oxford Univer-sity Press. Hallin, D. (1986) *The*

"Uncensored" War, New York: Oxford University Press.

Hamelink, C. (1995) "Globalism and national sovereignty;" in K. Nordenstreng and H. I. Schiller (eds.) *Beyond National Sovereignty,* Norwood, NJ: Ablex.

Herman, E. and Chomsky N. (1988) *Manufacturing Consent,* New York: Pantheon.

Hoffman, D. and Duggan, W. (1988) *Guerrilla Media: A Citizenis Guide to Using Electronic Media for Social Change, The Inside Story From Tony Scbwartz,* video program produced by Varied Directions, Inc.

Huang, Tiancai (1996) "New Agencies" (in Chinese), *The 1996 ROC News Media Yearbook,* Taipei: Fengyun.

Kcane, J. (1991) *The Media and Democracy,* Cambridge: Polity Press.

Lee, Chin-Chuan (1980) *Media Imperialism Reconsidered,* Beverly Hills, CA: Sage.

Lce, Chin-Chuan (1992) "Emancipated from authoritarian rule: the political economy of the press in Taiwan" (in Chinese), in L. Chu and J. M. Chan (eds.) *Mass Communication and Social Change,* Hong Kong: Chinese University, Department of Journalism and Communication.

Lce, Chin-Chuan (1993) "Sparking a fire: the press and the ferment of democratic change in Taiwan," *Journalism Monographs,* No. 138.

Lee, Chin-Chuan (1994) "Ambiguities and contradictions: issues in China's changing political communication,": in Chin-Chuan Lee (ed.) *China, Media, Media'China,* Boulder, CO: Westview.

Lee, Chin-Chuan (1997) "Media structure and regime change in Hong Kong," in Ming K. Chan (ed.) *The Challenge of Hong Kong, Reintegration with China,* Hong Kong: Hong Kong University Press.

Lee, Chin-Chuan (1998) "Press self-censorship and political transition in Hong Kong," *Harvard International Journal of Press/Politics,* 3(2): 55-73.

Lee, Chin-Chuan (1999) "State control, technology, and cultural concerns: the politics of cable television in Taiwan," *Studies of Broadcasting,* No. 34: 127-51.

Lee, Chin-Chuan (ed.) (2000a) *Money, Power and Media: Communication Patterns and Bureaucratic Control in Cultural China,* Evanston, IL: Northwestern University Press.

Lee, Chin-Chuan (2000b) "Chinese communication: prisms, trajectories, and modes of under-standing," in Chin-Chuan Lee (ed.) *Money, Power and Media: Communication Patterns and Bureaucratic Control in Cultural China,*

Evanston, IL: Northwestern University Press.

Lee, Chin-Chuan (2000c) "The paradox of political economy: media structure, press freedom, and regime change in Hong Kong," in Chin-Chuan Lee (ed.) *Money, Power and Media: Communication Patterns and Bureaucratic Control in Cultural China,* Evanston, IL: North-westen University Press.

Linz, J. (1974), "Totalitarian and authoritarian regimes,"in F. Greenstein and N. Polsby (eds.) *Handbook of Political Science,* vol. 3, Reading, MA: Addison-Wesley,

Lo, Ven-hwei, Neilan, E. and King, Pu-tsung (1998) "Television coverage of the 1995 Iegislative election in Taiwan: rise of cable television as a force for balance in media coverage," *Journal of Broadcasting and Electronic Media,* 42(3): 340-55.

Lukes, S. (1974) *Power: A Radical View,* London: Macmillan.

Mosco, V. (1996) *The Political Economy of Communication,* London: Sage.

Murdock, G. (1982) "Large corporations and the control of the communications industries," in M. Gurevitch, T. Bennett, J. Curran, and J. Woollacott (eds.) *Culture, Society and the Media,* New York: Methuen.

News Council of the Republic of China (1997) *Strategies of Television Management at the Turn of the Century* (in Chinese), Taipei: News Council.

O'Donnell, G. A. (1978) "Reflections on the pattern of change in the bureaucratic-authoritarian state," *Latin American Studies,* 8: 3-38.

Rampal, J. C. (1994) "Post-martial law media boom in Taiwan," *Gazette,* 53: 73-92.

Schiller, H. I. (1992) *Mass Media and American Empire,* 2nd edn, Boulder, CO: Westview.

Schmitter, P. (1974) "Still the century of corporatism?" *Review of Politics,* 36(1): 85-131.

Schramm, W. (1977) *Big Media. Little Media,* Beverly Hills, CA: Sage.

Schudson, M. (1978) *Discovering the News,* New York: Basic.

Schudson, M. (1991) "The sociology of news production revisited," in J. Curran and M. Gurevitch (eds.) *Mass Media and Society,* London: Arnold.

Smythe, D. (1994) *Clockwise: Perspectives on Communication,* ed. Thomas Guback, Boulder, CO: Westview.

Sreberny-Mohammadi, A. and Mohammadi, A. (1994) *Small Media, Big Revolution: Communication. Culture. and the*

Iranian Revolution, Minneapolis: University of Minnesota Press.

Staniland, M. (1985) *What Is Political Economy?,* New Haven: Yale University Press.

Tao, Sheng-ping (199S) "The role of the press in the transitional Taiwan: an investigation of the 'guard dog' conception of the media," unpublished M.A. thesis, University of Minnesota.

Teng, Shufen (1997) "Hard-pressed Taiwan's newspapers battle for readers," Sinorama, August, pp. 6-15.

Tien, Hung-mao (1989) *The Great Transition: Political and Social Change in the Republic of China,* Stanford, CA: Hoover Institution Press.

Tomaselli, K. (1989) "Transferring video skills to the community: the problem of power," *Media Development,* 25(4): 11-15.

Tuchman, G. (1978) *Making News,* New York: Free Press.

Wang, Fang (1994) "The political economy of authoritarian clientelism in Taiwan," in L. Roniger and A. Gunes-Ayata (eds.) *Democracy, Clientelism and Civil Society,* Boulder, CO: Lynne Rienner.

Wei, Ran (1996) "Coping with the challenge of a changing market: strategies from Taiwan's press," *Gazette,* 58: 1 17-29.

Winkler, E. A. (1984) "Institutionalization and participation in Taiwan: from hard to soft authoritarianism?", *China Quarterly,* 99: 481-99.

Wu, Nai-teh (1987) "The politics of a regime patronage system: mobilization and control within an authoritarian regime," unpublished Ph.D. dissertation, University of Chicago.

Xu, Jiashi (1997) "Public media in Taiwan" (in Chinese), *News Mirror Weekly,* 436 (March 17): 6-9. Yen, Bohe (1998) "Price war in southern Taiwan" (in Chinese), *News Mirror Weekly,* 514 (September 14): 42-S.

Yoon, Youngchul (1989) "Political transition and press ideology in South Korea 1980-1989," unpublished Ph.D. dissertation, University of Minnesota.

Zhang, Zuojin (1997) "If Wang Yongqing had run the United Daily News" (in Chinese), *Global View Monthly,* October.

Zheng Zhuicheng (ed.) (1993) *Deconstructing the Broadcast Media* (in Chinese), Taipei: Yunchen.

III　民主主義的ネオリベラル社会

第七章　リベラル・コーポラティズムの衰退：イギリス

ジェームズ・カラン
コーリン・レイズ

はじめに

イギリスのメディアについてのリベラルな研究者による説明の多くは、メディアの構造と規制についてのたんなる記述をこえるものではない。彼らは、配線や配管をチェックするために正面に見えるメディアの裏側をみることをしていないし、それら配線や配管がイギリス社会の権力とのあいだでもつ複雑なつながりをみていない。そうしているばあいでも、メディアと政府のあいだを結ぶ回路だけしかチェックしていないのである。

これとは対照的に、より深部まで掘り下げた説明を提供していると自負するラディカルな学派の伝統も存在する。しかしその基調ではよりラディカルであるものの、この伝統もリベラル・アプローチと根本的な弱点を共有している。この学派は、メディアの諸組織に光をあててメディア中心の分析を提供するが、社会のより広い諸過程は影のなかに放置したままである。メディアの専門家によって書かれているので、メディアを重要な仕方で形づくるコンテクストではなく、メディアだけを扱う方が「よい」のである。この論文が、イギリスのメディアを考察するに先立って、慣例とはことなり、まず初めにイギリスの政治権力について説明するのは、この理由からである。

イギリスにおける権力

二〇世紀末のイギリスの政治権力の構造と力学の特徴を明らかにする試みは、この時期が明らかに移行の時期にあるという理由から、通常より慎重である必要がある。明らかなことは「リベラル・コーポラティズム」を構成する諸々の権力関係を解きほぐすことである。次々と続いて生じる動きを明細に述べることは容易ではない。「リベラル・コーポラティズム」は一九四五年以後に西ヨーロッパの多くの国で、資本と労働の勢力均衡から生じた政治体制にたいする便利な名称である。自由放任主義は一九三〇年代の大不況により信頼を失ってしまった。完全雇用は労働組合を大幅に強化し、コミュニズムの恐怖は政権を担当する諸政党をして相互間での和解を強いた。労働党は一九四五年の選挙で大勝利をえて与党となり、それ以後一九七四年まで世論調査で四〇パーセントの支持率から下がったことがなかった。イギリスの選挙制度の特異性のゆえに保守党は一九五一年に政権に返り咲くことができたが、それは労働党の近年の選挙での強さを支えている新しい経済的力関係のバランスに、適応することでようやく可能だったのである。保守党は完全雇用を経済政策の第一目標として受け入れたし、福祉国家を持続し拡大することさえした（Timmins 1995）。そして一九六〇年代初期以降、頻発する外貨支払危機にこのことは反映されているが、相対的に緩慢な経済成長が資本と労働との間の協定を危うくし始めると、労働党政権も保守党政権も労働組合会議（ＴＵＣ）にたいして賃金抑制と経費削減政策への支持を求めたのである(Middlemas 1980, Panich 1976)。

これがリベラル・コーポラティズムである。経済的にも政治的にもリベラルである。現在も「混合」経済でありＧＤＰの二〇パーセントが公的に所有されているセクターで生産されており、動力、交通運輸、通信基盤の大部分が公的所有セクターに属している。政治的にリベラルであるというのは、リベラル民主主義の主要な制度は変化しないまま存続しているという意味である。コーポラティズムであるというのは、どちらの政党が政権にあるとしても、多かれ少なかれ労働と資本の双方の代表の合意にもとづいて統治するからである。そして二五年間、この体制はきわめて安定しておりその理由は有権者が二つの主要政党間でほぼ等しく分かれ、どちらも階級システムのうちにしっかりした基礎をもっていたからである。「一般的にいうと労働者階級の約三分の二は労働党に投票し、中産階級の五分の四は保守党に投票した」(Denver 1980: 30)。時間の経過とともに国家と専門職業のエリートもしだいにこの新しい秩序に適応した。裁判官、国教会聖職者、大学学長、警察幹部と軍隊将校、そしてＢＢＣ放送の制作主任や番組編成責任者（そして遅かれ早かれ独立系テレビ局も）、リベラル・コーポラティズムを自明のこととみなすようになった。この権力構造の安定性と同質性はこの国の統一的構成によって強められていた。地方自治体も中央政府と同じ政党編成をなし活動していたし、地方紙が存在していたとはいうもののリベラル・コーポラティズムの時期の大部分を通じて、ローカルなテレビやラジオの放送は事実上存在しなかった。

しかしながら、一九六〇年代後半からリベラル・コーポラティズムは、事後的にふりかえるならこの体制に内在した諸矛盾の結果として理解できる一連の過程の展開によって、堀り崩され始めた。経済成長の持続と完全雇用は組織された労働側の立場をさらに強化したが、英国の資本は労働節約的な投資を拡大することによってこれに対抗することはなかった。とくに英国の製造業の生産性の上昇は競争相手の諸国に遅れをとり、GNPにおいて利潤の比率は一九四六年の一六・五パーセントから一九七六年の一二・五パーセントに低下した。一九五〇年代後半以来の国際収支の悪化は歴代の政府をしてきびしい信用引き締めを行わせ、雇用者側はこの政策変更の撤回を求めたが、労働側はそれを受けいれようとはしなかった（Glyn and Sutecliff 1972）。リベラル・コーポラティズムが前提としていた社会的合意は、つまり労働は繁栄の増大に参加しており、その見返りに産業コーポラティズムを支持するという思想は、しだいにはげしくなる産業紛争のなかで解体し始めた。

しかし、一九七〇年代を通じて産業活動は前面ページを支配し続け、労働組合組織率も上昇を続けていた。（組織率のピークは、一九七〇年代後半で、総労働人口の半分に達した）けれども、その反対の動向も明白になっていた。完全雇用（失業率は一九四七年から一九六七年まで二パーセント以下であった）と持続する経済成長は、史上初めてほとんどすべての労働者がいくばくかの「可処分」所得を手にしたことを意味する。個人主義と消費主義がすぐに定着した。階級意識はしだいに「うれしい上昇する資本主義のキャッシュ箱」に屈服した（Blackwell and Seabrock 1985: 114）。しかるべき敬意が払われなくなり「従属関係の忌避」（de-subordination）がとくに若い労働者たちのあいだにみられたが、かれらは学生たちとおなじようにもはや失業をおそれなかった。このことはストライキや政治的ラディカリズムのなかでと同様に、この時代の快楽主義的ポピュラー文化の爆発的成長のなかで、はっきり表明された（Bear 1981）。選挙の場面での主要二大政党の支配は崩れはじめ、両党あわせての得票は一九四五年の八八パーセントから一九八三年の七〇パーセントまで低下した。このことは、経済の管理者としてのこれら政党の実績にたいする人々の幻滅の増大を反映していたが、また英国人の生活のなかにみられる階級的輪郭が溶解し始めたという事実にも起因していたのである。

遅ればせで必ずしも効果的でない仕方でだが、英国の資本は近代化投資により競争上での立場を改善しようと試み、その結果、製造業がサービス業にその地位を譲り始め、半熟練および未熟練の職種の比率は低下したし（一九九〇年に、男性では一五パーセント、女性では一八パーセントにすぎない）、総労働人口に占める女性の割合は三〇パーセントから一九五四年の四二パーセントにまで上昇している（Lindley 1994: 24-25）。働く女性の比率の数字の変化は、労働組合加入者において、とくに公的セクターの労組加入者においてよく示されている。長期的にみると、労組構成員における女性比率の増大は生き残るために不可欠であるけれど、短期的には労組に伝統的な男性的なカルチャーを変化させるという困難な過程を含むものであった。そして一時的なことかもしれないが、女性の比率の増大は労働者階級のアイデンティティを決定し存続させてきた中核をなす諸制度を弱めるものであった。

リベラル・コーポラティズムを解体させるのを促進したもう一つの要因は、ラジオとテレビの発展から生じた政治における深部の変化である。一九五〇年代初めには、パブリックな集会がまだ政治家と選挙民との政治コミュニケーションの主要なメディアであった。一九七〇年代になると政治集会はほとんど完全にテレビによって置き換えられてしまった。テレビとラジオは政党間の政治討論のアリーナとしての議会を急速に影の薄いものにしてしまい、ニュースと公共的なものごと双方を後退させ、エンタテイメントが進出することになった。これらの発展はとくに労働党に影響を与え、党内での厳格な討論のカルチャーと、一般党員の感情へのたんなる形式的な依存ではない指導方式に影響をあたえる。政治上の競争がテレビ映りのよいリーダーに注目を集めさせるかどうか、また「ニュース・マネジメント」が完全な党内民主主義と両立するかどうかは、疑わしい。しかしニュース・メディアはまた、より間接的な仕方で政治に一般的に影響をあたえており、視覚映像がしだいに印刷物や家庭・クラブ・近隣での会話の伝統と置き換わるに応じて、おそらく集合的記憶の持続を短くさせたのである（Hoggart 1957, Hobsbawm in Jacques et al 1981）。リベラル・コーポラティズムが大不況期のきびしい日々の記憶への反作用であったのに応じて、労働者たちがすすんでそれを放棄しようとする気分はこの変化によって加速されたのである。

これらの原因がどのように混ざり合っているにせよ、リベラル・コーポラティズムは一九八〇年代初めには、その前提条件（国境をこえる資本の運動にたいする国内規制）の廃止によって、最終局面に達したのである。「ケインズ的容量」（Keynesian capacity）から生じる浪費の認識（Sharpf 1991）は、ほとんどの政権は国債市場が同意しないかぎりいかなる重要な社会政策や経済政策も追求できないし、競争相手の諸国のそれよりももっと強力な規制や税制を課すことはできない、ということを意味していた。経済的主権の一部は他の諸国とともに欧州連合のなかにそれをプールすることで回復させることができるし、そのようにして多国籍企業にたいして統一戦線を張ることができる。しかしこのことはさまざまの政治的妥協を含み、国内では政府を「国民利益をブリュッセルに従属させる」（問題によってはドイツ、フランス、あるいはスペインに従属させる）という攻撃にさらさせた。サッチャー支持派の主張とは裏腹に、英国政府は他の諸国よりも多くの制約を抱えていたので、一九八〇年代にはいかなる経済的奇跡ももたらされなかった（Graham 1997）し、またイギリスが競争力ある地位に立つことは、もっぱら外国資本を引きつける低い賃金水準と低い税率を維持することに依存していたのである。この戦略はまた不平等、貧困、麻薬中毒、犯罪の劇的な増大へと導いた（社会公正委員会一九九四）ので、保守党政権は警官の増員と刑務所の収容者数の増大により事態に対応した。スコットランドの分離、ウェールズの権限移転をめぐる圧力の高まりにたいして、労働党は一九九九年にスコットランド議会とウェールズ議会の開設によって応えたのであった。

国内での政治家たちのじっさいの権力が小さくなるのに応じて、かれらの選挙での地位は不安定になり、彼らがまだ手にしているコントロール能力を一層独占しようと求めた。このことは労働党と保守党それぞれの党内政治の展開にとくに明らかである。一九八七年に労働党が三期連続して選挙で敗北したあとで、この党のなかの近代化派の人々は、労働党が市場への適応を曖昧さなく示すことなしには政権復帰はできないであろうと結論した。このことは選挙区にいる左翼「活動家」、労働組合リーダー、党指導者とその腹心のインナーグループの外にいる異論派の有力者などの、力をそがなければならないことを意味した。そして、このことは全党員のエンパワーメントの名目で実行されたのであった。労働組合と選挙区代表による毎年開かれる大会で行われていた政策決定は、政策「コンサルタント」に中央で管理されるシステムによって、一般党員が全国執行委員会に有力議員たちを選出すること（こうして党指導者のインナーサークル外にいる有力者のいかなる独立した権力基盤も取り除かれた）によって、毎年の党大会に代わる規則変更によって、置き換えられ、そして全国執行委員のメンバーも置き換えられたのである。そしてまた政策論争のアリーナから中央集権化された党管理の手段まで、置き換えられたのである（Panitch and Lays 1997）。異論者の排除は、地方選挙レベルでの党候補者の次第にきびしくなる選考によって達成され、またスコットランド議会、ウェールズ議会、欧州議会の候補者についても同様であった。

これらの変化は労働党の知的および財政的な支援の源泉にかんしても同じようにラディカルな変化をともなっている。アドバイザーたちがつれてこられる知的な人材の属している分野はアカデミーから、マーケティング、広報、経営管理などに置き換えられた。(1) 労働党の新しい指導陣は、労働組合への資金的依存から可能な限り早く離れ、富裕な個人たちからの寄付に移っていった。閣僚のなかに数人の有名な実業家はいるが、労働組合指導者はだれ一人として一九九七年以降の労働党政府のなかで閣僚に指名されていない。

一九九七年の選挙での惨敗後に新しいリーダーであるウィリアム・ヘイグにより保守党のなかで行われた改革も、これに劣らず劇的である。ここで必要とされたことは保守党の一般党員を強化すること（一九九七年にこの党の議員の平均年齢は六二歳で、明らかに危機に瀕していた）であり、有力議員たちの力を減少させることであった。彼らの多くはサッチャー夫人の台頭の時期に議員になったイデオローグであり、規制のない市場と「国民主権」(ヨーロッパ統合への強硬な反対)という矛盾した方向の熱情ゆえに、党の統一を犠牲にしかねなかったのである。初めて選挙区メンバーが指導者選挙で一定の役割をあたえられ、このことはヘイグ党首を保守党議員たちの圧力からときはなった。他方、この改革は一般党員に政策作成でのいかなる役割もあたえていなかった。

政党リーダーたちは、政治権力構造のなかでのポスト・コーポラティズム的動向から生じてきた相互に矛盾する圧力やリスクにたいして、自分たちを防衛しようとする一方で、真空状態を次第に満たすようになってきた一部の「新しい社会運動」をコントロールすることは、ないしは予想することはほとんどできなかった(Dalton 1990)。ニューベリーのバイパス道路建設に抵抗した「ロード・プロテクターズ」は予算一〇〇万ポンドのプロジェクトであったものに二〇万ポンドを追加させることになったし、グリーンピース活動家たちは大西洋で使用済みになった石油掘削リグの投棄計画を放棄させ、動物の権利運動の活動家たちは毛皮取引、仔牛肉取引、化粧品産業などで大きな変化を強いていたが、かなりの公共的共感を獲得したこれらの新しい社会運動は、一九九〇年代のニューメディアにより駆動されフォーカス・グループに依存する政治のなかで重要な政策変更を促す能力を有することを示し、いかなる政党による後見もうけいれようとはしなかった。(一九九八年一一月のある週、これらの運動の活動家たちがBBC放送の話題提供的な朝のラジオ番組「トゥデイ」に連日出演する一方で、この国最大の労組の委員長のビル・モリスは「デザート・アイランド・ディスク」でしか、私生活と音楽の好みについてさえ語らせてもらえなかったのは、時代の変化を象徴しているように思われる)。

政治生活への個人主義の浸透に対応するのが、そして部分的にはこの動きを強めることを意図してなされたのが、一九八〇年代の保守党政権による国家制度や準国家制度の「えぐり取り」である(Dunleavy 1997, Rhoades 1994)。その目標は国家を縮小させ、意思決定を市場アクターに移し、このような仕方でこの変化を強化するように公的な政治文化を作り直すことである。

一九八〇年代と一九九〇年代の公的セクターの民営化は、一九四五年後に公的所有に移されたすべての事業の私的所有を再建するというだけではなかった。それはまた、以前には本質的に公共的であるとみなされていた数を増大しつつある病院、政府官庁、一部の学校などの、多くの国家セクターやエイジェンシー部局を私的所有の形態に移行させた。電話事業や公共住宅についてはいうまでもない。このようにしてこれまで人々を国家に結びつけていた日常生活のうちの広い範囲の領域が私的セクターに移された。さらにこの過程において、民営化された企業のかなりの株は大幅な割引価格で一般の人々に提供され、民営化の直後にたなぼた的利益をもたらした。これらの株の大部分は機関投資家の手中にするところとなったが、幾分かの株を所有する人々の比率は全成人中の二一パーセントに達している（General House hold Survey 1988）。一般の人々のばあい、平均の株式所有はごく小さいが、株所有の拡大がもたらした人々の態度における変化は非常に大きい。二〇年以上前とはことなり、大部分の「普通の人」が株所有者を自分たちの利益と対立する人と見なしているとはもはや自明といえなくなっている。

また民営化されなかったものも完全にビジネス・モデルにしたがってつくり変えられた。一九九〇年代中頃には、全公務員の六〇パーセントはさまざまなネクスト・ステップ・エージェンシーに雇用され、これら準自立エージェンシーの経営者たちは出来高給の短期契約で雇われ、それら機関をできる限り民間企業的なやり方で運営することにつとめた（Shaoul 1999）。政府会計方式も私的セクターの方式で再編された（Shaoul 1999）。国家機関と準国家機関とに「効果的節約」につとめるように強い圧力をかけ、この「節約」はしばしばこれまで提供されていたサービスを削減することの遠回しの表現になった。国民健康サービスや個人的サービスはいわゆる内部市場へ編入され、サービス購入者は、サービス提供者にコストを下げるよう相互間で競争させるという考えから、サービス提供者から切り離された。社会的需要の基礎に立って計画化することは、これら準市場で財政的に生き残ろうとする諸エージェンシーの努力によって動かされる計画化されない結果に場を譲り、この準市場は公的なレトリックに従い「経済、効率、実効性」の三つのEに結びつけられ、信じ込まされた。削減、「ダウンサイジング」、設備売却、「アウトソーシング」、インカム・ジェネレーション、慈善アピール、上限制限が公的セクターでの日常生活の一部となった。

これらの変化のもう一つの次元は民主主義への信頼感の急速な低下である。選挙で成立した地方政府は、支出にかんする中央政府による制限、地方での徴税権の削減、教育と住宅の大部分の責任からの実質的な撤退、などを通じてその権限をはぎ取られた。他方いわゆる準非政府機関（quasi-non-government bodies）は一九九四年／一九九五年までに（政府により任命された）実業界の人物たちにより大幅に充足され、増殖し、準非政府機関は政府支出の三分の一について責任をもつことになり、これはほとんど選挙される地方自治体と同額である（Hall and Weir, 1996）。地方自治体がいまなお権限にかんして選挙民に責任を有しているのとことなり、準非政府機関は担当大臣にたいしてのみ責任をもつにすぎず、その活動を相談したり公的審議に付す義務もほとんどない（Hall and Weir 1996: 9-6）。

この非民主化の対応物は監査制度の増殖であり、これは公的エージェンシー、公務員（小学校教員から大学講師、ソーシャル・ワーカーまでの）行動を判断し評価するのに独立監査法人というビジネスの世界を動かしている概念（「ヴァリュー・フォー・マネー」監査、経営監査、裁判監査、知的所有権監査、教育監査、技術監査、臨床監査まで）を利用したもので、自分たち自身のことや他者による公的職務の遂行に責任をもつ民主主義的市民の社会のかわりに、個別的な監査の社会をつくり出そうとするのである（Power 1997）。低い評価を下された教員個人、学校、医師、ソーシャル・ワーカー、ソーシャル・ワーク部門を名指しし恥辱を与える処罰文化が、公務員が取り組んでいる問題に対して、また公務員がふさわしい資源を有しているとされることについては、国と地方が責任をもっとする思想に、置き換わった。

公務員、とくに「プロバイダー」とされている公務員の資源削減、独立性の喪失、たえざるスケープ・ゴーツ化による士気低下の結果は、それに応じて政治コストとなって帰ってきた。公的セクターで働く人々がその専門職ゆえに国家に結びつけられている、ないし国家に奉仕しているなどとはもはやいうことはできない(Mackintosh 1998, Rose 1993)。これと同時にとくに鉄道、バス、水道会社など民営化されたセクターへの軽蔑の広がりが見られる。これら部門は非効率で、公的利益の支出によって不当な利益を得ていると見なされていた。一九九〇年代中頃に、政治システムからの疎外は大量の民営化の導入以後のいかなる時期よりも深く見られることを世論調査は示している（Nolan 1995）。

経済成長が続いている限りでは歴代の政権はこの不安定で、幾分熱を帯びた状況に、とくに「イメージ・マネジメント」を通じて、うまく乗ることができた。政治がもっぱらそれ自身と関係するこのハイパー政治の領域は、そのなかでは「政治は、いつでも政治以外のことを考えている公衆の関心を惹くために、日々のたたかう」世界は、北米からこの国に来て親しいものになっている。「政治のソフトウェアが決定的である。それ自身にカントリー・マインドの状態に適合させる能力、そのムードを変化させ活性化する能力が決定的である」(Polito, 1998, Hobsbawm 1998: 5-6)。この領域において権力はしだいに「専門アドバイザー」や「スピン・ドクター」に属するものになり、かれらは態度調査、フォーカス・グループ・アニメーター、情報管理専門家、プレス担当者なのである。

このような世界へのアクセスはきわめて重要になっている。古いエリート集団（医師、有識者、学校教師、教会人、公共放送の幹部、さらには裁判官と弁護士）はアクセスとステイタスを失い、彼らの職業的価値はリベラル・コーポラティズムの価値に適合していたので、彼らをして公共利益についての「古風な」概念を捨てさせることになっている（臨床や司法の独立性、学問の自由、カトリック教会の「貧者へのオプション」、公共サービス放送などの概念）、あるいはこれらの価値を体現する制度へのコミットメント（陪審制度、国民的健康サービスなど）である。(2) 彼らに代わって新しいエリート集団がやってきて、企業者（アーチャー卿、リチャード・ブラソンソン、ホリス卿）、有名な経営者（ロイ・グリフィス卿、サンスベリー卿）、メディア・スター（グレンダ・ジャクソンとレバー・フィリップス）、ポピュラー音楽グループ（オアシス）などのように、市場にうまく波長をあわせ成功する。政党リーダーもこれら有名人と一緒に写真に収まる機会を求め、彼らの政治的功績に書きこもうと彼らを招く。たとえば、レイバー・プランはダイアナ妃を一種の移動大使として利用し（彼女の死後に明らかにされた）、女性問題担当大臣により「女性の役割モデル」としてかつてのスパイス・ガールズのジェリ・ハリウェルに役が割り当てられた。

これら最近の例が示唆するように、女性の地位の上昇は、なお幾分はっきりしないとしても、ポスト・コーポティズム期のもう一つの注目すべき様相をなしている。一九五〇年代と一九六〇年代の高等教育の劇的な拡大と完全雇用とから恩恵を受けた世代では、女性は男性と肩を並べて教育をうけ、もはや家庭と家事を自分たちの運命としては見ない。女性と男性との賃金格差は十分縮小されるに至っていないが（一九九〇年代末になると再び拡大の兆しが見える）、女性たちは高い賃金の専門的職業の雇用へとしっかりと前進した。一九九一年には企業経営者や行政幹部、医療従事者の三分の一は女性であり、教職従事者の三分の二、健康と関連した職業の十分の九は女性である（Lindley 1994: 25）。また一九九七年の下院選挙で当選した議員の一八パーセント（議員数で一二〇人、うち六〇人は前議員であった）が女性である。銀行や産業でのトップ経営者の間では女性はごく少数だがいることはいる。女性の地位と影響力の増大については多くの指標を示すことができる。新しい秩序のなかでのメディアの中心的地位を所与とすると、パワフルな女性メディア人（BBCのラジオ4の前のコントローラーのリッツ・フォーガンから「エクスプレス・ニュースペイパー」編集長のロジー・ボイコットまで）の出現は、男性が支配していた過去の社会・政治・文化アジェンダからの移行を他のなによりも明白に示していた。女性の前進を示すように思われるこれと並行した展開は、同性愛にたいする差別の減少であり、法的承諾年齢の引き下げ、公的生活のなかでの同性愛の男性や女性の受容に反映されている。

イギリスの権力構造におけるこれらすべての多様な変化は、単純な分析的公式に位置づけて片づけることはできない。コーポラティズムによる行き詰まりの突破によって開かれた現在の右往左往の動きは、その運動がどのようであるかとともに、どこに向かおうとしているかでも重要である。最近三〇年間の変化を考えるにあたって、イギリスにおけるポスト工業的、反省的、個人主義化的な社会の出現という見方は、大統領制の主張や人格化されメディア化された政治の出現という見方は、たいして役立たない。明らかなことは単純で、政治システムは階級の繋留装置をはずしてしまい、予想もされなかったほどに市場に駆動されるようになったことである。その本質的で輪郭を示すような性格が時間の経過のなかで、そして経済困難によってテストされている期間のなかで、形づくられている政治権力の新しいシステムは、いずれ完全に明らかになるであろう。

テレビの組織

未来が不確かであるとしても、間近な過去の性格はもう少しはっきりした核心に立ち入らせてくれる。英国のテレビ制度について考察するもっともよい方法は、それをポスト・コーポラティズム期に生き残ったリベラル・コーポラティズムの遺物と見ることである。このことはその強さの限界、弾力性と弱点とをあわせて理解するさいの鍵である。

しかしはじめにその形態的な構造について簡単な説明をしておこう。英国のテレビ制度はコアとなる五つの地上波の公共サービス放送をもっている。ＢＢＣ1、ＢＢＣ2、ＩＴＶ（チャンネル3）、チャンネル4、チャンネル5である。このコア・システムを取り囲んで多数のＣＡＴＶと衛星放送のチャンネルがあり、それらのうちでもっともうまくいっているのは衛星放送を基礎とするＢスカイＢを通じてルパート・マードックによりコントロールされているものである。しかし、公共サービス放送制度はいまなお圧倒的で支配的であり、テレビ視聴時間の八〇パーセント以上を占めている。

このコア・システムはポジティブ番組要請により形づくられている。とくにその質を維持し、（ニュース番組を含め）多様性を提供することである。これらの目標は公共的所有（ＢＢＣとチャンネル4）を通じて独立テレビ委員会（ＩＴＣ）による商業テレビ局の規制を通じて推進され、独立テレビ委員会（ＩＴＣ）は放送権の期間を短縮・撤回する権限や罰金を科す権限をもっている。

このコア・システムは番組の多様性を強化するためにさまざまにことなるタイプの組織を構成している。ＢＢＣは世界最大の放送組織であり二万人以上の職員が働いているが、チャンネル4は番組制作はせず外注するシェル組織である。チャンネル5はロンドンを本拠とするが大部分地方向けに放送している。これらの組織は中規模市場でのデッドヒート競争を避けるためにことなる収入源をもっている。ＢＢＣはテレビ受像機を保有するすべての人により払われる受信料によって運営されている。ＩＴＶとチャンネル5は大衆広告収入により、チャンネル4はマイノリティ広告により運営されている。

比較の視座から見ると英国のテレビは突出した様相を示している。二つの大衆向けテレビ放送（ＢＢＣ1とＩＴＶ）は十分な資源と収入をもっている。そのコア・システムは主に自局制作の番組を放送している。何よりも顕著な性格は、それらがスタッフに認めているかなり大きな裁量の余地である（Tunstall 1993）。プロデューサー・レベルでの番組の制作者は一般にアメリカの市場に駆動されているテレビのなかで働く同僚たち、あるいは他の多くのヨーロッパ諸国の議会を意識した公共放送システムのなかにいる同僚たちよりも、個人としての大きな決定能力を持っている。英国的アプローチはひとつの目標としての演出はそれほど重視せず、放送は準民間サービスのなかで政治利益と社会利益のどちらをもこえるものとして考えている。じっさいに、このことは専門の放送人たちに公的ガイドラインを設けるにあたってかなり大きな裁量の余地と自由を与えている。

リベラル・コーポラティズムの遺産

しかしながら、英国の放送はリベラル・コーポラティズムの権力関係のコンテクストのなかで発展し、これらにより形づくられた。政府だけでなく主要野党もマイクロフォンへのインフォーマルなアクセスをもっていた。彼らの見解は民主主義的権威あるものとして放送報道の慣行のなかで尊重されている。リベラル・コーポラティズムからは、またそれと見分けがつく放送レトリックも生じていた。リーズナブルであることの強調、政治的な言説は同意ないし妥協へと到達可能であること、また正統性ある諸視点を含むものとして示すこと、政治を価値や利益の表現としてでなく政策や問題解決に限定する傾向、などである。

この遺産からコミュニケーションの独立の圏域が創出され、社会について公共的な方向の報道と討論がなされる。公衆は市民としてみられ、娯楽を与えられると同様ニュースを与えられる権利をもつ。これと対応して公衆は新聞よりも頼りになり信頼できるニュース源としてテレビを見る。

しかしこのような強さにもかかわらず、英国のテレビは現場の従事者たちがいうほどには、じっさいには権威と距離をとっているのではない。英国のテレビは法律により「不偏性」を保つよう求められている。このことは、論争となっている問題を報道するばあいには対立する諸見解を同時に示すべきであることを、示している。しかしながらこれら対立する諸見解なるものは、社会のなかに存在するさまざまな意見の全範囲をカバーするよりも、議会内で競合する二つの指導勢力の見解の違いという狭い範囲内の違いを繰り返し示すことになりがちである。議論の対象になるものの定義も、政党間での論争によりきわめて強く影響されている。ある争点が正統とされた議論のアリーナに入らないのなら、バランスをとるという慣行もつつましいものとされるか、棚上げされがちである。

この背景は番組の偏りのラディカル分析を概念化するのに役立つ。一九四〇年代から一九七〇年代までのリベラル・コーポラティズムの全盛期には、放送は公共生活の広い範囲にわたってエリート政治家の合意に対応していた。グラスゴー大学グループそのほかにより進められた研究は、テレビ・ジャーナリズムが一九七〇年代の労働組合に敵意をもつ見解を内部に取り入れる仕方を明らかにしている。報道される問題が英国の経済運営に関係するとき、それは一九七〇年代初めの限られた説明の在庫のなかから引き出されていた。長期にわたり東西関係上の紛争の説明にさいしては、かなり没批判的な冷戦的カテゴリーが受容されていた。一九八〇年代初めのフォークランド戦争では一方の立場からの説明がなされた（グラスゴー大学メディア・グループ一九七六、一九八〇、一九八五、McNair 1988）。このようなイデオロギー的封印はこれらの問題について主要な二つの政党の公式立場間での収斂を反映している。

しかし主要な政党間での差異が拡大すると、また一九八〇年代に社会のなかで緊張が大きくなると、テレビでの論争の領域も拡大した。放送は以前にはほとんど視聴者のいないこれら意見番組の放送時間を拡大した。たとえば、全国的大衆紙の全紙が一時いわゆるマルクス主義者が牛耳るロンドン市議会を攻撃したとき、テレビとラジオはともに論戦の機会を設けた。論争・攻撃のための放送時間にくわえ、テレビとラジオはロンドン市議会は住民社会に積極的なことも行ったという意見を報道し、その廃止（サッチャー政権により一九八六年に実行された）はローカル・デモクラシーへの攻撃であると報道した（Curran 1987, 1990）。同様に一九八〇年代と一九九〇年代の初めに、労働党によって反対されただけでなく、公私両セクターやボランティア諸組織によっても反対され、街頭デモとついには一部の保守党長老議員たちによっても反対されるに至った「コミュニティ負担」、逆進的地方税に反対して、全国的規模の運動が高まったとき、テレビは突出した役割を果たした（Deacon and Golding 1994）。裁判での誤審、警察官の暴力、刑務所改革などに焦点をあわせた「法と秩序」に対抗する運動を高揚させたのもまた、一九九〇年代初めの一部の同情的なテレビ報道を受けいれたことによっていた（Schlesinger and Tumber 1994）。

一九九七年の右派リーダーの率いた労働党政権の選出、そしてサッチャー政権の遺産の大部分の継承は、エリート政治家間の合意を再び確立したように見える。再び主要政党間での開きは小さくなり、放送により提供される論争の場は狭まっている。しかし閉塞状態へと向かうこの新しい動きは完全ではなく、以前ほど確実でないようである。新しい合意はコーポラティスト的和解よりもポピュリスト的操縦を基礎としている。それは部分的には政府の宣伝担当者により行使される圧力の増大を通じて支えられているが、放送人のあいだでは大きな憤慨を生じさせている。一九九九年の選挙で構成されるスコットランドとウェールズの議会開設は、より統一の程度の低い国家、より脱中心化されたメディア・システムを生み出すことになりそうである（Schlesinger 1998）。

イギリスの放送はコーポラティズム化をより困難にするような仕方で変化した。それはチャンネル数を増大させている。ＢＢＣとＩＴＶは独立セクターから番組の四分の一を購入している。それら放送局のスタッフは以前よりも広い社会的プールから採用されている。かつてＢＢＣが国民への奉仕を語ったところで、今日ではマルチ文化社会の多様性への対応の必要が強調されている（Scannell 1996）。

両義性

さらに議会の主要な二つの政党の指導の拡張としての放送というこの描写は、ひとつの単純化であり、一連のことがくわしく検討される必要がある。第一に、放送ジャーナリストは完全に受動的なわけではなく、むしろ完全には定式化されていない約束事に従って仕事をしているのである。政治環境に彼らがどのように反応するかは、なにをもってすぐれたジャーナリズムとするかという彼ら自身の概念によって影響されている。公共サービス放送のイデオロギーのある立場は、偏ることのない認識、選挙民への公平な情報伝達を強調している。このことは、医師や自然科学者のような信用しうる知識の所有者を結果としてもたらし、そのことが電波への特権的なアクセスの理由をなしている。これとは別な立場は、社会的なアクセスの拡大、議論のために異なる意見や視点へと開かれていることの重要性を、強調する。これは従属的地位におかれた人々の伝統であるが、放送人コミュニティ内で影響力をえるためには重要である。それは「アクセス」番組を誕生させ、より広い視聴者参加を可能にする新しい番組フォーマットを導入し、あるばあいにはエスニック、環境（グリーン）、フェミニスト、動物の権利、そのほか標準的なニュース報道の範囲外にある新しい社会運動を代表するスポークスマンや圧力集団に広く門戸を開いた（Curran 1997, Doumunt 1997, Hollandy 1997, Livingston and Lunt 1993）。これら多様な圧力集団の情報源が方針の新たな再設定を行わせたことはまた、忠誠、影響力、思想の源泉としての政党の衰退に部分的に対応している。さらに、政府に説明させることに放送ジャーナリストの役割を強調する放送人の職業文化に根ざしている要素がある。このことは政治的合意のうちに分裂を生じさせ、放送人をして論争のイニシャティブをとらせることにもなろう。たとえば一九八八年に、ＩＴＶはドキュメンタリー番組「岩の上の死」を放送したが、この番組はイギリス軍がジブラルタルで武装していなかったアイルランド解放軍の小部隊を殺害した事件に焦点を合わせていた。この番組を放送させまいとする政府の試み、またそれを些細なこととして扱おうとする新聞の試みは、逆にＩＴＶにこの番組を再放送させ、放送の世界でこれを論議すべきことのトップの位置に押し上げさせた。どちらの行為も、政府と右派系新聞にたいする放送人コミュニティの挑戦を象徴的に示している。

検討すべき第二のことは娯楽を含めてテレビのアウトプット全体に関連している。放送人たちは社会成員としてまた絶えず変化するオーディエンスの関心に応じる必要のある送り手として、社会内での広い範囲の文化変動に対応しなければならなかった。たとえば、一九六〇年代初めに生じた世代交代では、古い世代の道徳的保守主義を攻撃する新しい風刺番組のジャンルを誕生させ（Tracey 1982）、一九六〇年代後半にはラジオの音楽番組を全面的に再編させることになった（Chapman 1992）。一九八〇年代と一九九〇年代にはジェンダー関係の分野で進行しつつあるある変化が放送界にも浸透し、このことはソープオペラとデイタイム・チャットショーで顕著であるが、どちらも圧倒的に女性を対象としている。

第三の点は、放送制度の特異性と関係している。それらは相互に類似なあり方をするよう強いられる一方で、またある相違も示している。それゆえ北アイルランド紛争は、北アイルランドと英国のその他の地方ではかなりことなる形で報道されたことをバトラーは指摘している（Butler, 1995）。同様に、シュレージンガー、マードック、エリオット（1983）は、北アイルランド理解のためにつくられたラディカルなドラマは政治的コンセンサスをこわすことになったという。マクネール（1988）は冷戦を理解する仕方にたいする異議申し立てをふくむ見解は、視聴率のピークをはずれる時間帯か、マイナーな番組のなかで出現することを認めており、シュレージンガーとタンバー（1994）は、チャンネル４はしばしば他局とはことなるフレーミングでニュース報道をすることを報告している。

このように英国における放送は、ウェストミンスターの議会で示されるコンセンサスによって強力に形づくられているが、それ以外の影響力にもある程度まで開かれている。このことが公共放送の両義性を説明する。完全にそれによって規定されてはいないものの、放送は政治的エスタブリッシュメントの一部なのである。

包囲下にあるシステム

一九八〇年代と一九九〇年代に保守の急進派は公共放送を攻撃した。時期よしと思われたのである。首相マーガレット・サッチャーも個人的に改革に好意的であった（Thatcher 1995）。影響力のある一部の保守系新聞はBBCにたいしてきわめて批判的であったし、メディア・ロビーも放送の規制緩和に向けて圧力をかけていた（Goodwin 1999, O'Malley 1994）。一九八〇年代と一九九〇年代のイデオロギー的風土は都合よいものであった。自由市場思考は圧倒的な力をもち、BBCは行政の官僚制機構が進歩と啓蒙のエージェントであると見られた時期が去ったのを感じていた（Scannell and Cardiff 1991）。新しいコミュニケーション技術の台頭は稀少な電波帯を管理するために規制が必要であるとする従来の議論の基礎を掘り崩していた。「公共放送の正当性の根拠などもはや存在しない」と政府の白書は宣言していた（National Heritage 1992: 15）。

この事態のなかで公共放送にたいする正面攻撃は失敗するが、その理由は内閣、議会内の保守党、そして視聴者の支持をえられなかったからである。高級文化と市場価値の間でかなり早くから戦略的妥協を作りあげていたので、英国の公共放送は人気があった。さまざまな妥協にもかかわらず、政府から独立しているという世評をえていたので、公共放送は尊重されていた。高い質と水準を維持していることで、保守からも左翼からも高く評価されていた。そして、たぶんなによりもこの理由から、ネオ・リベラリズムの攻撃にさらされた福祉国家の他の制度よりも、公共放送はうまく生き残ったのである。公共の福祉に役立つ公的制度は維持するという英国の集合主義的政治文化は存続しているのである（Curran 1998）。

しかしながら、公共放送はさまざまな仕方で弱体化された（Leys 1999）。キーとなる決定は多様性を提供し質を保障する目的からケーブル・テレビと衛星テレビが除外され、ＢスカイＢのばあいは番組制作が免除されている。これらの部分的に規制緩和された放送局は、放送制度全体にたいしてより市場指向になるように次第に圧力を強めている。この圧力を最前線で受けているのは公共放送の民放であるチャンネル３（ＩＴＶ）である。一九九〇年の「ライト・タッチ」規制部局によりＩＴＶの抵抗力は弱められ、「自由化」はこのチャンネルを貧弱にすることで終わった。ＩＴＶの市場価値への降伏は午後七時から一一時までニュース抜きで広告を沢山流す時間帯を設けるために、夜のメイン・ニュース番組をやめるという一九九九年の決定に象徴されている。この決定のすぐあとで、チャンネル４からマイノリティ番組を放送することが発表された。

この忍び寄る市場化は新しい仕方での放送の自立性の侵食である。一九九〇年以前の民間放送にたいする規制は、一部の放送スタッフにたいしては、重要な番組をつくるためのかなりの幅の自由がもてるようなポケット・スペースをのこしていた。これらのポケットはしだいに小さくなり孤立したものになってきている。それと同時にサッチャー時代のＢＢＣの生き残り戦略は集中化と管理の増大を含んでいたが、それはスタッフの自立性を減少させるものであった（Barnett and Curry 1994, Curran and Seaton 1997）。制作チームにあたえられたかなりの幅の自由というイギリスの放送における質の源泉は、急速に枯渇させられている。

イギリスの新聞は規制がなくまたほとんどが私的所有下にある点で放送とはことなっている。その結果、新聞は放送とはことなる仕方で英国社会の権力構造に関係している。

このことを考えるに先立ち、新聞の構造についてかんたんにふれておこう。大部分の諸国の新聞制度とちがって、英国の新聞は地方紙より全国紙が支配的である。全国的に頒布される新聞は日刊紙の全発行部数の三分の二を数える。この支配的な全国紙は一〇の日刊紙と九の日曜紙からなっている。この多様性はさらに二つの特徴をもたらす。全国紙は現在もきわめて強い競争下にあり、「威信」市場向けの少数部数の新聞（ブロードシート紙）と大衆市場向けの新聞（タブロイド紙）とに両極化している。

英国の近代新聞は政党システムから成長した。一九四〇年代と一九五〇年代には、その忠誠が二つの主要政党に向けられているが、かなり広い論調の幅を持つ党派的新聞がまだ存在していた。これらの新聞の全体的方向は当時のリベラル・コーポラティズム的な合意によって強く影響されており、一九六〇年代にピークに達するジャーナリストの自立性とプロフェッショナル意識によっても影響されていた。新聞はこのようにしてこの国での世論のバランスをおよその形で反映し、党派性を強めることにはならなかった。私的に所有されていたが、新聞は民主主義体制と密接なつながりを保っていた（Curran and Seaton 1997, Kross 1984, Seymour-Ure 1996, Williams 1997）。

しかしながら、新聞のこのような政治的様相は、主として左派系および中道系に位置していた少数部数で民衆的新聞の廃刊の結果変化したのである。一九六〇年代以後、新聞の多くは巨大コングロマリット企業により買収されあるいは分散化された。編集コントロールもより中央に集中され、ジャーナリストの自立化の傾向は逆転している。これらの変化の意味は一九七〇年代の中頃になると明らかになるが、この時期に新聞ははっきり右派寄りで党派的になったのである。新聞は一九七〇年代後半のサッチャー的動員に貢献し、一九七九年の総選挙という目標に向かっていった。これが約二〇年間にわたるなんら立ち向かうものの存在しなかった保守党支配の時期の始まりであり、この期間に多くの全国紙は政府への対立者の立場よりも旗振りの役を果たしたのであった。新聞は反労働組合的立法、民営化、減税政策を熱狂的に支持した。じっさい、大企業に所有される新聞は、大企業の利益を受けいれる政党と政治プログラムを支持した。

この右側への移行が世論風土のなかでの変化よりも新聞の所有とコントロールにおける変化に支えられていることは、編集と世論との間のギャップが拡大したことに示されている。一九七九年から一九九二年までの四回の総選挙で保守党は四四パーセント以上の得票をえることはなかったが、保守党系新聞は日刊全国紙の発行部数の六四パーセントから七八パーセントまでの間に達していた（Seymour-Ure 1996: 217-18）。保守党系新聞の発行部数上のシェアはこの時期の得票率よりも五〇パーセントほど大きかった。

競争のはげしい市場のなかで、世論からのこのような乖離はいかにして可能だったのだろうか。その答えのひとつは、タブロイド紙が政治よりも愉快さを優先させていたことである。もちろん、民衆紙でのパブリックな出来事の報道は全紙面に占める割合において減少した。タブロイド紙は「攻撃的ジャーナリズム」のスタイルを洗練させたが、これは右派政治と娯楽を融合させたものであった。タブロイド紙の聖戦《ジハド》は、非正規入国者、サッカーのフーリガン、労働組合活動家、コネ利用者、黒人の強盗（のちには暴徒）、アイルランドの爆弾テロリスト、馬鹿な左派、同性愛者、麻薬常習者、幼児性倒錯者など、あいつぐ公共の敵に向けられた。しかしタブロイド紙は抜け目なく過度に福音宣伝的な形態をとらないようにしていた。企業文化の徳を賞賛する論説は掲載されたけれども、これらは企業指導者たちを引きつける企てによって支えられていたわけではなかった。

第二に、新聞市場は見かけほどには競争的ではない。一九九五年には5グループが全国紙発行部数の九六パーセントを支配している（National Heritage 1995）。この寡占状態は高い参入コストにより保護されている。一九八〇年代中頃の新しい印刷技術の導入後でさえも、新しい全国紙の発行には二千万ポンドが必要とされるのである。その結果、巨大な資本と専門的経営知識を蓄積していないグループにより発行され独立系の地位にとどまっている全国紙は一紙もない。

第三に英国の新聞は、その株式所有者の介入よりももっと広い範囲での影響にさらされている。それは外部の政治展開、ニュース源をめぐる競争、プロフェショナリズムについてのジャーナリストのセンス、読者の好むものの知覚、社会のより広い文化パターンによって形づくられる（Curran 1998, Tunstall 1996）。このことは一部の新聞の内部でイデオロギー的緊張と視点の相違を招来させ、そのことがことなるタイプの読者へと新聞を届けることを可能にしているのである。

グローバル化

多様な影響にさらされていることはまた新聞の変容を説明する。全国紙と保守党との関係は一九九〇年代にはぎくしゃくしてきた。これは主として保守党の組織内で、おもにヨーロッパへの対応をめぐって、内部分裂が生じている結果である。それはまた読者の間で増大しつつある幻滅、保守党内で「空洞化」が進行しているというジャーナリストの認識により、程度を強めている。

しかしこのぎくしゃくした関係は、直接的というより間接的な仕方で、グローバル化がメディアと社会の両方に影響を与えていることを説明する、予想もされない帰結を生じさせている。「現在の傾向はグローバル化であり、だれもがどこででも「ダラス」や「ダイナスティ」を見るであろうし、あるいはオリンピック競技を同時に見るであろう」(Katz 1996, 26) という紋切り型の想定はイギリスの経験と合致していない。英国のテレビは大幅に国内的なままである。ＩＴＶ、チャンネル4、チャンネル5はＩＴＶ規制によりその番組のうち六五パーセントをヨーロッパ域内制作のものにするように求められているが、ヨーロッパ域内制作はじっさいには英国制作を意味している。国内制作番組の比率はＢＢＣではもっと高い。これらのチャンネルを合わせたものは英国におけるテレビ視聴の大部分をなしている。全国紙はその内容でも系列でもさらに英国的である。英国の新聞は慣行的にその読者は英国人であると想定している。そして彼らは主として英国内で生じたことに関心をもっている。彼らは他の英国人と一体感を持っている。全国紙の一部はオーストラリアとカナダに本拠をもつ二つの多国籍企業により所有されているが、この二紙はじつは英国でもっとも国民的なタブロイド紙（「サン」）とブロードシート紙（「デーリーテレグラフ」）である。グローバル・メディアによる所有は国際化と等置されるわけではない。

しかし、グローバル化は英国のメディアが活躍する政治環境を作り変えることによって、英国メディアに影響を与えている。グローバル資本主義の発展は組織化された労働側を弱体化させ、新しい労働党政権に労働の柔軟性と教育改革がグローバル市場という新しい現実に適応する最善の方法であると確信させた。しかしグローバル化は組織された保守主義をも掘崩しつつあり、その統治における弱さ、国際金融市場による政府とは正反対の判断に直面するばあいの政府の通貨切り下げ阻止の努力の無力、本来の支持層を保護できないことなどを暴露しつつある。これらの理由からグローバル化は民主主義的政権を弱体化し、政治システムをその階級的繋縛から解き放つのを助けている。

グローバル化はまたこの古い秩序の制度的基盤を不安定にさせている。その鍵となる変化は一九九七年の総選挙のなかで生じたが、労働党は新聞の発行部数でみると保守党よりも多くの支持を得たのであった (Scannell and Harrop 1997)。このことは第一には、労働党指導者トニー・ブレアと英国新聞界の大物ルパート・マードックの選挙前の求愛関係の結果である。一九九六年に、保守党がメディア・コントロールの独占解体を過度に進めるという誤りをおかし、それを労働党が予想外にも攻撃したとき、ブレアはマードックにかれの利害に敏感であることのシグナルを送っていたのだ。マードックは未来の約束されている若い労働党指導者にたいして過度なまでの賞賛で応えた。あれやこれやの交流は英国最大の発行部数をもつ「サン」紙が一九九七年総選挙で保守党への忠誠を新労働党へのそれへと切り替えたときピークに達したのであった。

マードックは彼に先行する支配的な新聞界のバロンたちとはことなっている。オクスフォード大学で教育を受けたオーストラリア人で現在はアメリカの市民権をもち、地球を取り巻くメディア帝国の頂点に立っているが、彼は世界市民なのである。ノースクリッフ、コードレー、ビーヴァブルック（三人とも閣僚経験者であった）あるいはケムスレー卿のような過去からきた新聞バロンなどの人物とはちがって、ウェストミンスターの議事堂に姿をあらわさない。右派的な見方をする世界的な実業人で、英国の保守党とは感情的・家族的・社会的なつながりをもたない。ブレアとの堅いつながりも、企業人的金銭感覚と読者から一歩退いたローカルで市場に友好的な政治家との間でのプラグマティックな組み合わせにすぎない。

それはメディアにとっても英国政治にとっても決定的な時点であった。一方では、それは、コントロールはできないが影響力は与えることのできるナショナルな権力システムの現実に適応している、グローバル・メディア市場での主要なプレーヤーを示していた。他方では、国民国家の指導的政党が組織された労働の議会でのウイングであったことから、北米型のプロフェッショナルのマシンへと移行するのが見られ、ブレアの労働党は企業勢力の理解を得たいと熱烈に望んでいる。マードックのメディア帝国の台頭に代表されるグローバル・コミュニケーションにおける技術変化のスピードは、増大しつつあるグローバル化による経済圧力と文化シフトに適応しようとするブレアのような政治家に見られるナショナル・レベルにおける政治変化のスピードと並行している。メディアと政治の相互依存はかつて見なかったほどダイナミックであり、もはや国民国家の枠組みのなかだけでは分析できない。しかし、そのどちらの理解にとっても、まだ不可欠の出発点に立ったにすぎないのである。

（1）　新しい労働党指導部に共感を示していた経済ジャーナリストで「オブザーバー」編集者であるウィル・フットンでさえ、ブレアたちが短期間「係争物保管人的資本主義」（Hutton 1996）の観念をもてあそんだけれど、金融市場が彼らを受けいれていないのが明らかになったとき、彼らがそれをさっさと放り出したのをみていた。有名であるが内容のない「第三の途」の概念はブレアと彼の同僚たちが一九九八年に大々的に取り上げたものであるが、ロンドン大学教授のアンソニー・ギデンスの名によって箔をつけられていたというのは、本当である。しかしながら新しい労働党の考え方をさらによく示しているのはシンクタンク「デモス」の創設者であり初代所長のジョフ・ミュルガンの貢献で、かれは企業パワーの論理への適応が当然とされ歓迎される世界のなかで、社会生活の些細なことではなくなった「革新的な語り方」の研究を進めた。一九九八年にミュルガンは政権のフルタイムの助言者になるために「デモス」をやめている。

（2）　もちろん議員たちは変化した権力システムと相互に因果関係をもっている。陣笠議員たちの役割は前列の議席に座る古手議員たちの力が縮小されたときに、また議会がテレビとラジオによってパブリック・フォーラムとして置き換えられたときに、報われたわけではない。（労働党の陣笠たちの状況は一九九七―九八年にとくに痛々しかったが、それは下院での与党の議席が非常に大きかったからである。党幹部たちは、悪魔はすることのない手には仕事をつくってやるということをよく理解していたので、議員たちを選挙区で仕事をするように送り出した）。ドングリの背比べから抜け出し、党指導部になにがしかの影響力を効かせるためには、私的な手段をもたない議員たちは、ビジネスの世界で対等な地位にいる人たちと同程度の収入レベルに達する方法を見つけなければならない（ほぼ三倍にすることである）。そのばあい、円環は完結する。政治での成功的地位は市場での成功的キャリアを求めたのである。

文献

Barnett, S. and Curry; A. (1994) *The Battle for the BBC,* London: Aurum.

Beer, S. (1981) *Britain Against Itself. The Political Contradictions of Collectivism,* New York and London: Norton.

Blackwell, T. and Seabrook, J. (1985) *A World Still to Win: The Reconstruction of the Post-War Working Class,* London: Faber.

Butler, D. (1995) *The Trouble with Reporting Northern lreland,* Aldershot: Avebury.

Chapman, R. (1992) *Selling the Sixties,* London: Routledge.

Commission on Social Justice (1994) *Social Justice,* London: IPPR.

Curran, J. (1987) "The boomerang effect: the press and the battle for London 1981-6," in J. Curran, A. Smith and P. Wingate (eds.) *Impacts and Influences,* London: Methuen.

Curran, J. (1990) "Culturalist perspectives of news organizations: reappraisal and case study," in M. Ferguson (ed.) *Public Communication,* London: Sage.

Curran, J. (1997) "Television journalism: theory and practice. The case of Newsnight," in P. Holland (ed.) *The Television Handbook,* London: Routledge.

Curran, J. (1998) "Crisis of public communication: a reappraisal," in T. Liebes and J. Curran (eds.) *Media, Ritual and Identity,* London: Routledge.

Curran, J. and Seaton, J. (1997) *Power Without Responsibility,* 5th edn, London: Routledge.

Dalton, R. (1990) *Challenging the Political Order: New Social and Political Movements in Western Democracies,* Cambridge: Polity,

Deacon, D. and Golding, P. (1994) *Taxation and Representation,* London: John Libbey.

Denver, D. (1989) *Elections and Voting Behaviour in Britain,* Deddington: Philip Allan.

Dowmunt, T. (1997) "Access: television at the margins," in P. Holland (ed.) *Television Handbook,* London: Routledge.

Dunleavy, P. (1997) "The globalization of public services production: can government be 'best in world'?," in A. Massey (ed.) *Globalization and Marketization of Government Services,* London: Macmillan.

General Household Survey (1988) London: Office of Population and Census Statistics.
Giddens, A. (1998) *The Third Way: The Renewal of Social Democracy,* Cambridge: Polity.
Glasgow University Media Group (1976) *Bad News,* London: Routledge and Kegan Paul.
Glasgow University Media Group (1980) *More Bad News,* London: Routledge and Kegan Paul.
Glasgow University Media Group (1985) *War and Peace News,* Milton Keynes: Open University Press.
Glyn, A. and Sutcliffe, B. (1972) *British Capitalism, Workers and the Profits Squeeze,* Harmondsworth: Penguin.
Goodwin, P. (1998) *Television Under the Tories,* London: British Film Institute.
Graham, A. (1997) "The UK 1979-95: Conservative capitalism," in C. Crouch and W. Streeck (eds.) *The Political Economy of Modern Capitalism,* London: Sage.
Hall,W.and Weir,S.(1996) *The Untouchables: Power and Accountability in the Quango State,* London: The Democratic Audit of the United Kingdom/The Scarman Trust.
Hobsbawm, E. (1998) "The death of neo-liberalism," *Marxism Today,* November-December, pp. 4-8.
Hoggart, R. (1957) *The Uses of Literacy,* London: Chatto and Windus.
Holland, P. (1997) *The Television Handbook,* Londont Routledge.
Hutton, W. (1996) *The State We're In,* London: Quartet Books.
Jacques, M., Mulhern, F. and Hobsbawm, E. (1981) *The Forward March of Labour Halted?,* London: New Left Books.
Katz, E. (1996) "And deliver us from segmentation, *"Annals of the Academy of Political and Social Science",* 546: 75-92.
Koss, S. (1984) *The Rise and Fall of the Political Press,* Vol. 2, London: Hamish Hamilton.
Leys, C. (1999) "The public sphere and the media: market supremacy versus democracy," in L. Panitch and C. Leys (eds.) *Global Capitalism Versus Democracy,* Rendlesham: Merlin Press.
Lindley, R. (ed.) (1994) *Labour Market Structures and Prospects for Women,* Manchester: Equal Opportunities Office.
Livingstone, S. and Lunt, P. (1993) *Talk on Television,* London: Routledge.
Mackintosh, M. and Hulme, D. (1998) "Public management for social inclusion," in M. Minogue, C. Polidano and D. Hulme (eds.) *Beyond the New Public Management,* London: Edward Elgar.
McNair, B. (1988) *Images of the Enemy,* London: Routledge.

Middlemas, K. (1980) *Politics in Industrial Society,* London: Deutsch.

National Heritage, Department of (1992) *Future of the BBC,* London: HMSO. National Heritage, Department of (1995) Media Ownership, London: HMSO.

Nolan, Lord (1995) *First Report of the Committee on Standards in Public Life,* London: HMSO.

O'Malley, T. (1994) *Closedown?,* London: Pluto.

Panitch, L. (1976) *Social Democracy and Industrial Militancy: The Labour Party,the Trade Unions and Incomes Policy 1945-1974,* Cambridge: Cambridge University Press.

Panitch, L. and Leys, C. (1997) *The End of Parliamentary Socialism: From New Left to New Labour,* London: Verso. Polito, A. (1998) *Cool Britainnia: Gli Inglesi (E Gli Italiani) Visti da Londra,* Rome: Donzelli.

Power, M. (1997) *The Audit Society: Rituals of Verification,* Oxford: Oxford University Press.

Rhodes, R. A. W. (1994) "The hollowing out of the state: the changing nature of the public service in Britain," *Political Quarterly,* 65(2): 138-51.

Rose, N. (1993) "Government, authority and expertise in advanced liberalism," *Economy and Society,* 22(3), August: 283-99.

Scammell, M. and Harrop, M. (1997) "The press," in D. Butler and D. Kavanagh, *The British General Election of 1997,* London: Macmillan.

Scannell, P. (1996) "Britain: public service broadcasting, from national culture to multiculturalism," in M. Raboy (ed.) *Public Broadcasting for the 2lst Century,* Luton: Uni-versity of Luton Press.

Scannell, P. and Cardiff, D. (1991) *Serving the Nation,* Oxford: Blackwell.

Scharpf, F. W. (1991) *Crisis and Choice in European Social Democracy,* Ithaca, NY: Cornell University Press. Seymour-Ure, Colin 1997, The British Press and Broadcasting Since 194S, Oxford: Blackwell.

Schlesinger, P. (1998) "Scottish devolution and the media," in J. Seaton (ed.) *Politics and the Media,* Oxford: Blackwell.

Schlesinger, P. and Tumber, H. (1994) *Reporting Crime,* Oxford: Clarendon.

Schlesinger, P., Murdock, G. and Elliott, P. (1983) *Televising Terrorism,* London: Commedia.

Shaoul, J. (1999) "Economic and financial context: the shrinking state?" in S. Corby and G. White (eds.) *Employee*

Relations in the Public Services, London: Routledge.
Thatcher, M. (1995) *The Downing Street years*, London: HarperCollins.
Timmins, N. (1995) *The Five Giants: A Biography of the Welfare State*, London: HarperCollins.
Tracey, M. (1982) *A Variety of Lives*, London: Bodley Head.
Tunstall, J. (1993) *Television Producers*, London: Routledge.
Tunstall, J. (1996) *Newspaper Power*, Oxford: Clarendon Press.
Williams, K. (1997) *Get Me a Murder a Day*, London: Arnold.

第八章　脱西欧化の文化座標：オーストラリア

スチュアート・カニンガム
テリー・フルー

オーストラリアのメディアはハイブリッド的な性質を示しているが、その主流をなす部分ではイギリス的構造とアメリカ的構造の交錯から形つくられている。公共サービスの原則に忠実な放送と「第四身分」的なジャーナリズム・エトスが、厚かましいポピュラーな商業的セクターと並んで存在していて、このポピュラーな商業的セクターは放送と印刷メディアの分野でも支配的である。このすでに確立されている雑種的な主流に、重要な新しい要素が付け加えられている。今日の進歩派主導の政治と多文化主義の諸政策のひとつの結果として、アップダウン的な統治の戦略に従ってユニークな専門編成放送（ＳＢＳ）が台頭する一方、これらの発展は有料放送サービスの導入やテレコムなどの関連する産業の規制緩和とともに、さらに進んだマス・メディアの商業化と並んで存在している。そしてコミュニティ放送セクターではボトムアップ的な諸々の創意への支持も続いている。

とくにルパート・マードックのニューズ・コーポレーションが今日の日刊紙市場の七〇パーセントを押さえて

いるように、印刷メディアの分野で見られるメディアの高度な集中にもかかわらず、また諸々の技術の収斂と対応したパワーのさらなる集中が明白であるにもかかわらず、オーストラリアのメディアはその雑種的性格を顕著に示し、ダイナミズムを示している。また、メディア・パワーのブローカーたちと国家とのあいだでの相互作用の様式においても権力(パワー)の分割共有についての暗黙裏の手続きがあるにもかかわらず、オーストラリアのメディアはダイナミックであり、この手続きはオーストラリアのメディア政策にたいしてつよいコーポラティズム的特色をあたえ(このことはまた他の分野においても特徴的であり、労働党政権(一九八三―一九九六)と労働組合運動とのあいだの協定にもみられる)ていて、そして公然たるクローニー関係、チャドウィックが政策形成における「メディア・メイト」アプローチと呼んだもの(Chadwick 1989)にもかかわらずダイナミックである。イギリスの流刑地であり前進植民地としてのもともとの地位やその住民の多くがもつ「ヨーロッパ指向」にもかかわらず、またオーストラリアはしだいにアジア地域の一部として自己アイデンティティをもつようになっている。オーストラリアのメディアの行動と慣行がどのていど東洋の諸国や諸文化のそれとの連続体のうえで位置づけることができるか、また位置づけるべきであるかは、メディア研究の脱西欧化プロジェクトのなかで、ひとつのケース・スタディとして扱われることができるだろう。

文化の諸座標

「オーストラリアが近代化すると、それは興味深いものでなくなる」と論じることもできようが、このばあい興味深いというのは、インターナショナルな文化的知識人にとってであり、人類学のオーディエンスにとってである(Miller 1994: 206)。一九世紀末や二〇世紀初めのオーストラリアを「興味深く」していたのは、ひとつは移住した白人入植者の植民地文化にたいして原住民である人びとのプレ・モダンな文化が示すラディカルな相違であり、もうひとつにはヨーロッパの啓蒙時代の諸理想を移植できるかもしれないというユートピア的信念である。一九九二年にオーストラリアの高等裁判所がマボ（Mabo）判決を出すまでは、オーストラリアでは住み着いた人々によって、イギリス刑法が有効とされていたのである。同じように、オーストラリアが国際的関心をひくとしたら、メディア・アウトプットにおいては小さなものとはいえないが、ポスト・コロニアルで多文化的社会としての出現しつつあるプロフィルのゆえであり、これはポスト・モダンな「組み替え」文化であるが、グローバルな文化交流のなかで行動するのに適したものだからである。

社会的・文化的な近代は、オーストラリアでは部分的にしか実現されなかったが、このことがオーストラリアをグローバル化とポスト近代に向けて素早く方向転換するのにつごうよい社会にしたとアンドルー・ミルナーは論じている（Milner 1991）。

> オーストラリアは、けっして完全に産業化されたことのない社会においてのみ可能となる速度で、ポスト産業化へ向けて発射された。歴史上でゆたかでない社会ではほとんど想像できないような仕方で消費主義へ向かった。影響力のある敵対的な高級文化のいかなる抵抗とも国内でであうことなく好き嫌いのポピュリズムへと向かった。長い期間の先行する経済的従属のパターンによってマルチナショナルな後期資本主義への統合に、容易に向かった。ヨーロッパ以後にいる、ポスト・ヨーロッパの段階にいるという感覚に向かっているが、遠方にある帝国の急速な衰退によって、知的にも想像のうえでも未知のアジアの海を突如として漂流することになったヨーロッパ人移住者の植民地にとって、まったく都合のいいことなのである（Milner 1991: 116）。

オーストラリアのメディアがグローバル化とポスト・モダンの文化交流のなかである種のダイナミズムを有する理由をミルナーは指摘しているものの、彼の説明は一面的である。オーストラリアには近代化を強く推進する諸制度と諸構造があったし、近代主義的な国民形成のプロジェクトから出現する、三つに分かれた枝をもつ政府の介入主義的な国家への信頼があったのである。

このようにオーストラリアのメディアは、近代的性格とともにポストモダン的性格を示しているのである。中心をなす公共放送のオーストラリア放送公社（ＡＢＣ）はその設置法に書かれている、国民としての市民意識と「共通文化」を作り出す手段としての機能を果たそうとすると同時に、衛星テレビ放送、ニューメディア、それにともなう強力なマーケッティングを通じて、アジアの新しい市場で商業的・企業的な諸々の機会を利用することを必要としている。

一九八〇年代の巨額な製作費用を投じた「イベント」的テレビ番組、歴史もののミニシリーズは、商業ネットワークで人びとの人気をさらうと同時に、オーストラリアの歴史での決定的な諸時期についての大衆の記憶を再活性化する、国民形成のエトスを帯びさせられていた（Cunningham 1993）。映画製作への財政援助の政策もまた批評家たちの好評と商業的成功を、国民大衆の意識を国民的アイデンティティに向けさせる機会に結びつけたいという願望によって影響されていた。とくに「はりだし岩でのピクニック」や「調教師モラント」など一九七〇年代の時代ドラマにこのことは顕著である（Dermody and Jacka, 1987, O'Regan 1997）。

ロス・ギブソン（Gibson 1992）は、ヨーロッパとアジア、国内と世界、古いものと新しいもののあいだで、正反対のものを結びつける仲介としてのオーストラリアの両義的な性格を、次のような印象的な表現で描いている。

二〇〇年間にわたって、南の国は西洋の写し絵であった。一方では、オーストラリアは「ヨーロッパ的社会」であり、植民地の開始と発展についてはは利用できるすべての記録によって、このことは示される。しかし他方では、この社会とその住民たちは、西洋においては空想的で別の世界に属するものとして理解されていて、オーストラリアのイメージは奇妙な仕方で二重化されている。西洋人は、魅惑的な仕方で異国的なもの、思うとおりにならないもの、オーストラリア幻想と出会うときに、自分自身を認識することができる。西洋人たちは南の国で「自宅でくつろぐ」ように感じることはできるけれど、しかしこの土地はまたヨーロッパ的な憧れと不安とを投影するスクリーンにもなるので、オーストラリアは、どのような社会あるいはどのような個人であれ、それによって「自宅でくつろ」がせてくれる諸々の前提と満足を、疑ってしまうのである。

一九八六年製作の映画「クロコダイル・ダンディ」の国内的だけでなく世界的でもかちえた成功（この映画はオーストラリア映画史上で最高の収益をあげている）について論じながらミーガン・モリス（Morris 1998）は、文化的なナショナリズムと世界的映画産業の経済学とのあいだの諸々の緊張を切り抜けるような映画のもつ「オリジナリティのなさの積極性」に注意をむけている。オーストラリア文化の派生的性格（イギリスの前進植民地でアメリカのこじき）をその利点に変換させ、現代の世界的映画産業の要求にうまくあっているが、その一方でナショナルな映画という「土地勘」も身につけている「遺伝子組み換え的」な文化的産物を生み出すオーストラリア文化のダイナミズムを「クロコダイル・ダンディ」がどのように模範的な仕方で示しているかを、モリスは明らかにしている。

オーストラリアの映画とテレビは、国際的なメディア市場での成功条件がおしつける「アメリカ人として演技する」ことの程度についての重要な研究の事例を提供している（Caughi 1990）。トム・オレガン（O'Regan 1993）はオーストラリアのテレビの「二つの顔」についてふれているが、オーストラリアでは国内製作のコンテンツに一定の枠を保障するという政策的体制のもとで、輸入された低価格の番組は国内での番組製作に交互的補助金をあたえることになっており、またそこではオーストラリアの番組の製作と受信は、産業の輸入／輸出の力学によって深部から形づくられている。この力学は、最も大当たりする国際的モデル（アメリカ、そして少し程度はおとるがイギリス）と対照して基準を設定するが、しかしまたそこではこの産業の経済はヨーロッパ、アジア、南太平洋、北アメリカの放送業者たちの番組編成にたいして、低コストのあいまふさぎの小番組（filler）として輸出することのできるような一群の番組を生み出させているのである（Cunningham and Jacka, 1996）。

オーストラリアのテレビシステムはヒットする低予算番組を製作する才能を生み出してきたし、この理由から世界中で（よかれあしかれ）ある名声を手に入れた。今後のよりオープンなグローバル化された視聴覚システムのなかで、ヨーロッパのテレビ番組製作が「オーストラリア」的未来をもたらすのでないかということに、ときおり懸念が示されている。「問題はヨーロッパの番組製作産業がオーストラリア的なやり方の後を追うことになるかどうかである。アメリカのテレビ番組を模倣し、そうすることで国際テレビ番組の市場のグローバル化と均質化を刺激することである」（de Bens et al 1992: 94）。ニュージーランドではまた、オーストラリアのテレビはアメリカ文化のトロイの木馬だという見方もされている。「オーストラリアの番組は移植されたアメリカ番組にすぎない…。テレビ番組の国際化の結果として、オーストラリアのテレビネットワークはすでにすすんで「アメリカ生まれの」番組とスタイルとを採用しているのである」（Lealand 1990: 102）。

ナショナルなものとインタナショナルなもののあいだの諸々の緊張のオーストラリア的解決に特徴的なことは、ポピュリスト的契約である。ニューズ・コーポレーション社のトップであり、世界的なメディア王たちのパンテオンに貢献しているただ一人のオーストラリア人であるルパート・マードックは（たとえかれが一九八五年以後は合衆国の市民であるとしても）、ときとしては「情報サーカスの出演指揮者」としての立場で（Shawcross 1992）、反エスタブリシュメントの立場をとり、ポピュリストの信念にブラシをかけるのは、よくしられたオーストラリア的なシャープな行動のせいだとされている。

このことはとくにイギリスにおいて明白で、イギリスではマードックは新聞と衛星テレビの分野で大きな影響力をもっているが、スターTVの乗っ取りによりアジアを通じても影響力を増大しつつあり、またアジア、東ヨーロッパ、インドでのテレビの拡大と商業化のなかで目立っている。ランビィとオニールはかれらが次のように指摘したとき、ニュースにおけるオーストラリアとのつながりに注意を向けている。

　一般に理解されている意味でのタブロイド・テレビという言葉は合衆国で生まれた。しかし、だれもまだアメリカ人の文化帝国主義について叫ぶ以前に、これについて考慮されるべきである。アメリカ人がこのジャンルを育てたとするなら、その生みの父はオーストラリア人なのである（Lumby & O'Neil 1994: 152）。

オーストラリアのメディアの構造

オーストラリアのメディアは、国家の助成金と規制と、経済的な諸手段によると同様に政治的な諸手段による市場の構造化にもかかわらず、商業的・私有セクターの利害と論理の優越によって特徴づけられている。オーストラリアの放送は一九六〇年代に始まる、公共的サービス・セクターと商業セクターの「二重システム」の歴史をもっていて、公共サービス・セクターと商業セクターはAクラス放送とBクラス放送と呼ばれていて、このことはハイブローとローブロー、ニュース番組と娯楽番組、というオーディエンスのそれぞれへの期待と対応していた（Johnson 1988)。一九八〇年代はじめに、この構造に専門番組編成で多文化的な公共放送事業者であるSBSがつけくわわり、SBSは一九九二年からは政府からの助成を広告収入で補うことを認められ、一九九〇年代には（ケーブルテレビ、衛星テレビ、マイクロ波によって配信される）有料テレビとコミュニティ・テレビが認められたが、後者は大都市を市場とし、残されていたわずかな地上波用の電波帯をもちいて配信されている。SBSは創意にとみ質の高い放送として国際的にも非常に注目を集め、「スリムで、ハングリーで、効率的な、明日のポストモダンなテレビ」（Martley 1992: 200）といわれ、カナダのコミュニケーション理論家ダラス・スミスは「これまでどこのテレビ番組でも出会ったことのないような創造的なつくり方」（in Moore 1990: 57）といっている。一九九〇年代後半には、オーディエンスのシェア占有率で、ABC（一二―一五パーセント）とSBS（一―三パーセント）が一四から一八パーセント、既存の三つの商業テレビ・ネットワークが八〇パーセントのシェアを占めるというテレビ放送の生態分布が存在している。それにくわえ三つの有料テレビ放送（フォクステル、オプタス・ヴィジョン、およびオースター）のオーストラリア家庭への浸透は一五パーセントに達している。

印刷メディアの所有においては高度な集中がみられ、ニューズ・コーポレーションは日刊紙市場の七〇パーセント以上を支配している。ニューズ・コーポレーションの競争相手ははるかに小規模で、分立を深めつつある。フェアファックス側は市場のおよそ二二パーセントを所有しており、二つの旗艦的な高級紙「エイジ」と「シドニー・モーニング・ヘラルド」の所有を通じて、またビジネス日刊紙「オーストラリア・ファイナンシャル・レビュー」の所有を通じて、戦略的な地位を占めている。しかしながらフェアファックスは世界的な怪物であるニューズ・コーポレーションと、オーストラリア国内だけだが攻勢的なパッカー一族のクロス・メディア・グループに次第に挟み撃ちされていて、パッカー一族は主要なテレビ・ネットワークの「ナイン」を支配し、また利益の多い雑誌市場では支配的な位置にある（雑誌市場でのシェアの割合は、パッカー一族の企業であるPBLが四六パーセント、ニューズ・コーポレーションが二六パーセントである）。パッカーは多メディア間にまたがる所有政策の変更が正当であるとされたときに、フェアファックスの買収に大きな関心を示した。多メディア間にまたがる所有および外国人による所有への法律の順応性は、メディア界の主要なプレーヤーたちにとって、技術的および企業的な集中に着手されるとき、しだいに戦略的な争点となっている。

映画の配給と上映も高度に集中化されている。「ヴィレッジ・ロードショウ・ディストリビューター」、「ユナイテッド・インタナショナル・ピクチャー」、「コロンビア・トライスター」、「二〇世紀フォックス」の配給会社四社（そのうち三社は外国資本か外資系である）が市場の九〇パーセント以上を支配している。上映では、主要会社の大部分がオーストラリア人が保有している企業であるが、「グレーター・ユニオン」、「ヴィレッジ・ロードショー」、「ホイス」の三つの大手上映会社が大都市での上映のほとんどを行っており、映画館入場料の七〇パーセントを支配している。四番目に大きな会社、「ビーチ・キャロル・アンド・コイル」は地方に限定された会社であり、「グレーター・ユニオン」によって完全に株を保有されている子会社である。「グレーター・ユニオン」は「ヴィレッジ・ロードショー」の最大株主でもある。そして「グレーター・ユニオン」、「ヴィレッジ・ロードショー」、米資の「ワーナー」は、上映市場でのより大きな分け前を求めて合弁企業を始めている。

映画産業の配給部門での反競争的な慣行には長い歴史があり、上映業者たちはアメリカ人所有の配給会社の力がじつじょうアメリカ・メジャー映画会社の諸戦略の外で活動するのを不可能にしていると主張し、またオーストラリアでの映画配給はアメリカ、日本、そして大部分のヨーロッパ諸国よりも集中化されているので、アメリカ系配給会社は映画配給で強奪的な条件を引き出すことができるのだと主張していた。このことはもっぱらオーストラリア国内での配給と上映へと周辺化されている国内での映画製作にかんして、二〇世紀を通じて取り上げられ続けるテーマであったことを意味しているし、またそこでは歴代の政府が外国所有の映画会社の塹壕に立てこもるパワーを、仲間に入れたり配給規制をするよりも、制作支援をめぐり介入する立場をとる歴史があったことを意味している。

それゆえ、オーストラリアの映画制作は大体において、公的政策と公的資金の産物なのである。文化的ナショナリズムのテーマのさまざまな変種が、いつでもこのような支援の核心であり続けてきた。このような文化的ナショナリズムは、時期によってその見方を変えてきた。一九七〇年代のオーストラリアの映画は、オーストラリア人が「自分たちの物語を語り、自分たちの夢をみ」させるという見方から、一九九四年に労働党キーティング政権の文化政策の宣言である「創造的国民」の希望に満ちた文言までいつの時代でもみられ、「われわれが自らの文化遺産と才能についてを確信をもっているかぎり、他の文化的影響に開かれていてもなにも恐れることはない」とされ、「文化はわれわれの最も知的な輸出品である」(Keating, 1995: 6) とされていた。

オーストラリアにおけるメディアと権力

メディアと権力の関係への関心は、オーストラリアのメディア研究でしばしばくりかえしとりあげられるテーマである。このテーマは政治経済学アプローチの伝統と強く結びついているが、オーストラリアでは、政治経済学と文化的ナショナリズムの間に強い歴史的な関係があったのである。このテーゼによると、オーストラリアは、政治的および経済的にイギリスの「クライアント国家」であり、そして二〇世紀にはアメリカがイギリスの地位に入れ替わったので、農業、鉱業、観光の分野をのぞいては、強力な自国産業を発展させることができなかった。このことは、オーストラリアのエリートのあいだに一種の従属(文化的な卑屈)の感情を内面化させ、彼らはオーストラリアの文化を世界の中心的大都市の産物よりも劣っていると判断している、というのである（Bukvidge 1988, Crough and Wheelwrighe 1983, Wheelwright and Buckley 1988）。マードック、パッカーや彼らの後継者などメディア・バロンにたいするポピュリスト的な反感があり、アメリカのポピュラー・カルチャーの影響への文化ナショナリストの対流的傾向があり、オーストラリアの政治指導者たちとかれらの「メディア・メイト」との深いつながりへの猜疑が存在している（Chadwiclc 1989,Pilger 1989）。一九九〇年代のＡＢＣで最も人気の高い番組のひとつは「メディア・ウォッチ」であったが、この番組は、続いていた大部分の期間、ある有名な王室弁護士によってリードされていて、かれはかつて改革運動家の放送記者であったのだが、ニュースは操作されており、シンジケート化されており、必要があれば所有者その他のエリートのつごうのよいやり方でニュースは押さえ込まれてしまうということを、法廷弁論のような調子で主張しそれとともに、第四権力の質がどれほど低下しているか具体的な例を挙げて示す、というのが内容であった。

しかしながら、政治経済的アプローチでの分析にあたっては、オーストラリアのような周辺的な、第二世界の国家にみられる具体的な諸条件を考慮に入れる必要がある。グローバル・システムのなかでのオーストラリアの周辺的・従属的な位置は、グローバル化され商品化された資本主義的回路にたいする諸々の代替案を発動させるための戦略は、諸々の制度や、もっと一般的には国民国家のような諸々の限界にもかかわらず、ナショナルな仕方で基礎をもつ諸制度を、進歩的で平等的な政治的諸目標を実現するための媒介物として強化することを含む、ということを意味している。

公共放送はポイントとなるケースである。多くの他のこのような諸制度と同様に、ＡＢＣは広く共有されている公式文化、質と非商業主義との結びつき、ぶざまな官僚主義体質、統合主義的アプローチをとっていること、などでは批判されるかもしれない。のみならずＡＢＣはオーストラリア的な情報と文化のエコロジーの基本的な気取りを残しており、国際的な問題を明白にオーストラリア的なパースペクティブで、国内や地方ニュースのパースペクティブに同時に押し込めてしまうナショナル・ニュースに、それはよくみられる。ＡＢＣのテレビとラジオの放送のなかでの自国コンテンツへのこだわり、国内製作番組の利用のなかで多様性を増やし、プロデューサーの自立性を推進していることは、商業放送からＡＢＣを鋭く区別させている。商業放送の番組の戦略はしばしば輸入された素材にブランドをつけなおし、新しいタレントやアイデアを提供する窓であるよりも、ネットワークのスターたちをいつまでも流通させるというものである。その歴史の多くの年月を、一九九〇年代をつらぬいて、強力な政治的反対者との消耗戦と公然たる攻撃は、この国のなかでのその戦略的かつ進歩的地位の証拠である。

同じように、政治経済学的アプローチの伝統からの批判者たちは、経済的グローバル化と多文化化というコンテクストにおいて、オーストラリアにおける進歩的未来は「国民をこえる」ことを必要とする（e.g. Castle et al, 1998）し、「国民なしのコミュニティ」を達成することであると主張するとき、専門編成放送（ＳＢＳ）のような「ポスト・ナショナル」意識が代表している最も持続的で重要である文化フォーメーションが、どの程度まで、まさしくそれらが国民的関心のうちにあったという理由から、多文化的で少数集団への配慮を推進する政府のナショナルな政策から直接に出現してきたものであるかを、無視している。

諸々のナショナルなレトリックは、これらの社会批判家たちには明瞭にイデオロギー的なものに見えるかもしれないが、近年の出生の日付をもち、きわめて強い説得力のあるテクノロジーと経済の刻印をもつ国際化に向かっている強力な諸々の命令に対しては、完全に無力である。ナショナルな文化の下部構造なしには、それはまたそれを支える有効なレトリックなしには、活気をあたえるコミュニティの源泉、国内的・地方的・エスニックな文化活動は貧しいものになってしまう（Cunningham 1992: 43）。

政治経済学アプローチは、グローバル化とニューメディアから生じてメディアに押し寄せている諸変化は、既存の権力の源泉を変化させたり掘崩すよりも、現存する権力構造の存続に大きく役立っているという（Garnham 1997, Mosco 1995）。このことは次の一連の問いを開き、これらの問いはカルチュラル・スタディーズにおいてとくにに強く進められているのであるが（Hell 1986, Hartley 1986）、権力をトップダウンに作用するものと理解するのは適切であるかどうか、権力はもっと拡散したものとして、フーコーのいうようにさまざまな社会関係のレベルのなかで毛細管として作用していると考えられる必要があるのではないか、というものである。メディア研究とカルチュラル・スタディーズにおけるオーディエンスの起源へ関心が向けられて二〇年の後、また諸々のメディア・テクストの潜在的な多意味性への関心のあとで、私たちがメディアと権力について新たに考えようとするなら、少なくともコントロールしている諸利害、メディア・プロデューサー、オーディエンス／消費者のあいだでの権力関係については考えるに値するし、これら三つのカテゴリーはそのものとして均質でないし、媒介関係のなかで先行して決定されていることもない。

シドニーとメルボルンという人口ハブ（オーストラリア人口の約四五パーセントをかぞえる）の外にいるオーストラリアのテレビのオーディエンスが番組編成や制作に影響をあたえる力は、過去一〇年間のあいだに確実に縮小し、このことは地方的な感性を求めるレトリックによって支えられた番組編成のより大きな集中をともなっていて、それがこの国の非大都市圏に対応するアクチュアルな番組編成の喪失を隠している。

他方、より若い人口セグメント（とくにティーン・エイジャーと一八歳から二四歳の年齢集団）で明らかになっている傾向は、以前ほどはテレビを見なくなり、その分インタラクティブなコンピュータ・ゲームに親しむというものである。このことがテレビ放送の未来にとって意味するかもしれないこと、とくに一九九〇年代の視聴パターン、つまり夕方の早い時間帯のニュース番組の視聴率の低下は、メディア所有者とプロデューサーたちがつねに対応しなければならない権力の移行なのである。おなじように、新聞購読層の急激な縮小（これは世界中の先進国のどこででもみられるパターンであり、過去四〇年以上にわたり一貫して続いている）は、新聞の性格に根本的な変革を求めている。オーストラリアでは新聞市場のうちタブロイド紙の部分はほぼ完全に新しく生じた雑誌市場に移行してしまった。新聞は一貫して市場から引きあげる動きにあり、のこりの市場のなかでは急速なセグメント化がみられる。大部分の新聞は、少なくともかれらの活動のかなりの部分を、一九九〇年代中頃から非常に活発ないくつものホームページを開設するとともに、完全にオンライン版の新聞へとクロス・オーバーさせるポジションをとっている。他方、新聞経営者たちはひたすら印刷メディア内にいることから外にでることを強いられ、そのアウトカムは企業ごとに異なっている。

もちろん、このことのどれもメディア・パワー連続体の所有者側の端での権力の諸源泉を大きく変化させるものではない。それ自身の模範的なグリッドのなかでは政治経済学アプローチは正しい。世界の多くの国での経験ともつじつまがあうのは、既存のメディア・オーナーたちがリスクを分散させインターネットの商業的な潜在力のなかで、突破する「最初の動き手」となるためにニューメディア市場のなかでポジションをとったことである。マードックのニューズ・コーポレーションは二番目に人気のある商業テレビ「ネットワーク7」の戦略的株主となり、有料テレビ「フォックステル」の二大株主の一方となることで、印刷メディア界での支配をうち立てた。(フォックステルもまた会員制テレビの唯一のプレーヤーではないにせよ、支配的な存在として新しい有料テレビ産業の不可避なシャエイクアウトから出現し、好位置につけている)。ニューズ・コーポレーションは会員制テレビと諸々のオンライン・サービスによって支配的なテレコム・キャリアであるテレストラ社と高度に戦略的な提携へと動く一方、パッカーの「ネットワーク・ナイン」はオーストラリア・オンライン・サービスの配信のためにマイクロソフトと合弁会社を設立している。

そしてはなはだアイロニカルなことに、ニューズ・コーポレーションのような支配的プレーヤーたちは彼らの目的のためにアクティブ・オーディエンスや消費者主権のレトリックを早くから用いたのである。(たとえばニューズ・コーポレーションが一九九七年にオーストラリアでのメディア所有規制と法の再審理にさいして提出した報告は、消費者たちがこれら企業の生産物に費やす時間で測るとき、メディア会社のリストのなかでニューズ・コーポレーションの位置は低いことを示すのを目的とする研究を含んでいた。このような形の測定はもちろん偏ったものであり、ニューズ・コーポレーションで発行している「ジ・オーストラリアン」のようなエリート・メディア、大都市向けで全国配布の高級紙が読者数は少なくても行使できる影響力をもつことを巧みに隠すものである)。アクティブ・オーディエンスというメディア研究のチャンピオンが消費者主権という経済合理主義のチャンピオンとどこで不吉な形で合流するか、また諸々の企業的利益による乗っ取りにどこに弱点をもつか、示している。

オーストラリア政府は、強力なメディア所有者の機嫌をそこねないように特別な仕方で肩入れをし、このことは二大政党のどちらの色彩も帯びたのである。　商業放送については、一九四〇年代後半にこのような影響力のあるメディアを公的機関が手中にしていることの重要性について緊迫した論争が交わされた後で、商業利益によるロビイングは政府に支配的商業テレビを承認させた(Curehdys 1986)。マードックは、一九八〇年代初めに新しいメディア所有制限に従って、売却を求められるのを避けるため、「テン・テレビ・ネットワーク」のコントロールを彼の「祖父」に委ねたとき、マードックは保守党政権から便宜をはかられたのであった。一九八七年の労働党ホーク政権のメディア所有法の変更は、ネットワーク・コントロールの力を強固にし、シドニーとメルボルンにおけるその集中化を不可避にした。また一九九七年に保守党のハワード政権はメディア所有法を変更しようとしなかったのは、オーストラリアの二つの支配的なメディア有力者のパッカーとマードックに、かれらは互いに和解できない拡大戦略をもっているので、そのどちらをも潜在的に支援することができなかったからであると、論じられている。近年、両党のあいつぐ政権の閣僚たちによりくりかえされてきた（マードックやビル・ゲイツなどの）メディア王たちの歓迎レセプションは、世界の地理的・政治的周辺に位置する小パワーは「強力な友人」（この表現は二〇世紀にはじめはイギリスに、後にアメリカにたいするオーストラリアの外交姿勢を語るのに用いられたもの）を必要とするという現在の認識を示しているが、これは正確でなくて、むしろ出現しつつある知識－情報に基礎をおく未来産業を必要とする、ということであろう。

脱西欧化するオーストラリア

非西欧のメディアシステムのさまざまな経験についてのもっと多くの基礎的知識が必要とされており、それは私たちに諸々の地域間や世界での情報をあたえてくれるような今日の状態の比較を可能とするような諸モデルを用いることである。シーバートその他（Siebert et al 1956）やマクウェール（Mcquail 1987）によりかなり前に展開されたモデルの時代遅れと不適切は、今日では明らかである。今日の世界の諸地域をまとめて考えるには西と東というカテゴリーでのくくりも不適切であるが、それはこのくくりが規範的な西洋モデルから引き出されたひとつの軸の上で、諸地域を相対的に均質でありまた区分できるものとして扱うからである。よりパワーのあるモデルでは、植民地的、帝国的、そしてポスト植民地的という線に沿っての区分であるかもしれないが、このばあいには区分は西欧、ポストコロニアル、コミュニスト、ポスト・コミュニストというものになろう。東アジア地域は、中国、北朝鮮、ビルマ（ミャンマー）、ラオス、カンボジア、ベトナムなどの社会主義・共産主義の国と、日本、韓国、台湾、タイ、インドネシア、シンガポール、マレーシア、ブルネイ、フィリピンなどの資本主義国に分けられよう。これらの国の多くははっきりと植民地化された歴史をもっている。ベトナム、ラオス、カンボジアはフランスによって、ビルマ、ブルネイ、シンガポール、マレーシア、香港はイギリスによって、フィリピンはスペインとアメリカによって植民地化されていた。またこれらの国の近代史は、第二次大戦中にこうむった日本による占領の強いインパクトがみられる。植民地化の時代に、「欧米によって」植民地化されたことがない国（日本、中国の大部分、台湾、タイ）も多くのばあい、経済開発モデルによって、政治・行政の組織によって、西欧モデルから強い影響を与えられている。このルールの明白な例外は中国である。

東アジア地域の諸国をこのモデルで整理してみたばあい、オーストラリアはこのモデルのどこに位置するのだろうか。このように試みることは、ケース・スタディ・フォーマットのなかで、メディア研究の方法論にとって、中心的な諸問題を開示することになる。オーストラリアがアジア地域においてもっとも西欧的な国であるとして、プレスの自由と第四身分についての西欧的でリベラル多元主義的モデルの限界が、この地域において、この地域の慣行のなかで考えられたオーストラリアとともに、はたしてどこまでの有効性をもつかを知るのは、興味深いことである。またアジア人移住者や難民たちのオーストラリアへの移住（「アジアのなかのオーストラリア」というテーマのうち「オーストラリアのなかのアジア」の側面）、このような人口移動が生じさせる国家の諸政策とメディアの対応は、西と東という大まかな地政学的なカテゴリー化（最貧国化した「第四世界」や中核、準周辺、周辺の諸国民の関係をふくめ）のがたつきの例を提供するし、メインストリーム・メディアの限界や、それにたいする諸オルターナティブを示すのである。

文化システムとメディア・システムにおける「アジア的諸価値」の観念は、政治と文化の自由化にはきびしい制限を維持する一方で、経済の自由化を強化する政治的エリートの表現として、問題視されるかもしれない。にもかかわらず、（権力にたいして）敵対的メディア・文化を推進している西洋の「アジア的諸価値」批判は、またこの批判は反社会的な諸価値の広まりにたいしてあまりにも楽観的であるように思われるが、これは一部のアジア諸国の政治エリートによって共有されるとともに西洋の広汎な人々によっても共有されている。この立場での議論は、それは世界のうち発展途上地域での国民形成の至上命令であるにすぎず、それがニュースのなかでの「非西欧的」なコミュニタリアン的価値を正当化し、日本、韓国、シンガポールのような指導的経済のなかで、メディアにたいする確固としたコミュニタリアン的アプローチがみられるのを説明するというのである。

リベラル民主主義のなかでの理想的な西欧的メディア慣行が存在するというのは正しくないし、また世界の他の諸々のメディア・システムの大部分は存続できなかったか、願望のモデルとしてもたれているというのも正しくない。多くのばあいリベラリズムと多元主義の理想は、西欧でふつうに見いだされるものよりずっとラディカルなメディア改革のモデルを生み出すのがつねであった。他のばあいでは、開発コミュニケーションを擁護する洗練された持続的な議論があり、公然とした敵対的で野党的なジャーナリストのスタイルでの批判があり、西洋メディア内での男性的個人主義と暴力の誇張がある。世界での政治と経済についての報道を重大な仕方で歪曲している西洋メディアにより行使されるイデオロギー的宣伝的コントロールを基礎にして、チョムスキー(Chomsky and Hermon: 1985)により提出されている分析の諸要素が正しいなら、たんに自由・対・統制という対立ではなく、西洋的および非西洋的ニュース製作センターと彼らにたいするコントロールの諸方法と、このコントロールに異議を申し立てるポテンシャルとのあいだで、対立が存在するのである。

ジャーナリストの好意を買うことができる程度とその好意を誘い出すため用いられる方法とは、この地域では、直接の賄賂からもっと手の込んだやり方まで連続する線上にあるが、インドネシアのジャーナリズムにみられる「封筒カルチャー」は、ジャワふうの贈り物慣習から、西洋の大部分の新聞とはいわないとしても、多くの新聞でのライフスタイル、自動車、ワイン、不動産、雇用、旅行などの部門でひろくみられる広告的記事

(advertorial) のコンテンツへと、通じているのである。同じように、開発ジャーナリズムと開発コミュニケーションのエトスは「発展途上」世界だけに特有というわけではない。それは西洋諸国においても見いだされ、とくにそれらは企業が国際的市場に象徴的かつ財政的に自分たちを投入する能力をもつに至るとき、さまざまな場面でみられる。最近のＡＢＣのオーストラリア・テレビ衛星と地域ケーブル放送（一九九三－九七）は「第二競技場外交」の一形態として進められ、そのニュース製作の指針は開発ジャーナリズムの諸価値を反映している (Cunningham & Jacka 1996: 205-13)。多文化主義がオーストラリア国家の公式政策として、ＳＢＳの表現と編集の活動のなかで直接に推進される程度に応じて、またそれよりもすくないがＡＢＣのなかで推進される程度に応じて、また間接的にはこれら企業でのアファーマティブ・アクションと雇用機会の均等を通じて、このことは開発的な国民形成のエトスと市民的寛容の推進を強く示すのであるが、それはアジア諸国で実施されている社会的に巧みにつくられた人種的多元主義との連続体のなかに位置している。

メディア中心的な見方でなくもっと広い社会的な見方をするなら、オーストラリアのメディアについて（とくにアジアのいくつかの国においての）、攻撃的な野党的立場、や、政府から独立し敵対的な関係にあるというイメージにかかわらず、オーストラリアのメディアは、この地域、つまり東南アジア地域の国々のなかでは、主要な革命も公然たる脱植民地化のたたかいも経験しなかったわずかな国々のひとつに存在している、ということに注意が向けられてよい。このことは、この地域の諸メディア・システムとの関連で、今日のオーストラリアのメディアの分析をおこなおうとする研究者にとって、重要な意味をもっている。

驚くべきことだが、（政府にたいし）敵対的であることにプライドをもつ国として、オーストラリアは本物の「抵抗的」ないし「野党的」なメインストリーム・メディアの例を、ほとんどもっていない。政治家たちやその他の政府高官たちとの論争や対決を強調しているにもかかわらず、オーストラリアはこの地域において、本物の革命をもたず、植民地的過去を徹底して拒否することのなかったごく少数の国のひとつなのである。対決のレトリックの背後に安易な現状維持の受け入れが（住民のうちの大部分には）みられるように思われる（Berry et al, 1996: 218-19）。

ABCが最近になってではあるが、アボリジニ市民とトレス海峡諸島の市民につい積極的に報道し雇用機会の平等をとりあげ強力に社会的問題としていること、オーストラリアの公共圏で多文化主義を活発に広めるうえでのSBSの役割をのぞくと、（周辺的で劣悪条件におかれている住民にかんする）抵抗的ないし代替的な問題提起は、コミュニティ・メディアのなかでしか、たいていは非英語のビデオ作品の分野にしか、みられない。この論文の結論をだすにあたってオーストラリアのアジア系の諸コミュニティ・メディアのケースについて考えよう。

オーストラリアは、地球上でもっとも多文化的な国のひとつであり、イスラエルに次ぐ世界第二の移民国家であって、人口の比率でも人口の四〇パーセントが外国生まれであるか、両親の少なくとも一方が外国生まれである。一九四七年に、オーストラリアの人口は七六〇万人で、そのうち外国生まれは九・八パーセントにすぎなかった。外国生まれの人たちの九〇パーセント以上は、イギリスとアイルランド出身であった。一九八〇年代中頃までに、外国生まれの人は全人口の二一パーセントに増大し、また自分はオーストラリア生まれだが両親のどちらかあるいは両方が外国生まれという人もまた二〇パーセントに達している。第二次世界大戦後オーストラリアの人口増の半分以上は、外国からの移住によるものであり、国別内訳の変化みると、最初はイギリスとアイルランドからの移住者が圧倒的に多かったが、その後はヨーロッパ東部または南部からの移住者が増え、一九七〇年代以後はアジア、アフリカ、アメリカ大陸、中東からの移住者が多くなっている。この状況に対応するために、オーストラリア政府は一九七〇年代後半から多文化主義の政策を公式に採用し、この政策のために国家的援助を印象的な陣容として組織し、テレビとラジオの両方を放送している特別編成放送（ＳＢＳ）もそれにふくまれていて、この放送局は多文化主義を反映するだけでなく、その宣伝を推進することを目的としている世界でも数少ないメジャーな公共放送局である。

しかしながら、オーストラリアでの最も大きな移住者集団は、歴史的には、イギリスーアイルランド系である。本当にたくさんの移住者や経済的、政治的難民のコミュニティがある（現在、一〇〇以上の言語を話す一五〇以上のエスニック集団がある）。過去五〇年以上にわたり、いくつものはっきりした「移民の波」があり、初期の一部の移住者集団は一世代以上前に首尾よく定着に成功したが、多くのアジア系の集団は、まだこの途についたばかりである。そしてどの個別の集団もその成員数が相対的に少ないことが、少数の支配的（非英語的バックラウンドの）集団の批判的大衆が、たとえば合衆国でスペイン語を話す人々がヒスパニック・カルチャーを形成したようには、インパクトを与えさせなかったのである。オーストラリア人は公式の多言語政策を通じて（カナダのケースのような）「強度の」文化的多様性を経験していない。ヨーロッパにおける主要国の諸言語の近接ゆえに、かなりの文化的混合がひきおこされたこともない。日常生活、政治世界、社会の公的レトリックにおいて先住民たちに特別の便宜がはかられたこともなく、同様に多数の先住民のいる社会であってもニュージーランドとは先住民への対応がかなりちがう。さらに、ビデオやポピュラー音楽のような最もポピュラーな文化形態よりも、フォークロア的なものや文学に焦点をあわせがちな政府の諸芸術団体から、諸々の多文化的な文化形態への直接の補助金提供の歴史を、つけ加える必要がある。そしてＳＢＳのような「公式の」コンテクスト外の諸ゾーンにあるコミュニティ・ラジオその他をのぞいて、あとにのこるのはメディアにおける文化的多様性の名目のもとでの、相互間の距離と、単一の公式言語ゆえの理解不可能なのである。ジャムロジクその他（Jamrozik, et al,

1995）が示しているように、オーストラリアにおけるメインストリーム・メディアを含めての単一文化勢力の砦は、いまなお挑戦されるべきもののままなのである。

それゆえ、諸々のアジア系の人々のコミュニティは、文化の維持と重要な仕方でメインストリームの消費に置きかえる支配的ホスト・カルチャーとの交渉とを目的として、あるメディア環境を形成したのである（Cunningham 1997）。ヴェトナム人移住者たちのばあいは、合衆国に基盤をおくビジネス企業製作の音楽ビデオの「グローバルなアウトカスト」のアウトプットへのアクセスという形をとっている。中国人たちのコミュニティでは、生産物はニュース、映画、連続テレビドラマの番組を提供する専門編成の会員制放送と、中国映画館を通じて可能になっている。これより人数の少ない諸集団のばあいは、メディア環境は、一週間ごとの最近のテレビドラマのビデオテープの郵送、夜の映画会、コミュニティにファンをもつスターのコンサートなどで、イニシャティブをとる中間的人物を通じて作られている。メインストリームのメディア環境は一〇〇万人をこえるコミュニティのなかにいるアジア系オーストラリア人について考慮に入れることをまだ始めていないのである。

文　献

Appleton, G.（1991）“How Australia sees itself: the role of commercial television,” in Australian Broadcasting Tribunal, *Oz Content: An Inquiry into Australian Content on Commercial Television,* Vol.3, Sydney: Australian Broadcasting Tribunal.

Berry, C., Birch, D., Dermody, S., Grant, J., Hamilton, A., Quilty, M. and Sen, K.（1996）“The media,” in A. Milner and M. Quilty（eds.）*Australia in Asia: Comparing Cultures,* Melbourne: Oxford University Press.

Buckridge, P.（1988）“Intellectual authority and critical traditions in Australian literature 1945 to1975,” in B. Head and J. Walter（eds.）“Intellectual Movements and Australian Sociey, Melbourne:Oxford University Press.

Castles, S., Kalantzis, M., Cope, B. and Morrissey〜M. (1988) *Mistaken Identity: Multiculturalism and the Demise of Nationalism in Australia,* Sydney: Pluto Press.

Caughie, J. (1990) "Playing at being American: games and tactics," in P. Mellencamp (ed.) *Logics of Television: Essays in Cultural Criticism,* Bloomington and Indianapolis: Indiana University Press. Chadwick, P. (1989) *Media Mates: Carving Up Australia's Media,* Melbourne: Sun Books.

Chomsky N. and Herman, E. S. (1988) *Manufacturing Consent: The Political Economy of the Mass Media,* New York: Pantheon Books.

Crough, G. and Wheelwright, E. S. (1983) *Australia: A Client State,* Sydney: Allen and Unwin. Cunningham, S. (1992) *Framing Culture: Criticism and Policy in Australia,* Sydney: Allen and Unwin.

Cunningham, S. (1993) "Style, form and content in the Australian mini-series," in J. Frow and M. Morris (eds.) *Australian Cultural Studies: A Reader,* Sydney: Allen and Unwin.

Cunningham, S. (1997), "Floating lives: multicultural broadcasting and diasporic video in Australia," in K. Robins (ed.) *Programming for People: From Cultural Rights to Cultural Responsibilities,* report presented by RAI-Radiotelevisione Italiana in association with the European Broadcasting Union.

Cunningham, S. and Jacka, E. (1996) *Australian Television and International Mediascapes,* Cambridge: Cambridge University Press.

Curthoys, A. (1986) "The getting of television: dilemmas in ownership, control and culture 1941-56," in A. Curthoys and J. Merritt *Better Dead than Red: Australians First Cold War 1945-19S9,* Vol. 2, Sydney: Allen and Unwin.

De Bens, E., Kelly, M. and Bakke, M. (1992) "Television content: dallasification of culture?," in K. Siune and W. Truetzschler (eds. for the Euromedia Research Group) *Dynamics of Media Politics: Broadcast and Electronic Media in Western Europe,* London: Sage.

Dermody; S. and Jacka. E. (1987) *The Screening of Australia.* Vol. 1: Anatomy of a Film Industry, Sydney: Currency Press.

DoCA (Department of Communications and the Arts) (1994) *Creative Nation: Commonwealth Cultura／Policy,* Canberra: Australian Government Publishing Service.

Garnham, N. (1997) "Political economy and the practice of cultural studies," in P. Golding and M. Ferguson (eds.)

Cultural Studies in Question, London: Sage.

Gibson, R. (1992) *South of the West: Postcolonialism and the Narrative Construction of Australia*, Bloomington: Indiana University Press.

Hall, S. (1986) "Cultural studies: two paradigms," in R. Collins, J. Curran, N. Garnham, P. Scannell, P. Schlesinger and C. Sparks (eds.) *Media. Culture and Society: A Critical Reader*, London: Sage.

Hartley; J. (1992) *Tele-ology: Studies in Television*, London: Routledge.

Hartley, J. (1996) *Popular Reality: Journalism. Modernity.* Popular Culture, London: Arnold.

Jamrozik, A., Boland, C. and Urquhart, R. (1995) *Social Change and Cultural Transformation in Australia*, Melbourne: Cambridge University Press

Johnson, L. (1988) *The Unseen Voice: A Cultural Study of Early Australian Radio*, London: Routledge. Keating, P. (1995) "Exports from a creative nation," *Media International Australia*, 76, May

Lealand, G. (1990) "'I'd just like to say how happy I am to be here in the seventh state of Australia': The Australianisation of New Zealand television," *Sites*, 21, Spring: 100-12.

Lumby, C. and O'Neil, J. (1994) "Tabloid television," in J. Schultz (ed.) *Not Just Another Business: Journalists, Citizens and the Media*, Sydney: Pluto Press.

McQuail, D. (1987) *Mass Communication Theory*, London: Sage.

Miller, T. (1994) "When Australia became modern" (Review of *National Fictions*, 2nd edn) *Continuum*, 8(2): 206-14. Milner, A. (1991) *Contemporary Cultural Theory*, Sydney: Allen and Unwin.

More, E. (ed.) (1990) *TV 2000: Choices and Challenges*, Sydney: Australian Broadcasting Tribunal. Morris, M. (1988) "Tooth and claw: tales of survival and *Crocodile Dundee*," in M. Morris *The Pirate's Fiance: Feminism. Reading. Postmodernism*, London: Verso.

Mosco, V. (1995) *The Political Economy of Communications*, London: Sage.

O'Regan, T. (1993) *Australian Television Culture*, Sydney: Allen and Unwin.

O'Regan, T. (1997) *Australian National Cinema*, London: Routledge.

Pilger, J. (1989) *A Secret Country*, London: Jonathan Cape.

Seibert, F. S,, Peterson, T. and Schramm, W. (1956) *Four Theories of the Press*, Urbana: University of Illinois

Press.
Shawcross, W. (1992) *Rupert Murdoch: Ringmaster of the Information Circus,* Sydney: Random House.
Wheelwright, E. L. and Buckley, K. (1988) *Communications and the Media in Australia,* Melbourne: Macmillan.

Ⅳ　民主主義的規制社会

第九章　グローバル化対政治経済：南アフリカ

ケイヤン・G・トマセリ

南アフリカにたいする経済制裁は、法律で定められたアパルトヘイトの消滅に続き、一九九〇年に終わった。一九九四年から、多国籍企業は、南アフリカ国内の諸メディア企業のなかで利益をえようと活動を開始した。南アフリカ国内の諸々の黒人エンパワーメント集団もまた、以前は白人の所有であったメディア企業の買収に動いた。この章で私は、これらの所有関係の変化、またそれと結びついたイデオロギー的な変化の見取り図を示そう。さらに私は、一九九六年末の時点で、民主主義と黒人が支配力をもつ資本にとってグローバル化のもつ意味を検討する。これらの重大な諸変化の背景は、次の観点から手短かに行われる。

○　対立する歴史的なイデオロギー：（オランダ人の末裔である）アフリカーナのナショナリズムと英国人のリベラリズム

○　黒人の非人種差別の諸運動から生じてきたこれらに反対する言説

○ アパルトヘイト廃止後の「国民形成」と「エンパワーメント」という新しい語彙のもとでのメディア

私は南アフリカのメディアが、諸々の異なる部門（セクター）にたいして示してきた歴史的な忠誠から論じることにする。このためには一九九〇年と一九九六年のあいだに生じる発展のコンテクストを説明する必要がある。

歴史的背景

一九九六年と年から一九九七年とのあいだの南アフリカの資本の運動は、プレスを、アパルトヘイト支持か反対かという、歴史に規定され極端にイデオロギー的でありまたアイデンティティ的な立場から解放した。アパルトヘイト下で、国民党（NP）が権力を握った一九四八年から、国民党が解放運動を合法化した一九九〇年までのあいだに、メディアはさまざまなファクションと融合していった。一九九四年の総選挙の後、国民統一政府派（GNU）の連立政権が政権の座に着いた。アフリカ人民族会議（ANC）は議会での多数を確保した。（白人の）国民党政権から黒人のGNU政権への移行にしたがい、自分たちの目標通りにメディア企業は、このアジェンダで利益を得たのである。アパルトヘイト廃止後のイデオロギー的移行は、一九世紀における南アフリカのイギリス人系新聞の経験と似ている。一九世紀の南アフリカの英語紙は、一般的にはリベラルな諸価値を、とくに言論の自由を主張した。言論の自由の哲学は、イギリスとヨーロッパの経済的発展に起源をもつものであり、その発展のなかでの政治的公共圏の合法化が、新聞を合理的で批判的な討論のフォーラムとして解放するのである。このことはメディアをしてイデオロギー的に偏らせる圧力を取り除き、初期のイギリスの新聞を論争に引き渡し、利潤の機会へと集中させるのである（Habermas 1989: 176）。

一九八〇年代後半まで、英語紙の所有は、一世紀にわたりイギリス系南アフリカ人によって所有されてきた鉱山業と結びついており、新聞への投資はイギリス人企業と結びついた諸階級の経済的優位を支えるものであった。しかし、早い時期に諸々の矛盾が出現していた。リベラルな編集者たちは、アパルトヘイトを非合理的で非能率的な経済システムだとみなすに至った。これにたいし鉱山業は、移民労働者であり地域的かつ職種的な差別のもとにおかれ労働力再生産の水準が低い、大量の労働力に依存していた（Lagassik, 1974）。同時に、しかしながら、アパルトヘイト期の諸抵抗運動の異なる諸フラクションは、メディアを所有する企業（利益）として再び出現し、反アパルトヘイト闘争のレトリックからみるといささか奇妙な仕方で企業としての政策を示したのである。

初期のアフリカーンス語の新聞は、（オランダ人の末裔の）アフリカーナの支配的な国民党の宣伝機関として出現した。この新聞は南アフリカのイギリス人の支配する資本に対立し、アフリカーナ人の資本蓄積を支援した。もともと保険や土地銀行投資などの形をとった金利生活者的資本が、いっそう農業部門の塹壕にこもり、強化し、保護するものであったので、アパルトヘイトは工業への投資を周辺的にする傾向が見られた。アフリカーナの資本は土地銀行と保険の分野で成長し、工業分野の企業でよりも農業に適したアフリカーナの活動のもとで成長した。このことは工業経済と結びついているリスクの文化が農業の経済の保守的態度と衝突するという、古典的な状況をつくりだした（Kemp 1985）。アフリカーナの国民党が、支配する政治的フラクションとして（アパルトヘイトという）塹壕に立てこもったのはこのコンテクストなのである（Muller 1987）。イギリス人資本とアフリカーナ資本のあいだにあるこの容易でない関係を維持していくために必要な作戦行動は、不可避的に黒人の利益を抑圧することになったのである。

アパルトヘイトの分析は、人種差別的な言説が、どのようにして政治的・社会的な諸慣行や諸々の国家の官庁機構へと「具体化された」かの研究を含んでいる。このことは、たとえば、言語／人種ごとに特化されているラジオとテレビの放送局において明らかであり、それら放送局の予定している区域は、それぞれ法律で定められた人種／エスニック的な「住民」集団の空間的境界に、バンツスタン（Bantustan）として知られている諸々の種族の黒人のホームランドに、ほとんど正確に対応している。各放送局は、それぞれの「人種」集団のうちから体制に編入された官僚たちによって運営されており、各放送局は「文化的な仕方で」屈曲させられた説明を伝え、アパルトヘイトの文法に従って処理されたバナキュラーな言語の放送をしている（R. E. Tomaselli et al, 1989）。この理由でアパルトヘイトの研究はまた、どのようにして人種差別的経済（Saul and Gelb 1980）が、特殊な政治－経済的、社会的また心理的な諸条件のなかで、そしてそれら諸条件は植民地主義、新植民地主義、そしてこの国家内の資本の諸セクションにより仕様づけられているのだが、出現したのかを検討することにしよう。一九九〇年以後の筋書きを特徴づけるアパルトヘイト廃止後の国民形成とエンパワーメントにかんする多様な言説の背景をなすものはこれであり、また議論されるべきものである。これらの擁護はアフリカ人民族会議の非人種差別（nonracial）の哲学とともに、アパルトヘイトに抵抗する初期の段階から出現していた。その主な諸段階について論じておこう。

対抗ヘゲモニー的な抵抗運動の起源

一九六〇年以後に、それぞれことなる局面で、三つの民衆的イデオロギーが異議申し立てを行った。最初のものは、一九七〇年代初めの「黒人の良心」（ＢＣ）である。一九七六年六月のソウェト蜂起は、一九八三年に結成される統一民主戦線（ＵＤＦ）の形成へ至る移行のはじまりをなした。ＵＤＦが次に、南アフリカ労働組合会議（ＣＯＳＡＴＵ）と提携して作る同盟は、大衆民主運動（ＭＤＭ）として知られるようになった。一九九〇年以後は、国内のＵＤＦの、復帰したＡＮＣへの合同である。これらの運動のそれぞれの歴史的段階は、アパルトヘイト廃止後のメディアとの結びつきのなかに、残っている。しかしながら、初期の抵抗はこれらの発展の背景として論じられる必要がある。

憲章運動

民衆のあいだでの協議の過程をつうじて作成された「自由の憲章」(Freedon Charter 1955) は、階級、エスニシティ、部族主義、言語、政治的立場をこえて、国内の人びとの意識を結びつける手段を提供した (Suttner & Cronin 1986)。これは、一九八〇年代に統一民主戦線によって採用される非人種主義として、後に出現するものにとって重要な時期である。非人種主義 (nonracialism) はまた一九九〇年代のネルソン・マンデラの和解の政策にとって里程標をなしていた。非人種主義は、積極的な社会的で政治的な倫理と一種のネガティブな概念化であるので、問題なしとはいえない。そのようなものとして、非人種主義は人種的、エスニック的、言語的、階級的な差異を示すものを、社会政治的で組織体の一体性の諸利益のなかで消しさってしまう、一種の反記号 (anti-sign) なのである。

「黒人の良心」──一九七〇年代

一九七〇年代初頭を通じて、「黒人の良心」が、一九六〇年のアフリカ人民族会議（ＡＮＣ）とパンアフリカニスト会議（ＰＡＣ）の禁止によってひきおこされた政治的・文化的空白を埋めた。たとえば、スティーブ・ビコにひきいられた都市の小ブルジョア黒人知識人たちは、一九七二年に黒人代表者会議（ＢＰＣ）を設立した。黒人による国産の抵抗の理論はアメリカのブラック・パワー運動を参考にし、フランツ・ファノンの理論とかみあわされていた。南アフリカにおいて、この運動の焦点は二つあり、ひとつは人種差別からの心理的解放であり、もうひとつは資本主義批判である。「黒人の良心」は運動系の新聞のなかでだが、メディア動員にかんして最初の重要な動きをなしていた（Rambenheimer, 1991）。

「黒人の良心」の指導者たちは「ボランティア・カードル」の世代に属していたが、かれらは自由憲章の作成にあたって、人々に広く解説を試みたのである。こうして自由憲章の中心におさまることになった非人種差別の原則は「黒人の良心」を台頭させた同じ闘争の場面から出現したパラレルな諸発展を元気づけた。自由憲章運動は一九八三年八月に統一民主戦線の結成となって結実をみる。中道左派から明白に社会主義あるいは共産主義に至るまでの白人グループや組織が、統一民主戦線の傘のもとで活動するようになったのは、この段階のことであった。

大衆民主的抵抗──一九八三年から一九九〇年二月まで

「黒人の良心」は、パンアフリカニスト会議とアザニア人民組織（ＡＺＡＰＯ）により支持され、黒人代表会議のあとをついで、人種が抑圧の決定的形態であると主張した。立場のちがいを明白にするため、統一民主戦線は、敵は白人ではなく、アフリカーナではなく、資本であるとする階級分析を展開する。アパルトヘイトは資本主義のひとつの特殊形態ないし歪曲された形態であると主張された。この形態は西欧の諸資本主義経済のなかにみいだされるものより、はるかに残酷な経済的階級的抑圧を生じさせている。しかしながら、アパルトヘイトから金融的利益を受けているこれら西欧諸国は、この分析によるとこのシステムの永続化のなかに巻き込まれているのである。

統一民主戦線は、人種的抑圧は支配的なものであるが、階級が決定的であると主張した。いいかえると、南ア国内のものであれ、国際的なものであれ、資本は人種差別的な資本主義を押しつけ、その資本主義は国際的圧力に応じてアパルトヘイトに移行するし、国内的な資本主義のちがいを生じさせる、と論じられたのである。資本の目的は、一方ではこの国の成熟した経済のコンテクストのなかで、持続的な利潤のくみ出しを容易にするためひきつづきアパルトヘイトを改良することであり、他方では、一九七二年以後労働運動にとっては諸要求と政治的権利を成長させることである。この分析から結果としてひきだされる黒人・白人をこえる人種的同盟はしばしば国内や外国のメディアにより隠されたものだが、メディアは非歴史的な人種のタームでの紛争のイメージを描くのを好んだのである。

階級をこえ、人種をこえ、文化をこえ、言語をこえる統一民主戦線連合は、アパルトヘイト国家が遅ればせながら工業資本の要求に対応し始めたときに生まれたのである。一九七六年のソウェト蜂起に促されて、国家はより広い世界経済からの孤立に耐えていきのびるために、工業資本の要求に適応しなければならないことを理解した。自由な労働市場や小売業市場の発展を促進するため人口流入の制限をやめること、「責任ある」労働組合運動の促進、都市の黒人にたいして政治および居住の権利の拡大などが、次の十年間に続いた。アフリカーナ資本とイギリス人資本は国家と交渉し、現存する秩序の変革ではなく、現存する秩序のなかでの変化をもたらし、文盲の移民労働者によって提供されるのではもはや適切ではない成熟した経済を再活性化しようとした（Stadler 1987: 3, 6)。

アパルトヘイトを廃止するのではなくその改良を行おうとする国民党の企ては、統一民主戦線がリードする大衆の民主主義的な反作用を引き起こした。その結果は一九八六年から一九九〇年二月までの、資本と国家双方にとっての、前例をみない危機だったのである。この時期は、黒人都市環境、メディア、言語、そして民衆の意志のコントロールをめぐる闘争を示している。統一民主戦線は国内での抵抗の全国的調整のセンターとなった。メディアが地方から全国レベルまでのコミュニケーションの動員手段として出現した（Tomaselli & Louw 1991）。

一九八四年の人種別議会（Tricameral Parliament）の開設とともに、公然たる反乱が生じた。（白人、カラード、インド人）の分離された別々の議会からなるこのフォームは、アジア系とカラードの人々に対しては、人種的に投票名簿にもとづいて議員が選出されたが、黒人は排除していたのである。政府は一九八六年に一部地域に緊急事態を宣言し、後にそれを全国に拡大した。一九八六年末までに三万人以上の活動家が緊急事態法により拘束された。この局面を通じて人々を結集させる文書として「自由の憲章」が再び浮上し、公式に指定されている人種カテゴリーのいかんを問わず、民主的な未来に向けて働きかけるため、すべての南アフリカ人に呼びかけたのである。

ナショナリズムからグローバリズムへ

富、教育、生活水準、諸々の社会的資源へのアクセスなどにみられる大きな不均衡は、すべての南アフリカ市民からアパルトヘイト廃止後のただひとつの意識（あるいはナショナリズム）を引きだす可能性にとって、気をくじくように大きな障壁をなしているようにみえた。他のどの要因よりもアパルトヘイトは、自由憲章が求めた最小限に均質的な公共圏あるいは「国民的文化」の発展を妨げたのである。

アパルトヘイトは、文化と言語の多様性を政治化し、はげしくしばしば相互に敵対的なエスニック意識の多様性を強化した。イデオロギー的には、左翼の左端に位置する「黒人の良心」やパンアフリカ人会議から反動的な白人右翼までの広がりに、このことは明らかであった。英語という例外をのぞいて、アパルトヘイト後の一〇の公用語は、これらエスニック集団に「ナショナルな仕方」で統一するような標識としては、かれらにコミュニティをあたえなかった。さらに、超国家化（transnationalization）にたいする「黒人の良心」に根強く残る敵意、とくにヨーロッパ中心的な諸価値への敵意がある。

地域的アイデンティティは、移行期を通じて主要な争点となった。地域的な言語をもち、エスニックな標識のついた諸コミュニティが、どのようにして、ナショナルな枠組みのなかで、はっきりした諸形態を提供できるのであろうか。人々は、これらの争点についての文化的な交渉を、人々のアクセスと結びつけることができるのであろうか。さしあたって、一時的であるとしても、ある整合的な南アフリカ主義が、諸々のナショナル・シンボルの戦略的管理から、とくにスポーツ・イベントに集中されたシンボルの管理から、発展したのである（Shepperson 1996）。

南アフリカ資本が、とくに黒人の印刷メディア資本が国際化されていく時期に、人々の知覚は、悪性の強い仕方で、地方主義的で警戒すべき外国人排斥的なものになった。技術的発展が経済のグローバル化にむかって作用するときに、印刷メディアと放送メディアの所有とコントロールでのこれと平行する展開が明らかになった。少数のメジャーな組織がメディアをコントロールし、南アフリカのニュースの話題を設定した。たとえば、有料テレビ放送であるエレクトリック・メディア・ネットワーク（M－Net）は、一九七八年に南アフリカ放送会社テレビ（SABC－TV）への広告導入の後、財政的な窮状からアフリカーンス語のプレスを救うために、一九八六年に設立された（Collins 1992）。じっさい一九九七年初めまでアフリカーナ資本に支配されていて、M－Netはとくに一九九〇年代以後には、アフリカ、ヨーロッパ、スカンジナビア、中東、ギリシャの市場に浸透したのである。

ポスト・アパルトヘイト期の印刷メディア所有権の諸局面

企業のコントロールについては二つの種類の問題が重要である。第一は、「株／権力の問題」である。これらの問題は「キーとなる位置にあるコントロール主体」と人的資源と物的資源のそれぞれにたいして最終的権威を行使する「オペレーショナルなコントロール主体」を同定させる。第二の問題は「構造／意思決定の問題」であって、キー的位置にあるコントロール主体とオペレーショナルなコントロール主体をともに制約する経済的および政治的な決定要因を同定する（Murdock 1982: 124）。

鉱山業資本の戦略的な動きは、一九九〇年以後「アングロ・アメリカン会社」（ＡＡＣ）と「ヨハネスブルグ合同投資会社」（ＪＣＩ）により開始された。これら財界トップの企業はヨハネスブルグ証券取引所（ＪＳＥ）と結びついていた。株取引を通じてアングロとＪＣＩは、英語系メディアの大部分を手に入れていた。選挙でのアフリカ人民族会議の圧倒的勝利は、たんにプレスの利益を守るだけでなく、かれらのもっと広汎な鉱山業界の諸利益の防衛を求めさせた。以下で論じられる資金的な動きは、資本がこの国のなかでの政権の移動に対応した仕方を明らかにしている。

一九八〇年代末のメディア部門は、南アフリカ放送会社（ＳＡＢＡｃ）、アルガス社（Argus holding Ltd）、タイムス・メディア（Times Medhia Ltd, TML）、そしてアフリカーナ系のペルスコル＝ナショナル・プレス（「ナショナル」紙）によって支配されていた。白人の支配するこの四つのプレス企業グループはまたM-Netをコントロールしていた。メディア環境はこのようにしっかりと管理され、広告、印刷、配達の仕組みもきっちり仕切られていた（Louw 1993: 159-80）。アパルトヘイト期のメディア・コングロマリットと他の南アフリカ資本グループのあいだには、このような複雑な関係が存在した。

一九九三年にアルガス社は、構造的な仕方で作用してくる国内での政治的変化と、世界での経済的変化に対応して、資本の再展開をはかるイギリス系ビジネス資本として構造再編を開始した。この目的を達成するために、グループの構成部分の売却によって、傘下の諸企業を「くくりから解いた」。「くくり解き」はまた、黒人エンパワーメントへのコミットメントをともなっていた。ここで理解すべき重要な点は、メディア・コングロマリットが選択的な「くくり解き」を企てることを選ぶにもかかわらず、その結果は構造的な諸過程を形づくる手段として、株主としてのコントロールにおいて変動をみることである。私は南アフリカの・メディアの株式所有によるコントロールが変化していくなかでみられるいくつかの局面を描くことにしよう。

局面1：ソウェト住民のための「ソウェタン」紙

アルガス社は黒人を読者とする最大の日刊紙「ソウェタン」の五二パーセントの株を、黒人所有の「アフリカ社」（コーポレート・アフリカ）に売却することで、「くくり解き」を開始した。「アフリカ社」の会長は一九七〇年代の「ソウェト一〇人委員会」の指導者のンタソ・モトラナ博士で、かれはネルソン・マンデラの担当医である。アルガス社は「新アフリカ出版社」（ＮＡＩＬ）の株の二〇パーセントを保持（別の七五パーセントはアフリカ社が保持）、印刷、広告、経営についてと同様に「ソウェタン」紙の株の四二パーセントを保持し、こうして株主としてのコントロールを保っていた(1)。

アフリカーナ所有の大保険会社であるＳＡＮＬＡＭは、一九九六年九月にアフリカ社の株の一七パーセントを保持していた。相互保険会社であるSANLAMは、一八八九年から一九〇二年の期間にイギリス人がアフリカーナの農業的な経済を破壊したあとで、金利生活者的性格の強いアフリカーナたちの資金的前貸を、歴史を通じて支援し強化してきた。さきにのべたように、経済権力をめぐる競争はしばしば奇妙な仲間を生じさせるのである。ロビン・マクレゴール(1996)は次のように書いている。

アフリカーナの台頭を通じて、大きくその触媒の役割を果たしたのはSANLAMであった。黒人実業家もまた同じ決定を示している。黒人実業家たちの資金的支援の必要にもっとも進んで対応した制度がSANLAMであったのには、驚くことはない。これは偶然の一致ではないのである。創設の初期に、きびしさのていどはずっと小さかったとはいえ、SANLAMもまた経済のメインストリームから同じような屈辱と排除を体験させられていたのである。

(アフリカーナと黒人の)資本の相互浸透のプロセスは、人々は客観的な活動の諸コミュニティのなかで、共通の目的を実質的に達成できるということを示している。物質的な闘争を通じて鍛えられるアイデンティティは経験の共有によるコミュニティをもたらし、たとえ歴史的には対立していても、より広い構造的条件が変化するときには、驚くような協力関係をもたらすのである。一九一〇年の連邦結成のあとでイギリス人とアフリカーナの諸企業は白人の支配する資本を全体として防衛するために、かれらの階級的差異を葬り去った。それにもかかわらず、彼らは主としてメディアを通じてイデオロギー闘争を続けていた。アフリカーナ系とイギリス系の南アフリカ人は、一九八〇年代初めに国民党が資本主義を受けいれるまで、彼らの経済的対立を続けていたのである。アパルトヘイト期のイギリス紙上にみられる反アパルトヘイト的かつ資本主義支持的な価値は、製造業と金融業の部門での経済利益を守ろうとするものであり、鉱山業資本を国有化されないようにするためのものであった。政治的に解放され統合された単位としての国民は、一九九〇年以後に実現される。それ以後、黒人の闘争の地平はまた経済的エンパワーメントでも開かれたのである。

局面Ⅱ：グローバル化―多面的な対応

一九九四年四月の総選挙でのアフリカ人民族会議の圧倒的勝利は、南アフリカを再び外国からの投資にたいして開放することになった。トリー・オレリイが所有しアイルランドに本拠を置く多国籍企業「インデペンデント・ニュースペーパー」（IN）は、アルガス社を重要な有望企業であるとみなした（「マーキュリー」、三月一三日：六）。一九九四年一月にINはアングロ社からアルガス株の三一パーセントを買い取り、出資は一九九五年に五八パーセント、一九九九年には七五パーセントに増大した。おそらくアルガス社はオレリイの国際的企業のうちで最大の企業となっているとおもわれる。(2)

一九九四年二月までは、目立つ二つの英語紙はアルガス社とアングローJCIのTMLであり、アングロはアルガス社の株を少数だけ保有していた。アルガス社は今ではヨハネスブルグ証券取引所では「インデペンデント・ニュースペーパー」の銘柄になっているが、アルガス社にたいする実質的な株主としてのコントロールを手に入れるために、オレリイは構造調整の第二段階に進んだ。このことは、一九九四年四月に、以前にはアルガス社に所有されていた諸企業のなかで保有されていたTMLの株を購入することで、イギリス人系印刷メディアの大部分にたいする新会社株の過半数を確保させることになった。

意義深いことに「ソウェタン」紙の売却とその結果としての新アフリカ出版社の設立は厳密な意味では「くく

り解き」の結果なのである。「ソウェタン」紙のコントロールがアフリカ人民族会議に好意的なコンソーシアムに移行することで、皮肉なことにこの新聞の編集員たちはより左派の「黒人の良心」支持者であるけれども、アングロ社は資本主義ビジネスの反応的な性質を示した。「黒人の良心」、リバタリアニズム、そしてANCの穏健社会主義は、ビジネスのなかでひとつの結びつきを見いだしたのである。資本の柔軟性と他者を取り込む能力はこのようなのである。それは同じ会社のなかに対立する言説が存在するのを許容し、資本として利用さえするのである。皮肉なことに、黒人の諸政党と黒人編集者フォーラムはこのような多元主義を、国民形成と文化の統一にとって、アンチテーゼ的であるとみなした。逆説的なことに、これらの編集者たちは、多様性、新しい諸々の意見、黒人のエンパワーメントを同時に求めていたのである。この点についてはあとで論じよう。

局面Ⅲ：資本の相互浸透

一九九六年末の国民エンパワーメント・コンソーシアム（NEC）がアングロ・アメリカン社からJCIのジョニック（Johnnic）を買収したことは、(3) 資本のうち黒人フラクションと白人フラクションの相互浸透に向けて重要な前進を示している。ヨハネスブルグ合同投資会社（JCI）からくくりを解かれた一部で、八五億リラの資本価値をもつジョニック社は小売店チェーンの中央ニュース社、レコード会社ガロ、M-Net、TMLなどの会社に直接・間接のコントロール権をもっていた（「サンデー・タイムス・ビジネス・タイムス」、一九九五年六月四日）。この購入は「ソウェタン」紙が一九八〇年代の進歩的オルターナティブ的な「ニュー・ネイション」を入手したあとなされたが、「ニュー・ネイション」は労働組合が支援する公然たる社会主義の週刊紙であった。この新聞はアパルトヘイト期には国内で唯一の社会主義の新聞である。一九八六年の創設から一九九四年までこの新聞は寄付金に支えられていた。しかし、一九九四年以後、支援者たちが国民統一政府派に乗り換えたとき、この新聞は十分な広告収入を集めることができなくなり財政困難におちいった。「ソウェタン」紙による買収からわずかのち、この新聞は廃刊になった(Mpofu 1995)。印刷メディアの再編の諸局面について続ける前に、私は「ソウェタン」紙が独立した再編作戦としておこなったこの取引のインパクトを検討しよう。

ジョニック社買収の歴史と意味

アングロ社は一九九四年初め、黒人は経済においてより大きい役割を果たすべきであるというアフリカ人民族会議(ANC)の要求に従って、ヨハネスブルグ合同投資会社(JCI)を解体し売却した。国民エンパワーメント・コンソーシアムは一九九四年には小さなビジネス企業や労働組合のルーズな連合体だったが[4]、一九九六年一月には新アフリカ出版社(NAIL)が加わった。NAILは経営経験と単独でジョニックを買収する資金をもっていたが、コンソーシアムの一部構成者たちは(アングロ社がそうしたのと同様に)新アフリカ出版社が黒人エンパワーメントに参加するのを問題視した。労働組合は新アフリカ出版社を民衆の本当の進歩を促進するよりも、黒人のエリート実業家グループであるとみていた[5]。コンソーシアムは七パーセントの割引でジョニック株の二〇パーセントを一五億リラで購入し、これには一八ヶ月以内に五パーセントの割引で購入し、持ち株比率を三五パーセントまで増大させるというオプションがついていた。

国民エンパワーメント・コンソーシアムによるジョニック社の買収は、南アフリカ史上で最大の現金による取引であった。一九九四年の総選挙から二年のうちに、黒人系資本はヨハネスブルグ証券取引所の一〇パーセントを支配したのである。この取引は一九六四年と一九七四年のアフリカーナ系資本による取得に比することができるが、これらの取得はヨハネスブルグ証券取引所でのアフリカーナ所有の企業数を七パーセント台のレベルまで引き上げた。しかし、アフリカーナの浸透は選挙で国民党が勝利し政治的コントロールを握ってから二七年後にようやく達成されたのである。一九六四年にアングロ・アメリカン社は連邦鉱山投資会社（フェデラル・マイニング・インベスツ）に「ゼネラル・マイニング」社のコントロールを「承認」したのであった。その一〇年後、ゼネラル・マイニング社によるユニオン・コーポレーションの買収が、アフリカーナ資本をイギリス系南ア人により支配される他の巨大企業と肩を並べる地位につかせたのである（McGregor 1996: 5）。アングロ社にとってジョニック社の売却のメリットは、中核的でないビジネスを取り除き、黒人の新しい階級を国内およびグローバルな経済へと組み入れることである。

ジョニック社を構成する企業群のひとつであるマルチ・チョイス・インターナショナル・ホルディングは、M－Netへ番組提供をする企業であり、ネットワーク・ホールディング株の四〇パーセントを所有していたが、これはヨーロッパとアフリカにおけるM－Netの回線業者である。さらに一九九六年後半に、英国に本拠を置く出版社ピアソンは、タイムス・メディア（TML）傘下の二つの新聞「ファイナンシャル・メール」と「ビジネス・デイ」の株の五〇パーセントを購入した。多数株主としてコンソーシアムはその中核をなす諸会社に支配権を行使した。したがってコンソーシアムはTMLへのコントロールを行使し、その株の九一・四パーセントを保有するのである。それゆえコンソーシアムはTMLとM－Netの役員会で代表権をもった。

新しいジョニック社の代表取締役のシリル・ラマフォサは、メディアのより大きな多様化に向けてのひとつのステップとしてジョニック社の買収を語っている（「マーキュリ」一九九六年一〇月二八日）。しかしながら「ファイナンシャル・メール」の前編集長ナイジェル・ブルースは、その結果はアフリカ人民族会議に同盟する特殊な構成員による集中であると反論している。コンソーシアムはTMLのじっさいの編集活動には入り込んではいないが、株主レベルでは黒人エンパワーメントの手段とすることができるのである。

所有におけるアイデンティティとエスニシティ：再編の継続

アルガス社の再編は南アフリカの印刷メディア界を歴史的に特徴づけてきた集中された所有パターンからの重要な出発として出現している。はじめて鉱山業資本は新聞を手放したのだが、かれらはそれまでこの国の経済のなかでの自分たちの支配的役割を確実にし、アフリカーナの国家社会主義の台頭に直面しては資本主義を安全にするために、新聞を戦略的に重要なものと見なしていたのである。しかしながら、近年における黒人系資本によるＴＭＬの入手や一九九六年のＭ－Ｎｅｔやナシオナル・ペルス（Nasionale Pers）による黒人投資家への株の提供は、アフリカーナ資本の慣行との明白な断絶を示している。しかし、メディア・コントロール再編の第四段階であるこのプロセスはまったくことなる配慮のもとで生まれるのである。(6)

局面Ⅳ：アフリカーンス語新聞社ナスペルスとペルスコルの再編

予測とは異なり（Louw 1995）、国民党支持のアフリカーンス語新聞も一九九〇年代に大幅な変化をみせ、ケープタウンの改革的なアフリカーナ資本によって資金的に支えられていたナスペルス（Nasionale Pers-Nationalist Press）は、一九八〇年代初めに、北部の保守的なペルスコル（Die Perskoporasie-The Press Corporation）を買い取った。この買収はアフリカーナ社会の内部で、一九八〇年代初めに旧式スタイルでアパルトヘイトを維持しようとする企てであった（Muller 1987: 146）。一九九六年から九七年にかけてナスペルスは新会社を設立し、黒人実業家たちにそれらを売却した。ナスペルスの社長は、自分たちのグループは道徳的およびじっさい的理由から黒人の企業グループに「家族伝来の銀器を売る」のであるとのべている（「サンデー・タイムス」一九九六年八月一一日：四）。黒人を読者とする「シティ・プレス」紙の株の四一パーセントは黒人投資家グループに割り当てられた。ナスペルスは遠隔教育事業の二つの大きな教育出版社を合併させ新会社を設立し、この新会社株の五〇パーセントを黒人の共同経営者に売却した（「サンデー・タイムス」一九九六年八月一一日）。

とくにペルスコルの再編はその性格をよく示している。一九九六年初めに、ペルスコルは一連の高利益のあがる雑誌を有し、M-Netや日刊紙「シティズン」に出資し、また全国日曜紙「ラポート」その他のメディアにも一部出資していた。大きな黒人系NGOであるカギソ・トラストは一九八〇年代後半に統一民主戦線の活動に資金援助していた。エンパワーメントをその活動内容としていて、カギソは以前は海外の資金提供者からの反アパルトヘイト資金や国内の利益グループからの寄付金に依存していた。自前で十分やっていける組織となったカギソはカギソ信託投資会社（KTI）を設立した。(7)

KTIの最初のメディア取得は、以前南ア放送会社（SABC）のものであった二つの商業ラジオ局の株の二五・五パーセントであり、ついで「メール・アンド・ガーディアン・メディア」とともに独立放送庁（IBA）に新しいラジオ放送の免許を申請した。一九九七年中頃、KTIはペルスコル・グループをコントロールする共同株主となったが、両者は一九九八年に会社を分割した。KTIが扱うのは政治と財務である。アパルトヘイト期には国民党政府の印刷を独占的に請け負っていたペルスコルは、いまや市場から押しのけられそうなのを知った。この取引はペルスコルが「その反動的なイメージを切り落とし、政府の白書などの印刷の幾分かを手に入れる」（Efrat,「サンデー・タイムズ」、一九九六年一一月二四日）ための企てであった。新アフリカ出版社とSANLAMとの同盟と同じように、KTI-ペルスコルの共同事業は新しい事業コミュニティを告げ、そのコミュニティのなかで一方は経済的エンパワーメントをもとめ、他方は共同事業を組むことを通じて政治的保護を求めている。

最終結果：新たな政治的提携

アパルトヘイト廃止後の時期に国民党がしめした大資本を代表するうえでの無能力と、ナスペルスとペルスコルなどの企業にみられる新たなリバタリアニズムは、四つの局面からなるこの移行期を通じて、政治的忠誠の対象がこのうえなく大きく変わったことから生じた。「アフリカーナ・ナショナリズムの母」である「ディー・ブルガー」紙はその論説で、一九九四年の選挙では国民党を批判し、小さなリベラル政党である民主党を支持したのである（Uys 1996: 8）。一九九四年以前には全体の動きからはずれ政治経済的な自殺に進みそうに見えたナスペルスさえも、民主党、アフリカ人民族会議、そして国民党の選挙運動に寄付をしていた（Die Burger, May 11, 1996: 12）。「ナシオナル」紙のトン・ヴスローは、この会社はある特定の政党にあまりにも近い立場にいることは「利益にならない」のを学習したのだと論じている（Uys 1996: 8）。

ナショナリズムとエスニシティ：グローバリズムの架橋的影響

これらすべての再編は、同時に、諸々の歴史的パターンを継続している。私的企業の利潤動機に駆動される諸組織によって編成され、利潤極大化原則のもとにある「合理化」された公共圏は、かなりのところ、より広汎な民衆の参加には閉ざされたままである。それゆえ公共圏は「財産を所有する私人たち」のコントロールのもとにあるままで、この人々の新たに見いだした自立性は商品交換の圏域に根ざしている（Habermas 1989: 110）。国際プレス連盟（ＩＰＩ）での演説のなかでネルソン・マンデラ大統領によって語られた内容が検討される必要があるのは、この光のもとでである。

「ソウェタン」紙を例外として、南アフリカの日刊紙のすべての古手の編集スタッフは同じ人種的鋳型によって作られている。彼らは白人である。中産階級の出身である。非常に似た生活体験を共有している。……このようなプロフィルゆえに編集者たちに反対することはだれにもできないが、気にかかることは、その住民の大部分が黒人である国で、メディアでの中心プレーヤーたちがその大部分の人々の生活経験について知識をもっていないことが、公正でないのが明らかであることだ（「スター」一九九四年二月一五日）。

新聞社組織のなかで、白人を黒人に置き換えることは、構造的不平等の問題を解決することにはならない。このような置換が、人々のメディア・アクセスへの増大をもたらしたり、メディアでの意見の多様性を自動的に増大させることもないだろう。じっさい、以前、白人を読者とする新聞が人種的境界をこえたとき、その新聞はかなり読者を失うことになったのである。「インデペンデント・ニュースペイパー」や「タイムズ・メディア」の所有構造とその編集者たちを逆の形で人種的に置き換えることを通じて、階級的および人種的な隔たりのあいだで橋渡しをすることは、多様性を作りだし読者のクロスオーバーを生じさせるひとつの可能な解決法であるが、このことは商業的なリスクをともなっている。「サンデー・タイムズ」の前の編集委員であるケン・オーウェンにとっては、コーポレート哲学の再生がカギとなる問題である（「サンデー・タイムズ」一九九五年九月三日）。

オーウェンののべていることは、アパルトヘイト廃止後においても、以前の社会構造が受け継がれていることを示しているが、しかしまた市場にとって役に立つ新聞は生き残るだろうが、ある利益に使えるものは失敗するだろうというブルースの想定を示している（「ナタル・ウィトネス」一九九七年一月六日：八）。もちろん、ブルースの間違っていることは、アパルトヘイト期の市場は人種差別資本主義に奉仕したのを見落としていることである。それゆえ「利益」の観念は、人種差別資本主義の時代に市場に癒着していたような仕方から、容易に「切り離す」ことができないのである。いまタイムズ・メディアに投資されているかなりの総額にのぼる黒人の年金基金は、保護され、リスクにさらされてはならない。一九九八年にＴＭＬと新アフリカ出版社（ＮＡＩＬ）は、それゆえ人種的なデバイドをこえる唯一の方法は、新しい新聞「サンデー・ワールド」をつくることだとして合意し、この新聞は一九九九年三月にスタートした。

この新しい事業は、これら事業を所有する人の人種がどのようであれ、過去と同様に、資本主義的利益を支え、階級に基礎をもつ社会構成体を支えることになりそうである。その例として「サンデー・タイムズ」と「ビジネス・タイムズ」は、ジョニック社にかんする新聞へのリークの影響についてラマフォサの不満をもてあそんでいたことがある。またジャーナリストとして、またマフベ出版社の共同所有者として、タミ・マズワイはコンソーシアムのジョニック社買収に関連してのアングロ・ジェネラル・マイニング社の取引について議論するとき、新しい株所有者に自分から次のようにいった。「多人種的（multiracial）であることがビジネスの論理にかなうのです」（「サンデー・インデペンデント」一九九七年一月一九日：四）。また労働組合投資会社（Union Investment Company）はその設立原則とのズレを擁護しつつ「これはビジネスなのです」と皮肉な仕方で論じている（「南ア労働ビュレティン」一九九六年、三七号）。

道具主義的分析は、資本家たちがどのようにかれらの個人的利益を追求するか示すかもしれない（eg, Louw 1993）。ＮＡＩＬの貪欲なビジネス行動はこの領域に入り込んでいる。一般的レベルでの分析は、諸組織が全体として資本家階級の集団的利益（これには黒人資本家の利益も含まれる）をどのようにして推進するかの研究を求めている。そしてここに難問が存在している。すなわち、新しい黒人オーナーたちはメディアのなかで諸価値についてある種のアフリカ化を容易にしたかもしれないが、資金的な生き残りは読者と広告主によって決定されているのであって、「伝統」遺産や文化的ヴィジョンを主張する知識人や文化人民委員ではないことである。

たとえば、伝統主義の立場に立つアフリカ思想カウンシルは、黒人のコントロールするプレスだけが「アフリカの諸々の価値と伝統を人々の生活をにない、大衆の行動と思考を型作り変化させるように影響を与えるように動員し、方向付ける」であろうと考えることで道具的思考を支持している（「ナタル・ウィトネス」一九九五年九月一一日：三）。この国粋主義の主張はアフリカの諸社会の同質性を前提し、それらのなかでさまざまな説明のコミュニティが存在することを否定し、メディアが現在果たしているよりももっと大きな影響を果たすと思いこんでいる。カウンシルの指向は、精神と物質のある特殊な種類の相互浸透をしめしている)(8)。この普遍化しつつある「伝統主義」の言説は、様々な形で類似な意味格子を通り抜けているが、それらの意味は以前にはアパルトヘイト意識を決定していたものである。両者とも、強制、説得、唯一の世界観も要素を組み入れている。両者とも他の諸々の言説を正統でないものとしようとするし、両者とも個人的であるとともに団体的である。「アイデンティティ」は「多様性」の観念のなかに意味論的に潜り込んでいるが、それは次に新しい「全体性」として出現するのである。

多元主義は一瞬のうちに忘れられる。「メディアは人々の願望を反映しなければならない。それは自身を反映するひとつの国民であらねばならない。もしあなたが『ソウェタン』紙と『ザ・シティズン』紙を読むなら、二つの国にすんでいるようだろう。編集者として、私たちはこれらのものの見方を壊さなければならない」（T・マズワイ「ザ・サンデー・インデペンデント」一九九四年一月一九日：四）。マズワイの別の表現「所有と経営における多様性」は、このようにして対話の機会を提供するのだが、それは新しいメディア王たちの視点からのものである。これは第一に与党的立場（Louw 1997）であるが、黒人編集者フォーラムのような諸組織によって地図に書き込まれた正統性の領域のなかで位置しており、行動のコミュニティのなかでも出現している。黒人ジャーナリストたちは政治構造の中に変化をもたらすのを支持していた。今では闘争の場は株／権力のレベルで生じており、だれが株主としてのコントロールを行使するかなのである。

自由主義的な「公衆の知る権利」の言説に反対するマズワイの主張は、「サンデー・インデペンデント」紙の社説の向かい合わせのページに載った。彼は、以前にはアパルトヘイト的な核燃料会社デネルを介して、中東諸国が南アフリカとのあいだで大量の兵器の契約を結んでいることを知らせてしまった「サンデー・インデペンデント」の編集者の行動の誤りを非難した。マズワイは、取引は危うくされ国民経済に否定的な影響をあたえたかもしれないと主張している。これにたいして「サンデー・インデペンデント」紙は「公衆の知る権利」を主張し、買い手の同定を禁止する最高裁のルールに挑戦した。これらの論争はマズワイの主張するように「人種差別」にかかわるのではなく、イデオロギーのちがいに関係している。

さきの分析は、印刷メディアと全国放送を含むメディア組織は、「国民」、非人種主義、単数あるいは複数の南アフリカ人アイデンティティなどの新しい言説を受けいれたことを示している。しかしながらインデペンデント・ニュースペーパーやタイムス・メディア、ナシオナル・ペルスなど各社の新しい所有関係の結果の意味を明らかにすることから、問題が出現する。要約すると、アパルトヘイト期を通じて、英語新聞はイギリス系資本一般を、とくに鉱山業資本をイデオロギー的に擁護した。一方、インターナショナル・ニュースペイパーとタイムス・メディアは高利益を上げているが、しかしながらこれらの新聞の読者は短期間には拡大しそうにないし、マズワイによってなされた批判にうまく対応することもなさそうである。

核心には政治権力とこの権力の言説を媒介する手段のコントロールとの競争がある。政府は黒人所有のプレスが、白人所有のそれより政策を支持してくれるだろうと想定しているが、その理由は黒人のプレスが「黒人」の経験を反映するであろうからである。

結論

私の最も重要な論点は、諸々の物質的な変化は、イデオロギーでのそれにともなう移行なしには生じることができない、というものであった。アフリカ人民族会議（ＡＮＣ）は自由企業を受けいれて以来、このプロセスは、国内的とグローバル的、黒人系と白人系、混合的と相互浸透的など、さまざまなフラクションの資本を自動的に強化していくことになるであろうし、その資本が「黒人」的で「伝統」的な経験を反映するという団体的メディアへの要求とは無関係なのである。イギリス人資本とアフリカーナ資本とはかつては敵対的関係にあったのだが、競争的かつ協力的な相互浸透が長期的な結果として生じた。それと同じことが生じるであろうけれども、新しい分裂は初めは黒人系対白人系という関係かもしれない。

メディア産業は、南アフリカ経済のすべての部門でみられるところの人種的に混成されている取締役会により統治されている、黒人資本と白人資本の同様の相互浸透の模範である。一九九六年一一月末に、新聞市場の八一パーセントは南アフリカ人の手中にあり、残りの一八パーセントはオレリイによって握られている。国民エンパワーメント・コンソーシアムはタイムス・メディアを通じて二一パーセントを支配し、ペルスコルによって保有されている一〇パーセントのうちの五パーセントをＫＴＩが支配している（Efrat 1996: 8）。しかしながら、企業にみられる多様性は補足しがたいままである。イデオロギー的利害が市場に重なっているとするなら、ひとつの野党系新聞の崩壊は、内容の多様さが通常存続させているものを大きく減少させることになるだろう。なぜアングロ社は、それらがかなり高いリターンをもたらしていたのに、それら企業を切り離したのであろうか。ナイジェル・ブルースはひとつの解答をあたえる。まったく単純なことで、ジョニック社を与党ANCを支持する企業にやすく売却することで、「存続している独占体」としてのアングロ社はダイアモンドの独占を保持し続けるための政府による便宜をえようと望んだのである（「ナタル・ウィトネス」一九九七年一月六日：八）。もちろん、この取引は、以前には労働者階級に最も敵対的であった勢力の資本主義的努力へと引きつけもする。それゆえアングロ社は同じように政府にたいして鉱山業利益を防衛しているのである。

黒人が保有し投下する資本は、かなりのていど黒人統一年金と総額で二〇〇億リラの共済組合ファンドであるが、その大部分はアパルトヘイト期の後半に積み立てられたものである。これは初期値として積み上げられたものというべきもので、初期のアフリカーナの資本とはことなっている。アフリカーナの資本は一九四八年の政権到達のために用意されたものでなかったが、黒人資本はそれを投資機会に瞬時にもちいることができた。この直接の勢いは政府による民営化プログラムを急がせたが、その理由は労働者たちがこのプロセスのなかに自分たちも一枚かんでいるのを理解し始め、かれらがその達成を援助したからである。そしてここに矛盾が存在している。(a)COSATUは民営化に反対しているが、このプロセスの一部をなしていた。(b)労働組合は階級分析の基本原理を忘れてしまった。剰余価値は労働搾取からのみ増大するのである。剰余価値を生み出しているのは、自分たちの労働組合のメンバーなのである。労働組合によってまっしぐらに企業投資へ突進させられていることから生じる矛盾した意識は、階級的にはより包括的な仕方のなかにあるにもかかわらず、階級構造を再生し続ける行動について、理解を届かせなくしている。

（1）新アフリカ出版社（NAIL）は、モトラナに保有されていた一九九六年六月の時点で、アフリカ社（Corporate

Africa）を通じてヨハネスバーク証券取引所で、九億リラに評価されていた。おもな出資者は、アフリカーナの巨大保険会社ＳＡＮＬＡＭの投資部門であるサンコープ（Sankorp）（二一・五パーセント）と、「黒人の良心」系の全国労働組合カウンシル（一三パーセント）であった。ＮＡＩＬが最大の出資をしたのは、一九九二年に行ったＳＡＮＬＡＭからのメトロポリタン生命（南アフリカ第五の保険会社）の三〇パーセントの普通株の買収であった。ＮＡＩＬは、移動通信ネットワークであるＭＴＮの一〇パーセントと南アフリカ最初の黒人保有の金融機関アフリカ銀行株の二一パーセントも保有している。

（2）オレリイによるアルガス社の買収については、ボールドほか）の調査研究（Bold,et al, 1994）に拠っている。

（3）ＣＯＳＡＴＵに結集した労働組合は、厖大な黒人の年金積立金を基金として、一九九五年初頭にＮＥＣを設立した。ＮＥＣは、五〇の黒人事業体から構成されている。

（4）労働組合は、小売業、株式仲買業、ラジオなどの分野では、すでに主要な投資者になっている。一九九六年九月、南ア衣料繊維労働組合投資会社は、アフリカでの放送に活路を見出そうとして、プリメディア社を吸収し、ハイウェルド・ステレオのコントロールを取得、モトリンク社株の一〇パーセントを買収した（「サンデータイムス・ビジネスタイムス」一九九六年一一月二四日：一四）。労働組合の投資会社は、組合とは独立に活動していると考えられており、その理念と実態は一致していない（SA Labour Bulletin 1996:38）。

（5）とくにモトラナが批判の的にされた（Mail and Gardian, Jan. 8-1, 1996: B1-B3）。「エンタプライズ」紙の発行人兼編集人であるトミ・マズワイは次のように述べている。「黒人の経済的エンパワーメントを支援する黒人ジャーナリストだということで、人は私を社会主義者と呼ぶ。私自身は、堂々と、自分は黒人資本家だと言っているのだが」（「サンデー・インデペンデント」一九九七年一一月九日：四）。

（6）一九九八年から一九九九年にかけて再び、再編と合併が活発化している。ここでいう第Ⅳ期の後にまた別の諸段階が続くであろうし、その意味で本章の時期区分は暫定的なものにすぎない。

（7）カギソは、ＫＴＩの二五パーセントを保有する、巨大保険会社リバティ生命を、五〇〇〇万リラで売却した。ＫＴＩの初仕事は、カギソ・モーターズを通じての、インペリアル・モーター・ホルディング社との合弁自動車事業だった。新ラジオ・コンソーシアムの一部として、カギソ信託、ＳＡＢＣの六放送局のうち、一九九六年にオレンジ放送と東海岸放送が売上をのばし表彰された（「サンデータイムス・ビジネスタイムス」一九九六年一一月二四日：一四）。カギソはケータリング部門にも進出し、またホーム・パブリシング社株の四〇パーセントを保有し、名称をカギソ・パブリシングに変えさせた。カギソの財政はアメリカの投資銀行であるJ・P・モルガン銀行からの借入で支えられている。ホーム社（Haum）は、カギソに取得される以前は、非常に保守的な経営方式をとっていた。カギソは、ジョニック社の買収にかかわらなかった数少ない黒人ビジネス集団のひとつである。リバティ社のドナルド・ゴードンが、カギソの理事会のメンバーになっている。ゴードンの義父ヒルトン・アップルビームが、カギソの発展に中心的な役割を果たした(Fallon 1996: 13)。

（8）　免疫学者ウィリアム・マックゴーバ（Makgoba 1998: 4）は、「アフリカの思考パターン」に生得的あるいは生物学的基盤がある可能性にさえ論じている。こういう社会生物学的な考え方は新しいものではない。アフリカーナ・ナショナリストたちによって論じられ、アパルトヘイトの正当化のために宣伝されてきたものでもある。

文　献

Bold, L., Brandaw, N., Gokool, S., Guambe, D., Manhando, S. and Young, D.（1994）"Corporate control and the South African media: the Argus case," unpublished research project, Durban: Centre for Cultural and Media Studies.

CIIR（Catholic Institute for International Relations）（1988）*Now Everyone is Afraid: The Changing Face of Policing in South Africa*, London: CIIR.

Collins, R.（1992）"Broadcasting and telecommunications policy in post-apartheid South Africa," *Critical Arts*, 6（I）: 26-5 1.

Efrat, Z.（1996）"New ownership scramble," *Natal Witnes*"s, November 27: 8.

Habermas, J.（1989）*The Structural Transformation of the Public Sphere*, London: Polity!

Kemp, T.（1985）*Industrialization in Nineteenth Century Europe*, London: Longman.

Legassick, M.（1974）"Legislation, ideology and economy in post-1948 South Africa," *Journal of Southern African Studies*, I（I）: 5-35.

Louw, P.E.（ed.）（1993）*South African Media Policy: Debates of the 1990s*, Johannesburg: Anthropos.,

Louw, P. E. (1995) "Shifting patterns in South Africa's press oligopoly," *Media Information Australia*, 77: 73-85.

Louw, P. E. (1997) "Nationalism, modernity and postmodernity: comparing the South African and Australian experiences," *Politikon"*, 24(1): 76-105.

Lunsche, S. (1996) "The players who made corporate history," *Sunday Times Business Times*, September 1: 5.

McGregor, R. (1996) "How the guard has changed since Rhodes stormed the SA economy," *Sunday Times Business Times*, December 15: 5.

Makgoba, M. W. (1988) "A basis for the African renaissance," Johannesburg: African Renaissance Conference Programme.

Mpofu, B. (1995) "Corporate monopoly in the South African print media: implications for the alternative press with particular reference *to New Nation*," unpublished MA dissertation, University of Natal, Durban (www.und.ac.za／und／ccms).

Muller, J. (1987) "Press houses at war: a brief history of Nasionale Pers and Perskor," in K. G. Tomaselli, R. E. Tomaselli, and J. Muller (eds.) (1987) *The Press in South Africa*, London: James CurreyL

Murdock, G. (1982) "Large corporations and the control of the communications industries," in M. Gurevitch, T. Bennett, J. Curran and J. Woollacott (eds.) *Culture. Society and The Media*, London: Methuen.

Raubenheimer, L. (1991) "From newsroom to the community: struggle in black journalism," in K. G. Tomaselli and P. E. Louw, (eds.) *The Press in South Africa*, London: James Currey.

Saul, J. and Gelb, S. (1980) *Tbe Crisis in South Africa: Class Defense, Class Revolution*, New York: Monthly Review Press.

Shepperson, A. (1996) "AmaBokkebokke! National symbols and the cultural task beyond apartheid," *S-European Journal for Semiotic Studies*, 8／2(3): 395Jl.12.

South African Labour Bulletin (1996) "Union investment, new opportunities, new threats," 2(95): 33-9.

Stadler, A. (1987) *The Political Economy of Modern South Africa*, Cape Town: David Philip.

Suttner, R. and Cronin, J. (1986) *30 years of the Freedom Charter*, Johannesburg: Ravan Press. Teer-Tomaselli, R. E. (1993) "The politics of discourse and the discourse of politics: images of violence and reform on the South African Broadcasting Corporation's Television News bulletins-July 1985-November 1986," unpublished Ph.D.

thesis, University of Natal, Dur-ban.

Tomaselli, K. G. (1997) “Ownership and control in the South African print media: black empowerment after apartheid 1990-1997.” *Ecquid Novi,* 18(1): 21-68.

Tomaselli, K. G. and Louw, P. E. (eds.) (1991) *The Alternative Press in South Africa,* London: James Currey! Tomaselli, K. G., Louw, P. E. and Tomaselli, R. E. (1990) “Language and the crisis of hegemony in South Africa,” in S. Thomas (ed.) *Communication and Culture.* Vol. 4, New Jersey: Ablex. Tomaselli, K. G., Tomaselli, R. E. and Muller, J. (eds.) (1987) *The Press in South Africa,* London: James Currey;

Tomaselli, R. E., Tomaselli, K. G. and Muller, J. (eds.) (1989) *Broadcasting in South Africa,* London: James Currey.

Uys, I. (1996) “A shift in loyalty,” *Natal Witness,* May 23: 8.

訳者解説

本書はジェームズ・カランと朴明珍の編集し二〇〇〇年一月にロンドンのルートレッジ社から刊行された次の書物を訳したものである。

James Curran and Myung-Jin Park (eds.), *De-Westernizing Media Studies*, 2000, Routledge, London.

原著には二二編の論文が収録されているが、本書では序説を含めて一〇編だけを訳出してある。本来はすべての論文を訳して読者に提供したかったのだが、それではあまりにも分量が増え定価の高いものになってしまうためこのようにしたものである。全部で二二編の論文のうちなぜここに収録した一〇編に絞ったのかという理由についてはは説明しなければならないが、それは原著の構成や成立の経緯ともかかわることであり、以下でそれについて少し語っておきたい。

ルートレッジ社から出版された原著では二二編の論文は四部構成のそれぞれに配置されている。目次を再録しておくと次のようである。

序説

1　グローバル化理論をこえて（J・カラン、朴明珍、本書の序章）

第I部　移行的および混合的社会

2　メディア研究を再考する：中国（馬傑偉、本書の第一章）

3　ヨーロッパ・コミュニズム崩壊後のメディア理論（コーリン・スパークス、本書の第二章）
4　南アメリカのメディア：国家と市場の狭間で（シルヴィオ・ヴァイスボード）
5　中東におけるテレビ、ジェンダー、民主化（アナベル・スレベルニ）
6　権力、利益、腐敗、嘘：一九九〇年代のロシア（ブライアン・マクネール、本書の第三章）
第Ⅱ部　権威主義的ネオリベラル社会
7　政治権力と民主化：メキシコ（ダニエル・C・ハリン、本書の第四章）
8　グローバル化と強い国家：韓国のメディア（朴明珍ほか、本書の第五章）
9　国家、資本、メディア：台湾（李金銓、本書の第六章）
10　グローバル化された理論と国内的コントロール：国家、市場とマレーシアのメディア（ザハロム・ナイン）
第Ⅲ部　権威主義的規制社会
11　民主主義と権威主義の二重の遺産：ジンバブエにおけるメディアと権力（ヘルゲ・ロニング、タワナ・クペ）
12　エジプトにおけるメディアと権力（フセイン・アミン、ジェームズ・ナポリ）
第Ⅳ部　民主主義的ネオリベラル社会
13　日本におけるメディアと権力（杉山光信）*
14　アメリカ合衆国におけるメディア権力（W・ランス・ベネット）
15　イギリスにおけるメディアとリベラルコーポラティズムの衰退（ジェームズ・カラン、コリン・レイ、本書の第七章）
16　脱西欧化の文化座標：オーストラリア（スチュアート・カニンガム、テリー・フルー、本書の第八章）
第Ⅴ部　民主主義的規制社会

17 小国におけるメディアと権力移行：スウェーデン（ペーター・ダルグレン）
18 政治的複雑性と代替的ジャーナリズム・モデル：イタリアのケース（パオロ・マンシーニ）
19 南アフリカのメディア一九九四－一九九七：政治経済によるグローバル化（ケイアン・G・トマセリ、本書の第九章）
20 メディアによる現代性、非西欧社会での理論受容（アルヴィンド・ラジャゴパル）
21 夢の演技とその解体：イスラエルにおける放送の社会史（タマール・リーベス）
22 円を方形にする？：フランスのテレビにおける経済自由化と文化価値の和解（レイモン・キュン）
＊この論文は杉山光信『戦後日本の市民社会』（みすず書房、二〇〇一）に収録してある。

この構成に見られるように、原著の二二編の論文は世界各地、各国におけるメディアの現在の状況を分析しているものであるが、そのばあいの各国のメディアのあり方は「移行的社会および混合的社会」、「権威主義的ネオリベラリズム社会」、「権威主義的規制的社会」、「民主主義的ネオリベラル社会」そして「民主主義的規制社会」の五つのカテゴリーに分類され配置されている。この配置は本書を計画したカランその他の人々の考え方と深くかかわっているのである。

本書の序説のなかで編者のカランと朴明珍もふれていることだが、この共同研究のスタート時点での問題関心は今日のグローバル化の進展するなかで各国のメディア状況はどのようになっているか、各国のメディアの行動や経験を分析するというものであった。しかし、そのような見方で分析を行っている書物はすでに多数存在しており、また刊行が予定されているがそれとどのように異なる立場を示すかということに加えて、研究を進めていくなかでグローバル化により各国のメディアがそれにあわせて変容を強いられているという見方への疑問が生じてきたのである。

　この点についてはもう少し説明が必要かもしれない。わが国では『マスメディアと社会　新たな理論的潮流』（勁草書房、一九九五）の編者の一人として知られているジェームズ・カランは、マス・メディア研究の世界では政治経済学アプローチとよばれる立場のリーダーのひとりである。ここでは政治経済学アプローチについてくわしく立ち入ることはできない（『マスメディアと社会』に付されている児島和人氏の解説を参照されたい）が、かんたんにいえば、マスメディア研究のこれまでの流れを大衆社会アプローチと行動主義アプローチというように整理すると、この立場はこれら二つの立場とは異なり、メディアの行動を規定するものとして、一方では政治権力や各国ごとの政治構造、他方ではメディアのおかれている市場コンテクストを想定していて、その相互のあいだには密接な関係が存在するという見方からメディアの行動を分析する立場とおさえておけばよいであろう。そしてこの立場はカランを中心として、本書にも寄稿しているオーストラリアのカニンガム、カリフォルニア大学（サンディエゴ）のダニエル・ハリン、そしてコーリン・スパークスやブライアン・マクネールなどをふくむグループによって進められている。

　本書の成立はこのジェームズ・カランを中心とする政治経済学アプローチの研究者のグループと深くかかわっている。ロンドン大学のカランとは旧知の関係にあったソウル大学社会科学部新聞学科の朴明珍教授はグローバル化のもとにある各国のメディアについての国際共同研究を計画し、韓国の財団から助成をえた。カランと朴明珍はこの研究を進めるにあたってアメリカのマスメディア論の教科書によく見られるような、「各国ごとの基本的情報の要約とその国のメディアシステムの概略」を並べている平板なものではない書物を作りたいと考えた。そのためには各国のメディアの政治権力や政治構造とのかかわり、また市場による様々な制約のなかでの運動という、生きて動いている形で把握し分析することが必要だが、ぜひそれを行おうというのであった。個人的なことをいえば、私は朴教授からあなたは社会学者だし、メディアと権力の社会学的研究の国際共同研究をするから参加しないかと誘われたのであった。そして一九九七年一一月一七・一八日に、ソウル大学キャンパスにある湖巌教授会館で、参加者がそれぞれドラフトのペイパーを持ち寄って検討する集まりがもたれたのであった。このとき参加したのは、ジェームズ・カラン、ダニエル・C・ハリン、スチュアート・カニンガム、エジプトからフセイン・アミン、香港中文大学の馬傑偉、そして韓国の三人の研究者（朴明珍、金昌南、孫炳雨）そして私であった。各国ごとのメディアと権力ないし権力構造とのかかわりにおいてメディアの行動と経験が報告され議論されたあとで、これをどのような形で整理して位置づけるかというところで、さまざまな見解が出されたのである。その一部はカニンガム教授がオーストラリアのメディアを分析した論文のなかでふれているように、もはや世界の諸地域を西と東そして南という形でくくることはできないが、ではどのようになるか。植民地的、帝国的、ポスト植民地的と考えられるし、また西欧的、ポストコロニアル、コミュニスト的、ポスト・コミュニズム的という区分も考えられるというものであった。そして、さまざまな意見を図に描き出して本書の二一頁にあるような、民主的－権威主義的、ネオリベラル－規制的という二つの軸で四つの象限に区分するのが適切でないかというところに落ち着いたのであった。もともとの書物に含まれていた二二編の論文が五つの部分に配置されたのは、このようにして枠組みが作られてのうえでのことであったのである。

本書でのこの区分はまた、今日でなおマスメディア研究の世界で有力であるあるパラダイム、ないし各国のメディアを考察するときの基準とされている理論枠組みの批判ともかかわっている。F・シーバート、T・A・ピーターソン、W・シュラムの三人により一九五六年に刊行された『プレスにかんする四理論』はわが国では内川芳美教授の手により一九五九年に訳出されている（『マスコミの自由にかんする四理論』、創元社）。それ以後、わが国の大学のマスコミ学科や新聞学科で各国のメディアを考察するときの枠組みとして、権威主義理論、自由主義理論、社会的責任理論、ソヴィエト共産主義理論の四つを挙げる理論は論じられ講義され続けてきた（本書でのスピークスによると、一九九〇年代のロシアではこの書物は新たに訳され読み継がれているとのことである）。ところで『プレスにかんする四理論』が書かれたのは一九五〇年代の中頃、冷戦のさなかである。一九八九年のベルリンの壁の崩壊以後の今日の世界、グローバル化が経済から文化、メディアまで広い分野で進行し多くの人々に大きく影響をあたえるようになっているのとは大きく異なっていた。旧ソ連・東欧の諸国がコミュニスト体制の社会からポスト・コミュニスト的社会に移行しただけでなく、メキシコや台湾、韓国などそれまで権威主義体制に分類された体制をもつ諸国でも民主化が進み選挙による政権交代がそれと前後して生じてきているし、また南アフリカでもアパルトヘイトを強いてきた白人政権が選挙によってアフリカ人民族会議へと政権を譲り渡した。そしてそれらの地域では、新しいメディアの形と行動が生じている。今日の世界のこのような変化を考えるときシュラムたちの示した四つの理論から、マスメディアのあり方をこのような理論枠組をとおして眺めることが適切であるかどうかと問われても不思議はない。すでにオランダの研究者であるマクウェールは世界的に用いられている教科書『マスコミュニケーションの理論』（邦訳は新曜社）のなかで、これだけでは不十分であるとして「発展途上国のメディア理論」とコミュニティ住民がメディアに参加するチャンネルをもたせる「民主的参加のメディア理論」の二つをつけ加えていたことを思い出せばいいだろう。

カランたちによると、シュラムらの四理論は、冷戦下にある世界という時代的な制約にとらわれていることもさることながら、新聞や書籍などの近代的メディアが最初に生まれてきたアングロサクソン諸国のプレスの歴史の知識しかもっておらず（そこから権威主義理論、自由主義理論、社会的責任理論の各モデルがひきだされる）、一九三〇年代のソ連にしか当てはまらないようなソヴィエト的プレス状況の知識しかもっていないのである。一九九〇年代の世界の各地と各国でのメディアの動態を把握し分析するにあたって、これでは全く不十分である。

現代世界のさまざまなメディアの存在形態と動態をカバーすることができるような新しい理論枠組みを作るためには各国の現在の状態をまず把握しなければならないが、それは一人の研究者で達成できることではなく、国際的な共同研究によって可能となるものである。共同研究を始めるにあたってジェームズ・カランと朴明珍のプロポーザルは研究方法やアプローチについては、メディアと権力構造との関係についての社会学的分析という以上のことを参加者には求めず、グローバル化への対応をどう見るかは参加者の自由な見方に委ねられていた。その結果はといえばシュラムらの四理論の枠組みをこえるじつにさまざまなメディアの存在形態と行動、経験が浮かびあがってきたのである。「この書物は絵の具のパレットのようなものであり、読者はそこで自分の色を混ぜ合わせてつくることができる」とカランはいっているが、まさしくそのような書物になっているのである。しかし、多様な形が浮かびあがったということは、全体としての見方が拡散したということとは違う。メディア研究の世界でのひとつの有力な立場として、グローバル化はメディア帝国主義を強めるという見方があるけれども、本書の多くの論文は文化帝国主義の主張とは逆の事実を示し議論を展開するものであるし、グローバル化が国民国家や国民という存在の意味をうすめつつあるとする議論への挑戦となっているのである。

以上のように本書の成立の経緯とねらい、それに基づく構成を説明した後で、二二編の論文のうちから、本書ではなぜこの一〇編に絞り込んだかを説明することができる。理由はふたつある。ひとつはJ・カランと朴明珍を中心とする研究プロジェクトがスタートした当初のメンバーの論文をえらんでいることである。というのは一九九七年一一月のメンバーたちの集まりが書物全体をまとめる理論枠組みをつくっていったのであり、これらの研究者たちの論文は、この書物のねらいをとくにはっきり示しているからである。もう一つは、東アジアのメディア状況についての論文を収録しようとしたことである。中国と韓国のメディアの行動とアクティブ・オーディエンスの出現についてはわが国では、韓国での「落選運動」などがときおり報道されたのをのぞいてはよく知られているとはいえないし、台湾に至ってはまったく影の領域に入っているともいえる。しかし、中国、韓国、台湾でのメディア状況は、パックジャーナリズムないし芸能番組化したジャーナリズムとおとなしい羊のようなオーディエンスからなる日本のそれとはかなり違っている。元気のいいパワフルなオーディエンスが出現しているのである。それで近くにいる人々の知られていない姿を取り上げた論文を収録したかったのである（南アフリカを収録したのも同じ理由である）。

本書を日本でも翻訳し出版してほしいという話は二〇〇〇年一月に原著がでて間もない時期に朴明珍教授から私に伝えられてきた。それで既にJ・カランらの編集した『マスメディアと社会　新たな理論的潮流』を刊行している勁草書房にお願いして引き受けていただいたしだいである。引き受けていただいてから出版までに非常に長い時間がかかってしまったのは、翻訳にあたった二人がともにこの間に職場を変わったためでもあるが、また訳者たちの怠惰のせいでもある。このことについては本書を担当してくれた勁草書房の富岡勝氏に多大な労力を払わせることになってしまい申し訳なく思っている。最後に、翻訳にあたっての訳者のあいだの分担について記しておくと、杉山光信が序章、第二、第三、第四、第七の各章を、大畑裕嗣が第一、第五、第六、第八、第九の各章を担当している。訳出した論文に付されている参考文献には最新の研究が多く含まれていることもあり、わが国の研究者にとっても役立つと思いすべて収録してある。李金銓論文にでてくる台湾の人名と新聞名については東京大学大学院人文社会系研究科博士課程に在学中の李衣雲さんに教示していただいた。ここに感謝を記しておきたい。

二〇〇三年一月

杉山光信

執筆者紹介

馬傑偉（中国、香港中文大学）

コリン・スパークス（イギリス、ウェストミンスター大学）

ブライアン・マクネール（イギリス、スターリング大学）

ダニエル・C・ハリン（アメリカ、カリフォルニア大学サンディエゴ校）

金昌南（韓国、聖公会大学）

孫炳雨（韓国、忠南大学）

コーリン・レイズ（ロンドン大学）

李金銓（アメリカ、ミネソタ大学）

スチュアート・カニンガム（オーストラリア、クィーンズランド工科大学）

テリー・フルー（オーストラリア、クィーンズランド工科大学）

ケイヤン・G・トマセリ（南アフリカ、ナタル大学）

訳者紹介

杉山光信（すぎやま　みつのぶ）

1945年生まれ。東京大学文学部および同大学院博士課程で学ぶ。東京大学新聞研究所教授を経て、2002年４月から明治大学文学部教授。著書に『学問とジャーナリズムの間』、『戦後日本の市民社会』（ともにみすず書房）など。

大畑裕嗣（おおはた　ひろし）

1958年生まれ。都立大学および東京大学大学院社会学研究科博士課程で学ぶ。現在は東洋大学社会学部教授。著書に『講座社会学８社会情報』（共著、東大出版会）ほか。

James Patrick Prendergast CURRAN

1945年生まれ。ロンドン大学教授。ケンブリッジ大学で歴史学、とくに戦後英国の新聞史を専攻。放送大学などでの教職を経て、1989年以降現職。歴史研究の他、マスコミュニケーションの理論についての著作が多くある。

Myung-Jin Park（朴明珍）

1947年生まれ。ソウル大学社会科学部新聞学科教授。ソウル大学、ニース大学で仏文学を修めたあと、パリ大学で映像コミュニケーションで学位取得。1980年以後ソウル大学で教え、同大学言論情報研究所長もつとめる。韓国言論学会の2003年10月からの次期会長に予定されている。

メディア理論の脱西欧化

2003年2月7日　第1版第1刷発行

編　者　J．カラン
　　　　朴　明　珍

訳　者　杉　山　光　信
　　　　大　畑　裕　嗣

発行者　井　村　寿　人

発行所　株式会社　勁《けい》草《そう》書房

112-0005 東京都文京区水道2-1-1　振替 00150-2-175253
（編集）電話 03-3815-5277／FAX 03-3814-6968
（営業）電話 03-3814-6861／FAX 03-3814-6854
日本フィニッシュ・青木製本

ISBN4-326-60155-8　Printed in Japan